财产保险与理赔

CAICHAN BAOXIAN YU LIPEI

主编 李同建

河北科学技术出版社
·石家庄·

主编　李同建

编委　王立强　史妍妍　郭　君　王玉婷

图书在版编目（CIP）数据

财产保险与理赔 / 李同建主编. -- 石家庄 ：河北
科学技术出版社，2022.6（2023.3重印）
　　ISBN 978-7-5717-1104-7

　　Ⅰ．①财… Ⅱ．①李… Ⅲ．①财产保险－基本知识②
财产保险－理赔－基本知识 Ⅳ．①F840.65

中国版本图书馆CIP数据核字（2022）第073318号

财产保险与理赔
Caichan Baoxian Yu Lipei

主编　李同建

出版　河北科学技术出版社

地址　石家庄市友谊北大街330号（邮编：050061）

印刷　河北万卷印刷有限公司

开本　710毫米×1000毫米　　1/16

印张　16.5

字数　260千字

版次　2022年6月第1版

印次　2023年3月第2次印刷

定价　88.00元

序

作序是一件风险很大的差事，作得好有助于书的销售和传播，作得不好会受到各方面的指责。另外，只有在行业内有影响力和知名度的人，才有资格给人家的书作序。很显然，我不具备。

河北凌众律师事务所李同建主任请我给他即将出版的书作序，被我拒绝了。但他很执着，非得让我写几句。这年头儿最好不要得罪人，只好厚着脸皮答应了。

若干年前我就讲过，律师要走专业化道路，律师事务所最好也走专业化道路。但对于一线城市之外的律师事务所来说，走专业化道路的确有很大的挑战和难度。毕竟律师首先要养家糊口，律师事务所也要生存。

大约在2017年，我受河北省保险行业协会邀请去讲课，认识了李同建律师，知道他们所专攻保险案件。从那以后，我们的联系越来越多，主要是探讨一些保险疑难问题。给我留下深刻印象的是，他们每周举办一次保险案件分享会，介绍处理保险案件的体会，非常有特色。

李同建主任从事律师行业20多年，专注保险纠纷业务超过15年。

这本书一共有29个案例，涉及11个险种：公众责任险、雇主责任险、医疗责任险、旅行社责任险、诉责险、财产综合险、人身意外险、货物运输险、供电责任险、交强险以及车上人员责任险等。可见他们所代理保险案件的种类较多。

　　该书的案例全部是凌众律师事务所律师办理的真实案件。书中内容从实践出发,结合保险法以及司法解释的规定,详细论述了保险责任的范围、保险期间的约定、保险利益的归属、保险合同解除的溯及问题以及保险人履行提示说明义务的注意事项;阐述了保险法的近因原则;明确了足额投保的概念和财产保险的追偿。该书深入阐述了保险卡激活时的明确说明义务,论证了法院对于事故认定书的采纳等问题。对有些险种如供电责任险、雇主责任险、企业财产险、旅行社责任险、车上人员责任险、公众责任险等论述很深入。

　　本人作为一名长期从事保险法理论与实务研究的学者,非常认可李同建主任对保险实务研究所持的认真态度和负责精神。通过我们之间的交流,达到了互相学习、共同提高的目的。本人非常愿意将这本书推荐给读者。

　　在该书出版之际,对关心支持河北省保险业发展的各级领导、各界朋友、各位同仁表示感谢!对河北凌众律师事务所全体同仁表示感谢!书中观点仅代表律所观点,不足之处望大家批评指正。

中国保险法学研究会理事

河北农业大学法学教授　　王卫国

目 录

最高人民法院指导案例

附录

超出保险责任范围的风险
不属于保险责任

李同建

要点提示：合理确定保险责任范围是审理保险合同纠纷案件的关键，每一份保险合同都约定了保险责任范围，同时又约定了除外责任范围，保险合同约定的保险责任范围减去除外责任剩余的才属于真正的保险责任范围。在司法实践中，有部分法官在审理案件时，往往随意扩大保险责任范围，对本不属于保险责任范围内的意外事故，判决保险公司承担保险责任，更有甚者，故意曲解《中华人民共和国保险法》（以下简称《保险法》）第十七条的规定，认为保险公司未告知投保人保险责任范围，判决保险公司承担超出保险责任范围的责任，将保险责任范围等同于责任免除条款。

一、案情简介

2013 年 7 月 6 日，A 公司与 B 公司签订《设备吊装搬运协议》，约定 B 公司将 224 个包装箱运输至新装修厂房内，所有设备需要拆箱并吊装就位。2013 年 7 月 11 日，A 公司就前述货物向保险公司投保吊装责任保险，保险公司同意承保，并出具了《吊装责任保险单》。该合同主要内容为：被保险人为 B 公司，保险期间从 2013 年 7 月 9 日起至 2013 年 8 月 19 日止。该保险单附页第 4 条约定："本保单仅承担被保险人使用约定的叉车，在经济开发区从一楼仓库运到 300 米外一楼的厂房，在此吊装作业过程中因过失导致意外事故发生，造成被吊装货物出现明显的物理损伤所造成的货物损失。"合同签订后，A 公司依约向保险公司交纳了保险费。2013 年 8 月 18 日，B 公司的雇员用叉车将装有一台氢气炉的木箱由 A 公司厂区的一楼仓库运到 300 米外一楼的厂房内放置，后 B 公司的雇员开启该木箱准备安装时，因用力过猛，致使其使用的撬杠工具从木箱底座滑脱，直接撞击到箱内的氢气炉零件致其破裂受损。事故发生后，B 公司于当天向保险公司报案。保险公司于当天委托保险公估有限公司对该次事故进行公估。2014 年 5 月 15 日，公估公司做出《公估报告》结论为：被吊装的货物已完成保险单保障的吊装作业过程后，在人工拆箱时的意外受损不在保险单保障的范围内，保险人不承担赔偿责任。2014 年 6 月，保险公司以本次事故不属于保险责任赔偿范围为由，向 A 公司出具了《理赔意见书》，明确其不承担赔偿责任。另查明，A 公司被损坏的一台氢气炉的价值为 381116 元。2014 年 8 月，A 公司以保险公司拒不赔偿货物损失为由向法院提起民事诉讼，请求判令保险公司在其责任限额范围内向 A 公司支付赔偿金人民币 381116 元。

二、法院判决

1. 一审法院认为：双方签订的保险条款系格式条款，保险公司没有在该保险条款中对"吊装"一词作专业解释，而 A 公司对"吊装"一词的理解符合新华字典关于吊装是指用人工或机械把预制构件吊起来安装在预定的位置的解释，故从有利于 A 公司的解释，认定涉案氢气炉系在吊装过程中损坏。涉案氢气炉在吊装过程中损坏，符合保险单附页第四条约定的保险赔偿范围，故该氢气炉的损失，保险公司应承担保险赔偿责任。保险公司以《公估报告》的调查勘验结论为被吊装的氢气炉已完成保险单保障的吊装作业过程后，在人工拆箱时的意外受损不在保险单保障的范围内为由，主张其不承担赔偿责任。由于该报告系保险公司单方委托所做出的保险公估报告，且 A 公司有异议，故对该保险公估报告的证据效力，不予采信。判决保险公司承担赔偿责任。

2.二审法院认为本案关键是保险公司是否应承担本案的保险责任问题。吊装是指用吊车或起升机械对设备的安装、就位的统称。本案双方在吊装责任保险单附页的"特别约定"中第4条约定："本保单仅承担被保险人使用约定的叉车，在经济开发区内从一楼仓库运到300米外一楼的厂房，在此吊装作业过程中因过失导致意外事故发生，造成被吊装货物出现明显的物理损伤所造成的货物损失。"从双方上述约定的条款内容可以看出，该条款系双方对被吊装货物出险的保险范围所做的特别约定，属非格式合同条款。该约定保险的范围限于被保险人使用约定的叉车过程中，造成被吊装货物出现明显的物理损伤所造成的货物损失。而涉案一台氢气炉被B公司用叉车运到指定厂房内放置后，B公司的雇员开启该木箱准备安装时，因用力过猛致使该氢气炉受损，并非B公司使用叉车过程中造成保险标的物的损失。判决驳回A公司的诉讼请求。

三、法理分析

1.所有保险合同条款（格式条款）中均约定了保险责任范围，同时，保险合同条款还规定了责任免除条款，保险责任范围内的保险事故减去免除责任条款约定的内容，剩下的才属于真正意义的保险责任范围。故此，属于保险责任范围内的意外事故或者自然灾害才有可能成为保险责任，不属于保险合同约定的责任范围的意外事故和自然灾害不可能成为保险责任。投保人可以根据签订合同时的具体情况与保险人协商修改保险责任范围，修改的方式有两种：一种是通过特别约定修改，就像本案的情况；一种是通过扩展条款消灭部分责任免除条款的效力，从而达到扩展保险责任范围的效力。本案中格式保险合同条款约定的保险责任范围为："在保险期间内，被保险人使用保险单中载明的起重机械，在载明的作业区域范围内，按载明的吊装路线吊装货物的过程中，因过失导致意外事故的发生，造成下列财产损失或人身损害，依照中华人民共和国法律应由被保险人承担经济赔偿责任的，保险人将根据本合同的约定，在保险单中载明的赔偿限额内负责赔偿。"而特别约定条款约定："本保单仅承担被保险人使用约定的叉车，在经济开发区内从一楼仓库运到 300 米外一楼的厂房，在此吊装作业过程中因过失导致意外事故发生，造成被吊装货物出险明显的物理损伤所造成的货物损失。"当特别约定条款和格式合同条款不一致时，根据《最高人民法院关于适用〈中华人民共和国保险法〉若干问题的解释(二)》[以下简称《保险法》解释(二)]第十四条："保险合同中记载的内容不一致的，按照下列规则认定：（二）非格式条款与格式条款不一致的，以非格式条款为准。"应当以特别约定条款确定保险责任范围。该保险责任范围仅限于被保险人使用约定的叉车的过程中发生的意外事故，不包括 B 公司的雇员开启该木箱准备安装时，由于用力过猛造成的箱内氢气炉零件破裂受损。

2.保险人因其对保险业务具有专业优势，其对保险条款的熟悉程度远远超过被保险人和受益人。使被保险人在订立保险合同的过程中明显处于弱势地位。为了保护投保人、被保险人的利益，避免保险人故意拟订含义模糊的保险条款，损害投保人、被保险人或者受益人的利益，立法者规定了不利于保险人解释的原则，给予投保人、被保险人或者受益人司法救济。《保险法》第三十条："采用保险人提供的格式条款订立的保险合同，保险人与投保人、被保险人或者受益人对合同条款有争议的，应当按照通常理解予以解释。对合同条款有两种以上解释的，人民法院或者仲裁机构应当做出有利于被保险人和受益人的解释。"《合同法》第四十一条(现《民法典》第四百九十八条)规定："对格式条款的理解发生争议的，应当按照通常理解予以解释。对格式条款有两种以上解释的，应当做出不利于提供格式条款一方的解释。格式条款和非格式条款不一致的，应当采用非格式条款。"从不利解释原则的历史渊源以及相关法律规定来看，只有当保险合同双方当事人对保险合同条款的解释存在争议时，才有采取不利保险人解释原则的必要。对没有争议的条款不需要适用不利解释原则。因此，保险合同条款疑义性的存在，是适用不利解释原则的前提。本案中一审法院认为保险公司提供的格式条款未对"吊装"一词进行解释，对吊装存在两种不同的解释，因A公司对"吊装"一词的解释符合应根据《现代汉语词典（第7版）》关于吊装是指用人工或机械把预制构件吊起来安装在预定的位置的解释，又有利于A公司，故认定该氢气炉的损失，保险公司应承担保险赔偿责任。该认定缺乏依据，本案的争议焦点为，B公司的雇员开启该木箱的行为是否属于特别约定中约定的保险责任范围，而不是对何种行为属于吊装产生争议，保险公司委托的公估公司意见为："被吊装的货物已完成保险单保障的吊装作业过程后，在人工拆箱时的意外受损不在保险单保障的范围内，保险人不承担赔偿责任。"法院没有采纳保险公司单方委托的公估公司的意见，但是，公估公司的意见也是十分明确，即完成了保单保障的吊装作业，并不是等于完成了新华字典解释中的吊装作业。该公估报告所称的内容也是保险单保障的吊装作业的范围是什么，也就是说，特别约定的吊装是指什么。保险合同条款没有对"吊装"一词进行解释，原告、被告实际对"吊装"一词也没有不同理解，只是对保险合同保障的范围有不同理解，一审法院扩大范围使用不利解释原则是错误的，此类情况在司法实践中很常见。再有，不利解释原则在下列情况下并不适用：①当事人订立保险合同的意图明确且可以通过其他途径证实。比如，采用招投标方式订立的保险合同，投保人是招标方，其首先制作招标文件约定保险合同责任范围。②法律及司法解释已经对保险合同的用语做出相关规定的。③被保险人对文句的歧义产生也负有责任时。如由被保险人拟订保险合同，或保险合同由承保人草签但由被保险人的经纪人修改采用时。

四、本案启示

风险无处不在，风险的种类也多种多样，无法一一列举，保险公司设立的保险合同条款往往是针对一种或者多种风险经过保险理算后制定的，往往不能涵盖所有的风险。保险公司针对不同的客户设计不同的保险合同条款，例如财产综合险和财产一切险，两者都是针对财产的保险，但是两者保险责任范围不同，财产综合险保障有限的自然灾害，财产一切险保障自然灾害和意外事故。相对来说，财产一切险保障范围更广，相应的，财产一切险费率一般情况下也高于财产综合险。案例中的 B 公司如果想对自己雇佣员工给他人财产造成损害时投保保险，可以投保公众责任险来避免自己的风险，如果不区分保险责任范围，武断地认为只要是投保了保险，无论发生的是不是保险责任事故，保险公司就应该赔偿，这无疑会加大保险公司的运营风险，如果一个险种长期处于亏损状态，势必造成保险公司要么增加费率，要么停止该险种，最终受损的是被保险人。因此，被保险人选择适合自己的险种进行投保，是保障自己利益的捷径。

保险责任期间的确定

李同建

要点提示：建筑工程一切险类型的保险合同中，对保险责任期间约定不尽相同，有的约定具体的保险转让期间，该期间一般与建筑施工合同约定的工程期间一致，但是，实践中由于天气的影响以及工程的变更等情节，建筑工程基本很难按照施工合同约定的期限完工。基于此，部分保险合同在约定固定保险期限的同时又约定以建设工程项目颁发交工验收证书或验收合格或实际投入使用之日为保险责任终止时间，该两种约定同时存在时，如何确定保险责任期间？是按照固定的时间确定，还是按照工程实际交付使用确定？当建筑工程分为几个标段，由建设方与保险公司签订一份保险合同，当一个标段未交付使用时，是否视为整个保险合同全部还在保险责任期间？

一、案情简介

2015年5月，某高速公路管理处向某保险公司投保建筑工程一切险，保险标的为高速公路房建土建工程，该建设工程共分为五个标段，每个标段的承包商均是被保险人，保险期限约定："1. 建筑期：自2015年5月8日11时起至2015年11月30日24时止（以本项目颁发交工验收证书或验收合格或实际投入使用之日为准）。2. 保证期：自颁发工程交工验收证书或验收合格或实际投入使用之日后 24 个月，如工程建筑期顺延，则保证期相应顺延。"同时投保"工程完工部分扩展条款"，该条款约定："兹经双方同意，本保险扩展承保本保险合同中被保险财产在完工前由于自然灾害或者意外事故造成已签发交工验收证书的工程项目或工程所有人实际占有或使用或接收部分的财产损失。注释：完工是指工程全部签发交工验收证书或验收合格或业主实际占有或使用。"特别约定部分第 11 条："保险人对被保险人的赔偿申请提出疑义或拒绝赔偿时，由保险人负责进行举证。"2015 年 11 月 30 日，工程未能如期完工，保险人、被保险人均没有提出异议。2016 年 7 月 19 日，工程所在地突降暴雨，暴雨造成所有标段建筑物受损，各标段向保险公司报案，保险公司派员对现场进行查勘，后保险公司口头告知各标段，发生事故时已经超出保险责任期间，保险公司未出具书面拒赔通知书。2017 年 3 月，保险公司代表与各标段代表就上述损失选定保险公估机构进行协商，保险公司代表经请示公司，同意由某公估公司对损失进行公估，并指定两位公估师。公估公司完成公估以后，将公估报告送达某保险公司和各标段。保险公司给公估公司回函称："出险时保险期限已经结束，公估无任何意义。"部分标段向项目所在地法院提起诉讼。

二、法院判决

2016 年 7 月 19 日，项目所在地突降暴雨，暴雨将部分在建房屋冲毁是事实，某公估公司做出公估报告是基于涉案当事人的委托，程序合法，保险公司对公估报告提出异议，但未申请复核也未申请重新鉴定，法院认可该公估报告的效力。双方对保险责任期间的约定"以本项目颁发交工验收证书或验收合格或实际投入使用之日为准"是对具体保险责任期间的修订，按照对格式条款发生争议应当按照通常理解，对格式条款有两种以上解释的，应当做出不利于提供格式条款一方的解释的规定，本院认定"以本项目颁发交工验收证书或验收合格或实际投入使用之日为准"确定保险责任期间，某高速公路管理处出具了证明，证实上述工程未经验收、未全部交付使用，属于未完工状态。一审法院判决保险公司承担赔偿责任。一审判决后，保险公司提出上诉，二审期间，保险公司与各标段达成调解协议。

三、法理分析

案件存在以下争议问题：保险责任期间如何确定？当一份保单承保几个标段时，各标段被看作一个整体标的物，还是要分开确定保险责任期间？

1.关于本案保险责任期间确定问题：一种意见认为，该保险责任期间应该按照保险合同约定的具体时间计算，即自2015年5月8日11时起至2015年11月30日24时止，不应人为扩大，理由为：①《保险法》第十八条规定，保险合同期间是保险合同必备条款，如果改变需要保险人与被保险人协商。②对保险期间通常理解为自2015年5月8日11时起至2015年11月30日24时止，以本项目颁发交工验收证书或验收合格或实际投入使用之日为准，两者以先到为准。③被保险人投保了"合同自动延期"的扩展条款，该扩展条款对延期承保做出约定，需要被保险人书面提出申请，延期时间最长为3个月。④如果无限期延长保险责任期间，对保险公司来说显失公平。

还有一种意见认为，保险责任期间应当按照以本项目颁发交工验收证书或验收合格或实际投入使用之日确定，理由如下：

首先，应该按照实际竣工时间或者交付按时间确定保险责任期限，本案保险责任期间没有按照施工合同期间确定，2015年5月8日11时起至2015年11月30日24时止只是一个大概期间，根据建筑工程施工合同，该合同开始施工日期为2015年6月，工期为8个月，而保险合同约定的2015年5月8日至2015年11月30日期间仅为5个半月，远远低于合同约定工期8个月的时间，一般建筑工程一切险的保险期限肯定是整个建筑工程期间，不会也不可能出现工程不到期保险已经到期的现象，因此，保险合同明细表约定的时间是大概时间，最终的保险期限应该以工程颁发交工验收证书或验收合格或实际投入使用之日为准。

其次，保险合同约定的以本项目颁发交工验收证书或验收合格或实际投入使用之日为准，是对保险责任期间的补充以及解释说明，并没有任何歧义。格式合同条款第30条虽然规定了保险责任期间，该条款规定保险期限至工程所有人对部分或者全部工程签发完工验收证书或验收合格，或工程所有人实际占用或使用或接受该部分或全部工程时终止，以先发生者为准，由于该条款属于格式条款，而双方关于保险期限的约定属于非格式条款，根据《保险法》解释（二）第十四条之规定"保险合同中记载的内容不一致的，按照下列规则认定：（二）非格式条款与格式条款不一致的，以非格式条款为准"，应当以双方约定条款确定保险责任期限。

再次，即使存在各标段有部分工程交付使用的情况，也不能认定已经使用的工程超过保险责任期间。被保险人投保了工程完工部分扩展条款，该条款内容为："兹经双方同意，本保险扩展承保本保险合同中被保险财产在完工前由于自然灾害或者意外事故造成已签发交工验收证书的工程项目或工程所有人实际占有或使用或接收部分的财产损失。注释：完工是指工程全部签发交工验收证书或验收合格或业主实际占有或使用。"保险合同同时约定，如果其他保险条款与扩展条款不一致或相冲突，以本扩展条款为准。根据扩展条款不难看出，即使部分工程交付使用，保险公司依然承担保险责任。

在二审时，某保险公司提交了其委托的保险公估有限公司做出的"查勘报告书"，结论为："此次事故保单责任成立，保险人应负赔偿责任。"该保险公估有限公司是保险公司自己单方面委托的公估公司，其做出的结论为本次事故属于保险责任。

因此我们同意后一种意见，保险责任期间应当按照实际竣工时间或者交付时间确定。

2. 本案保险合同是一个整体的不可分割的合同，应当视为一个整体。保险合同对保险标的的约定是整个高速公路的房建土建项目，保险合同承保工程一栏也写明是整个高速公路房建土建项目，并没有区分各个标段，各个标段的名称作为被保险人出现在保险合同中，保险合同是一个整体，保险公司把保险合同按照标段进行分割没有依据，格式保险合同条款第十五条关于保险合同所列标的不止一项时，应分项计算赔偿的约定，但是该约定不能改变本案只有一个保险标的的事实。保险公司认为各标段是独立标段，应该单独计算保险责任期间，该说法没有合同依据和法律依据。首先，投保人高速公路管理处和保险公司签订的是一份保险合同，该合同并没有将各标段独立出来，保险公司也没有给各标段出具单独的保险单。其次，工程分几个标段是投保人高速公路管理处的内部事务，财产险保单中经常会出现几个保险标的情况，一般包括厂房、设备、存货、原材料、在建工程等，各标段只是列明保险标的，并不能分开单独计算保险责任期间。最后，保险公司最后主张认可一部分标段的损失属于保险责任期间，不认可其中一个标段的损失属于保险险种期间，认为该标段已经交付使用，该种辩解割裂了保险单的整体性，会出现一份保险单中一部分标的属于保险责任期间一部分不属于保险责任期间的怪现象，也不符合保险合同的约定。

3．本案中一审法院依据不利解释原则进行认定。《保险法》第三十条："采用保险人提供的格式条款订立的保险合同，保险人与投保人、被保险人或者受益人对合同条款有争议的，应当按照通常理解予以解释。对合同条款有两种以上解释的，人民法院或者仲裁机构应当做出有利于被保险人和受益人的解释。"《合同法》第四十一条（现《民法典》第四百九十八条）：认为对格式条款有两种以上解释时，应当做出有利于被保险人的解释，也叫不利解释原则。我们认为，本案适用不利解释原则是错误的，首先，本案保险合同关于保险期限的约定不属于保险公司提供的格式条款，关于被保险期间的约定属于保险公司和被保险人协商的结果，使用不利解释原则的前提条件是采用保险人提供的格式条款订立的保险合同，本案关于保险责任期限的约定不是保险人提供的格式条款，不具备使用不利解释原则的前提条件。其次，针对保险责任期限没有两种解释，对具体的保险责任终止时间即 2015 年 11 月 30 日，和以一定条件为终止时间即以本项目颁发交工验收证书或验收合格或实际投入使用之日为保险合同终止的时间，每一种终止时间的约定都是清晰的，不存在歧义，也不存在其他解释，所谓的争议是应该适用哪一种约定，或者说，哪一种约定才是保险合同当事人的真实意思表示。最后，根据特别约定第 11 条，保险人对被保险人的赔偿请求提出疑义或拒绝赔偿时，由保险人负责举证。我国法律针对当事人自行分配举证责任没有明确法律规定，该约定是否有效？我们认为，根据法无禁止即可为的原则，法律没有禁止性规定，该约定就是有效的，保险公司应当针对拒赔承担举证责任，如果不能承担相应举证责任，则承担不利的后果。

四、本案启示

1. 保险公司如果认为超出保险责任期间，就应直接出具拒赔通知书。保险公司委托的公估公司同样也认为保险责任成立，最新修订的《最高人民法院关于民事诉讼证据的若干规定》第三条："在诉讼过程中，一方当事人陈述的于己不利的事实，或者对于己不利的事实明确表示承认的，另一方当事人无需举证证明。"本案保险公司提交的公估报告就是自己陈述的对自己不利事实，法院应当采纳。

2. 保险公司如果认为超出保险责任期间，就不应该派员出席选择公估机构的会议，也不应该选定公估机构和指定公估师。这样会给被保险人和法官造成错觉，认为保险公司一开始是认可保险责任的。如果一开始就不认可保险责任，就不会参加上述活动。

3. 在理赔实践中做出拒赔决定也十分困难，但是保险公司针对自己认为应当拒赔的事故，也需要及时做出决定，而不是犹犹豫豫，迟迟不做决断，本案公估机构是保险公司和被保险人共同选定的，公估师是保险公司指定的，保险公司在一审中也没有申请重新鉴定或者提出实质性异议，只是泛泛表示不认可，故此法院采纳公估报告的意见。我们认为，保险公司如果提出重新鉴定申请，还应提供公估报告不合法的证据，如果没有证据只是提出申请，法院也不应准许其申请。

4.保险公司将保单各标段分开，认可其中一部分标段损失属于保险责任，不认可另一部分属于保险责任的辩解意见不科学、不严谨，本案只有一份保险合同，也只有一个保险责任期间，把不同的标段分开确定保险责任期间没有合同依据也没有法律依据。

发生保险事故时被保险人对受损财产应当具有保险利益

李同建

要点提示：《保险法》第十二条规定："财产保险的被保险人在保险事故发生时，对保险标的应当具有保险利益。"财产综合险合同条款（2009版）第二条："本保险合同载明地址内的下列财产可作为保险标的：（一）属于被保险人所有或与他人共有而由被保险人负责的财产；（二）由被保险人经营管理或替他人保管的财产；（三）其他具有法律上承认的与被保险人有经济利害关系的财产"。本案中，原告与被告之间为租赁合同关系，并非代储商品关系，被保险人对原告的损失不具有保险利益，原告损失的财产与上述保险条款规定的保险标的不一致，因此保险人不承担保险赔偿责任。

一、案情简介

原告李某某诉称：原告与被告某某贸易公司、被告某某贸易分公司签订租赁合同，合同约定：二被告的一号仓库为原告提供仓储服务，原告于2012年9月29日交纳2012年9月24日至2013年9月23日仓储费，共计40000元。2013年5月25日晚，被告仓库起火，由于被告提供的仓库不符合国家消防安全规范，以致酿成火灾，将原告的物品烧毁。后经消防部门勘验，最终起火原因未查清。原告认为被告仓库消防不达标且日常管理混乱，存在火灾隐患。本次事故的发生，被告方存在重大过错，原告依据《中华人民共和国消防法》《河北省消防条例》的规定，向法院提起诉讼，要求判令二被告及第三人保险公司赔偿原告损失及公估费 360000 元，并承担案件诉讼费用。

被告某某贸易公司辩称：①原告起诉被告主体不适格。涉案仓库出租方是被告的分公司，该分公司领取了营业执照，具备主体资格。②原告所述火灾经过不实，涉案租赁协议仅为仓库出租，不是仓储。原告实际掌控仓库门锁，分公司无保管权利。火灾是由于原告租赁的仓库起火引起，并导致了被告和其他租户严重损失的后果。原告以被告消防违规为由逃避责任是错误的。涉案火灾不仅仅是原告仓库导致了起火，而是在有关人员发现原告仓库着火后，电话通知其开门救火时，其始终不接电话，造成火势的不断蔓延，最终导致火灾发生。③涉案火灾经消防部门勘察，已认定起火原因及部位，原告应起诉侵权人而非被告。④涉案火灾的发生与分公司出租的仓库设施无关。分公司的仓库无火灾隐患且仓库由原告控制，不存在分公司妥善保管不当。公安消防大队出具的"火灾事故认定书"，也排除了涉案仓库电器线路故障引发火灾的可能性，不排除小孩玩火引发事故的可能。这一认定说明，涉案火灾与仓库设施及防火无关。被告出租的涉案仓库不存在消防安全隐患。⑤该起火灾有触犯刑律的重大嫌疑，公安机关已接受报案，该案应终止审理。综上，原告不论主体选择抑或是责任主张，均与被告无关，请求法院依法驳回原告诉讼请求。

第三人某某保险公司辩称：被告某某贸易公司在本公司投保的财产综合险条款（2009 版）约定免赔额为 2000 元或损失金额的 5%，二者以高者为准，该保险条款第 43 条明确约定本公司承保的火灾必须是偶然发生的，根据公安消防大队出具的火灾事故认定书，该火灾的发生不排除小孩玩火引起的火灾，因此本公司不对人为故意或重大过失行为引发的火灾承担保险责任。被保险人贸易公司对仓库和代储商品均不是足额投保，即使法院认定该火灾为意外火灾，保险公司也仅对被告贸易公司承担的赔偿责任相应的比例承担保险责任，《保险法》和保险条款均明确规定投保金额小于保险价值时，保险人按保险金额与保险价值的比例对保险损失承担保险责任。

二、法院判决

1. 人民法院经公开审理查明，原告李某某于2012年9月29日，向某某贸易公司交纳2012年9月24日至2013年9月23日仓储费，共计40000元，被告某某贸易分公司亦为原告出具了相应的收据。原告在被告提供的一号仓库储存了建材。2013年5月25日20时许，被告一号仓库西南角西数第二间东北角原告处发生火灾，造成原告等人财产损失。经调查公安消防大队出具《火灾事故认定书》认定：起火部位位于一号仓库西南角西数第二间装饰材料库房内北墙细木板堆垛东侧，可以排除雷击、生产作业、静电、电气线路故障引起火灾的可能，不能排除小孩玩火引起火灾。原告、被告对该事故认定书均未申请复核。被告某某贸易公司的经营范围为自营和代理各类商品和技术的进出口业务、仓储业务。某某贸易分公司亦经工商部门核准登记，其经营范围仅仓储业务。2013年1月14日被告某某贸易公司向第三人某某保险公司投保财产综合险（2009版），保险标的项目包括代储商品，保险金额为1500000.00元。另查明，被告某某贸易公司所属的仓库未经公安消防验收。该案诉讼期间，法院依法委托保险公估公司对原告的损失进行了公估，公估原告李某某的损失为279465.00元。被告某某贸易公司对该估损金额提出异议，但没有提供任何证据。

人民法院认为：根据工商部门核发的营业执照，被告某某贸易公司及其仓储分公司经营范围均不包括租赁业务。通过被告某某贸易分公司为原告出具的仓储费收据来看，双方之间实为仓储合同。某某贸易公司及其分公司作为具备仓储资格的主体负有保证原告仓储货物安全的义务，故原告的货物在某某贸易公司的仓库内受损，某某贸易公司应承担赔偿责任。某某贸易公司明知其仓库未经公安消防验收，仍提供给他人使用过错明显，其免责抗辩缺乏理据。本次事故发生于第三人某某保险公司承保的财产综合险（2009版）保险期间内，保险公司也应当承担理赔责任。保险公司以该起火灾不属于意外事件进行的免责抗辩，无据佐证，不予采信。

法院依照《中华人民共和国合同法》第三百九十四条（现《民法典》第三百九十四条）、《中华人民共和国保险法》第十四条之规定，判决如下：

①被告某某贸易分公司于本判决生效之日起十五日内赔偿原告李某某279465元。

②被告某某贸易公司对上述款项承担补充责任。

③第三人某某保险公司在保险合同约定范围内承担理赔责任。

2.一审判决后，被告贸易公司以及分公司不服，向中级人民法院提起上诉称：①根据消防大队火灾认定，起火点在李某某存货处，完全排除了被告某某贸易公司仓储分公司的一切责任。②被上诉人诉请数额不正确、不真实，虚报夸大损失额。③上诉人是足额投保，一审应判保险公司足额赔付。

被上诉人李某某答辩称，原审法院判决认定事实清楚；原审法院判决程序合法；李某某依照约定向上诉人交纳了仓储费，上诉人作为消防责任主体，依法应当对火灾事故造成的李某某的损失进行赔偿。

被上诉人保险公司答辩称，上诉人属于不足额投保，一审法院既然将我公司追加为当事人，判决就应当确定数额。

二审法院认为，原判未查清本案所涉火灾的起火原因及与被告某某贸易公司仓储分公司未办理消防验收手续有无因果关系，基本事实不清。另，原审判决"三、第三人保险公司在保险合同约定范围内承担理赔责任"，判令第三人保险公司承担理赔责任的数额不清楚、不具体，明显错误。因此，二审法院裁定本案发回重审。

原审法院重新组成合议庭审理，认为，本案争议焦点一：此次火灾的起火原因及火灾给原告李某某造成的财产损失应由谁负责赔偿。对于此次火灾的起火及成灾原因，公安消防部门出具的火灾事故认定书并未查明火灾的原因，公安机关立案侦查仓库失火案至今未有结果。故，本院对火灾的起火原因现无法认定。根据工商部门核发的营业执照，被告某某贸易公司及其分公司经营范围均不包括租赁业务。通过某某贸易分公司为原告出具的仓储费收据来看，双方之间实为仓储合同。某某贸易公司及其分公司作为具备仓储资格的主体，负有保证原告仓储货物安全和不受损害的义务，故原告的货物在贸易公司的仓库内受损，某某贸易公司应承担赔偿责任。被告关于因涉案仓库失火一案已由公安机关立案侦查，本案应当中止审理的主张，因原告系基于仓储合同关系请求提供仓储服务的被告依据合同进行赔偿，故本案不应中止审理。**本案争议焦点二：**此次火灾给原告造成的财产损失数额。法院对原告财产损失 279465 元予以认定。**本案争议焦点三：**第三人是否应当按照保险合同足额赔偿，本次事故发生于第三人承保的财产综合险（2009 版）保险期间内，第三人应当承担理赔责任。第三人以该起火灾不属于意外事件进行的免责抗辩，因公安机关未对起火原因进行认定，故第三人的抗辩理由没有事实依据。第三人主张被告的代储商品保险价值高于投保金额，属于不足额投保。然而，被告经营的仓库代储业务决定了其仓库中的代储货物始终处于一种流动状态，保险价值也处于变化状态，故不能以发生火灾时的代储货物价值作为评判被告是否足额投保的依据，故第三人应当按照保险合同约定全额赔偿原告的财产损失。根据合同约定，第三人免赔额为损失金额的 5% 即 13973.25元，免赔部分由被告某某贸易公司赔偿。

法院依据《中华人民共和国合同法》第三百九十四条（现《民法典》第三百九十四条）、《中华人民共和国保险法》第十四条、《中华人民共和国公司法》第十四条之规定，判决如下：

被告某某贸易公司赔偿原告 13973.25 元，第三人保险公司赔偿原告265491.75 元。

3. 一审判决后，被告某某贸易公司、被告某某贸易公司分公司不服，向中级人民法院提起上诉称：**被上诉人李某某对仓库火灾的发生有直接和重大责任关联，理由如下：**①被上诉人李某某是 2013 年 5 月 25 日晚上 19:30 带着两名工人和他自己的小孩到的仓库，当晚 19:56 关门离开的仓库，19:58 发现火灾报警，这足以证明李某某离开仓库时本人就发现了起火。②仓库火灾发生后，公安消防大队的火灾认定书认定起火部位就是李某某自己存放货物的地方，火灾认定书排除了雷击、生产作业、静电、电气线路故障引发火灾的可能性，不能排除小孩玩火引发火灾，这足以排除某某贸易公司仓库的一切责任。

上诉人某某保险公司诉称：①本案是租赁合同而非仓储合同，一审法院认定某某贸易公司承担赔偿责任明显错误。本案承租人实际掌控仓库门锁，自行负责货物进出，双方也实际上以租赁的权利义务关系进行各自的行为，一审法院不顾双方的实际权利义务关系，仅以某某贸易公司营业执照上的经营范围不包括租赁业务就认定被上诉人李某某与某某贸易公司之间为仓储合同关系明显错误。②本案火灾原因确定，且不排除小孩玩火导致，一审法院判决上诉人承担保险责任明显错误。一审法院明确声称其无法认定火灾原因，自然无法排除火灾事故认定书中体现的"小孩玩火引起火灾"的可能。保险公司与某某贸易公司签订的保险合同约定，保险公司仅对偶然、意外导致的火灾承担赔偿责任，因此，在没有进一步证据确定引发火灾原因的情况下，保险公司认为该火灾原因属于保险除外责任。③即使法院认定本案火灾属于保险事故，因某某贸易公司为不足额投保，应按投保比例承担赔偿责任。

被上诉人李某某辩称，原审法院判决认定事实清楚，适用法律正确，其上诉理由不能成立，理由为：①本案属于仓储合同纠纷，原审法院判决上诉人向被上诉人承担赔付火灾损失是正确的。消防机构的事故认定书并未明确认定是小孩玩火引起的火灾，某某贸易公司一方以假设的或然性作为上诉理由不能成立。②贸易公司在仓库根本未配备灭火器，起火后找来灭火的灭火器是商户的存货，而非某某贸易公司在仓库中配备的，正是因为某某贸易公司未履行消防责任义务，才造成了火灾。③本案属于仓储合同纠纷，在事故中代储商品受损，属于保险公司的保险范围。因此应当驳回上诉，维持原判。

二审法院认为，关于本案火灾是否为人为原因所致，现无法确定，原判决认定的基本事实不清。因此，二审法院依据《中华人民共和国民事诉讼法》第一百六十九条第一款、第一百七十条第一款第（三）项之规定，裁定本案发回重审。

原审法院重新组成合议庭进行审理，重审中被告某某贸易公司辩称：①

涉案合同不是仓储合同而是租赁合同，原告掌握仓库钥匙，自由存放货物。②火灾事故认定书排除了生产作业、线路故障引发火灾的可能性，不排除小孩玩火引发火灾，根据实际情况可以认定是原告及其孩子引发火灾。某某贸易公司消防设施符合规定，不存在过错。③涉案火灾已经公安机关调查，应中止本案审理。

被告某某贸易分公司辩称：①涉案合同是租赁合同，费用为袁某某所交，原告并没有交过费用。②涉案仓库不存在安全隐患，事故认定书没有排除小孩玩火引起火灾的可能，原告曾经申请复议而后撤回，证明原告认可失火原因，被告不应承担赔偿责任。

第三人某某保险公司辩称：应根据合同实际履行情况确定合同性质，该案实际为租赁合同关系。火灾与原告李某某有直接关系，保险公司认为该火灾是典型的人为原因造成，李某某是该火灾的直接责任人，本案火灾原因和消防是否通过验收没有直接因果关系。因此根据保险合同约定，故意或重大过失造成损失的，保险公司不承担责任。

法院组织各方到现场进行查勘，发现原告使用的仓库由原告自己掌管钥匙，自己按照面积缴纳费用，被告某某贸易公司有部分仓库是仓储业务。法院认为，**本案争议焦点一：**原告李某某与被告某某贸易分公司之间的合同性质是仓储合同还是租赁合同。被告某某贸易分公司的收款收据写明收款事由为仓储费，其营业执照登记的营业范围包括仓储业务，不包括房屋租赁。但上述事实均不能说明二者之间法律关系的性质。仓储合同的实质是保管人储存存货人交付的仓储物，保管人要对入库仓储物进行验收，存货人凭仓单提取仓储物，仓储期间，仓储物转移占有。而房屋租赁合同实质是出租人将房屋交付承租人使用，承租人支付租金。本案中，原告与某某贸易分公司未签订书面合同，从双方实际履行情况看，原告将货物存放于被告某某贸易分公司1号库，起火视频录像及原被告陈述显示，被告某某贸易分公司员工救火时是砸开的仓库门，被告公司员工没有原告仓库的钥匙，亦无仓单及货物出入库清点单据，原告货物的进出均由其自行管理，因此，被告某某贸易分公司只是为原告提供了存放货物的场所，仓储物不转移占有，双方之间实为房屋租赁合同关系。

本案争议焦点二：此次火灾的成因。公安消防大队做出的火灾事故认定书排除了雷击、生产作业、静电、电气线路故障引发火灾的可能性，不能排除小孩玩火引发火灾。公安局虽已对本案火灾立案侦查，但一直未有侦查结果。从消防部门做出的事故认定书看，虽然存在原告家小孩玩火引发火灾的可能性，但起火原因无法确定。至于某某贸易分公司消防设备、建筑设计等是否为造成火灾损失的原因，火灾事故认定书中并未提及，火灾发生后，消防部门也未对某某贸易分公司进行处罚，因此法院无法做出认定。

原告货物在被告提供的仓库内毁损、灭失，如果双方是仓储关系，则存储期间，因保管人保管不善造成仓储物毁损灭失的，保管人应承担损害赔偿责任。本案原告与某某贸易分公司之间为房屋租赁合同关系，如果原告的货损不是由于某某贸易分公司提供的场地及附属设施原因引发火灾造成的，则被告某某贸易分公司不承担赔偿责任。本案火灾事故认定书已排除了生产作业、静电、电气线路故障引发火灾的可能性，没有排除原告过错引发火灾的可能性，因此，被告某某贸易分公司对原告的货物损失不承担赔偿责任。

被告某某贸易公司所投保险包括代储商品，但鉴于原告与被告某某贸易分公司之间为租赁合同关系，并非由某某贸易分公司代为保管原告的货物，不符合保险约定的代储商品保险责任范围，第三人保险公司不应承担保险责任。

最终，法院依据《中华人民共和国合同法》第二百一十二条、第三百八十一条、第三百八十五条、第三百九十四条（现《民法典》第七百零三条、第九百零四条、第九百零八条、第八百九十七条）之规定，判决如下：

驳回原告诉讼请求。

判决后，各方均未提出上诉。

三、法理分析

保险利益原则是指投保人或者被保险人对保险标的具有的法律上承认的利益。所谓保险利益，一是法律上承认的利益，即合法的利益；二是经济上的利益，即可以用金钱估计的利益；三是可以确定的利益。《保险法》第十二条第二款规定，财产保险的被保险人在保险事故发生时，对保险标的应当具有保险利益。本案的要点在于，确定发生保险事故时，被保险人对损失的财产是否具有保险利益。财产综合险合同条款（2009 版）第 2 条规定了保险标的的范围，而在本案中，原告存放于其向被保险人租赁的仓库中的商品不属于被保险人的代储商品，不属于上述保险标的的范围，可以认定，被保险人对原告的损失不具有保险利益，故保险公司不应承担赔偿责任。代储商品损失属于财产综合险的范围，只有在保险事故发生后，才能确定是否属于足额投保。对不足额投保的财产损失，保险公司在理赔时，应当按照投保比例进行赔偿。

1.保险标的就是保险的对象，也叫保险标的物，它是保险利益的载体，是指保险人对其承担保险责任的各类危险载体。包括两大类：一类是财产及其有关利益，另一类是人的寿命和身体。研究保险标的具有重要的意义：保险标的可以判断投保人是否对其具有保险利益；保险人根据保险标的的危险程度厘定保险费率；根据保险标的的损失程度计算赔付数额；发生保险事故后，还可以根据保险标的所在地确定诉讼管辖范围等。本案中被告某某贸易公司经营一部分仓储业务，为自己代储的商品投保财产综合险。根据仓储合同的规定，仓储物在仓储期间灭失的，由仓储人承担赔偿责任。可以认为被告某某贸易公司对仓储物具有保险利益，可以为仓储物投保，如果这次火灾造成仓储物的损失，保险公司应按照合同约定承担保险责任。《保险法》第十二条第二款规定：财产保险的被保险人在保险事故发生时，对保险标的应当具有保险利益。如果在发生保险事故时，被保险人对仓储物不具有保险利益，即使投保了保险，被保险人也不能向保险人主张权利。保险利益原则是所有财产保险案件中，保险人理赔时应首先考虑的原则。

2.《最高人民法院关于经济合同的名称与内容不一致时如何确定管辖权问题的批复》（法复〔1996〕16 号）第一条规定："当事人签订的经济合同

虽具有明确、规范的名称，但合同约定的权利义务内容与名称不一致的，应当以该合同约定的权利义务内容确定合同的性质，从而确定合同的履行地和法院的管辖权。"2001年6月15日《全国法院知识产权审判工作会议关于审理技术合同纠纷案件若干问题的纪要》规定："技术合同名称与合同约定的权利义务关系不一致的，应当按照合同约定的权利义务内容，确定合同的类型和案由，适用相应的法律、法规。"本案中，被告某某贸易公司考虑到自己不经营租赁业务，因此给原告开具的收据中记载为仓储费。但实际上，原告李某某自己管理仓库钥匙，自己决定仓库货物的储存位置、方式，不管储存货物多少，均按照仓库面积缴纳费用。而仓储合同中，由仓储人管理仓库，决定货物存放位置、方式，根据仓储物的面积、体积、质量决定收费标准。根据本案实际履行情况看，本案中原告与被告某某贸易公司签订的合同属于租赁合同，而不是仓储合同。法院第二次一审判决只是根据被告某某贸易公司分公司开具收据中记载为仓储费，根据其营业执照经营业务范围不包括租赁业务，从而确定该合同属于仓储合同是错误的，也是片面的，超过营业执照业务范围而签订的合同并不是无效合同。

3.《保险法》第五十五条规定："保险金额低于保险价值的，除合同另有约定外，保险人按照保险金额与保险价值的比例承担赔偿保险金的责任。"保险金额与保险价值的比值不超过1倍的保险合同为不足额保险合同，发生保险责任事故后，按照保险金额与保险价值的比例进行赔偿。本案中，经保险公估公司公估，代储商品险为不足额投保，投保比例为38%。庭审中，被告某某保险公司提出，即使法院认为属于保险责任，也应该按照投保比例进行赔偿。法院判决中称："被告经营的仓库代储业务决定了其仓库中的代储货物始终处于一种流动状态，保险价值也处于变化状态，故不能以发生火灾时的代储货物价值作为评判被告是否足额投保的依据，故第三人应当按照保险合同约定全额赔偿原告的财产损失。"法院这种认为毫无依据，发生火灾的时间是确定的，发生火灾时所有仓库代储商品也是一定的，不管货物如何流动，保险公估公司可以准确测定该时间货物的价值。法院如此判决，也说明法官对财产综合险未做深入了解，财产综合险投保时，首先确定保险金额，然后确定保险价值的计算方法，当发生保险事故时，才根据确定的方法计算保险价值，计算保险价值后，根据保险价值与保险金额的比值才能确定是否足额投保。与财产综合险相比，责任保险中只有保险金额的概念，发生属于保险责任范围内的事故，保险公司根据保险责任向受害人进行赔偿，保险合同中约定的最高赔偿金额就是保险金额，对超过保险金额的损失，保险公司不承担赔偿责任。第二次一审中，法官混淆了两种保险的范围，错误地将财产综合险等同于责任保险。

四、本案启示

每一个被保险人都想通过投保保险的形式规避自己的风险，因此险种的选择十分重要，并不是只要投保了保险就万事大吉，不能认为只要发生风险，保险公司就要承担全部责任。就本案而言，被保险人为自己代储的商品投保了财产综合险，如果对自己出租的仓库投保责任险，只要法院判决自己承担责任，保险公司就会在责任险保险金额内，代替被保险人承担责任。因此，根据自己的实际情况选择适合自己的险种也很重要。

保险公司解除合同的效力
不具有溯及力

李同建

要点提示：《保险法》第十六条规定："当投保人不履行如实告知义务，且该告知内容足以影响保险公司是否承保或者提高保险费率时，保险公司有权解除保险合同。"投保人不履行如实告知义务的情形分为故意和重大过失，两者的法律后果并不相同。保险公司解除合同后是不是对保险合同解除前的保险事故一律不承担保险责任，在司法实践中观点不一。本文从一起具体案例出发，对以上问题进行具体分析。

《保险法》第十六条赋予保险公司对保险合同的解除权，同时也对保险公司行使解除权进行限制，规定除斥期间为 30 天，同时也规定不可抗辩期间，不可抗辩期间为两年，即自保险合同成立之日起超过两年的，保险公司不得根据此条解除保险合同，发生保险事故的，保险人应当承担赔偿或者给付保险金的责任。本文通过具体案例对财产险中投保人的如实告知业务的范围及保险公司保前询问事项进行分析。在实践中，对于如实告知义务的适用，存在两种值得注意的倾向：①只要投保人未如实告知的，保险人就以其违反如实告知义务为由解除合同或者拒绝理赔，而不管投保人主观上是否存在过错。②一些法院在具体案件审理中回避投保人违反如实告知义务时的主观过错程度，导致保险人是否应当退还保险费问题悬而未决。

一、案情简介

2016年3月4日，河北某某塑胶制品有限公司（以下称"塑胶公司"）与某某财产保险股份有限公司（以下称"保险公司"）签订了《财产基本险保险合同》一份，塑胶公司为其所有财产投保财产基本险，保险金额为808万元，其中印刷机组保险金额530万元，办公楼保险金额98万元，生产车间、库房保险金额60万元，原材料、成品保险金额120万元。保险期间自2016年3月5日0时起至2017年3月4日24时止，塑胶公司缴纳保费8080元。

2016年6月18日早6时左右，塑胶公司生产车间发生火灾，造成保险标的损坏，塑胶公司向消防部门报案，2016年7月16日公安消防大队做出的火灾事故认定书认定："不排除电气线路故障引发火灾。"同日保险公司委托北京某某保险公估有限公司（以下称"公估公司"）对火灾损失进行评估，2016年10月17日公估公司做出最终公估报告，认为本次事故属于保险责任，同时提醒保险公司印刷设备可能是二手翻新设备。随后，保险公司了解到，2016年1月塑胶公司与第三人签订两份虚假购销合同，第三人给塑胶公司开具6张不同时间的收据，总金额526万元，塑胶公司支付给与第三人费用1万元。2016年1月28日塑胶公司委托物价局对印刷设备进行价格评估，评估金额为526万元，评估目的为塑胶公司转为一般纳税人提供资产价值依据。保险公司认为塑胶公司没有告知机器设备属于翻新设备，属于未履行如实告知义务。2016年11月30日，保险公司向塑胶公司送达了《解除合同通知书》，通知塑胶公司如下：①解除案涉保险合同。②对塑胶公司2016年6月18日发生的保险事故不承担保险责任。③已经缴纳的保险费不予退还。2017年2月23日，塑胶公司向区人民法院提起诉讼，要求法院确认保险公司向塑胶公司送达的《解除合同通知书》无效，并继续履行前述合同。

二、法院判决

2017 年 8 月 30 日区人民法院做出民事判决：①被告保险公司 2016 年 11 月 22 日所发《解除合同通知书》无效。②原被告 2016 年 3 月 4 日所签《财产基本险合同》合法有效，应继续履行。

一审判决做出后，保险公司提出上诉，中级人民法院于 2018 年 2 月 9 日做出二审判决：①撤销区人民法院民事判决书。②保险公司于 2016 年 11 月 22 日发出的《解除合同通知书》合法有效，塑胶制品有限公司与保险公司于 2016 年 3 月 4 日所签《财产基本险保险合同》不再履行。二审法院改判的理由为：《保险法》第十六条规定："订立保险合同，保险人就保险标的或者被保险人的有关情况提出询问的，投保人应当如实告知。投保人故意或者重大过失未履行前款规定的告知义务，足以影响保险人决定是否同意承保或者提高保险费率的，保险人有权解除合同。"本案中，塑胶公司为了谋取非法利益，通过将旧设备翻新并伪造购销合同和收据的方式将翻新后的旧设备作为新设备投保显然是故意而为。诚然保险公司在承保时对投保设备要进行验视，但这种验视只是对标的物的外观的验视，并不因此免除投保人的如实告知义务。本案中，塑胶公司将翻新后的旧设备作为新设备投保，并伪造购销合同和收据，足以影响保险公司决定是否同意承保或者提高保险费率，故保险公司有权解除保险合同。

三、法理分析

投保人在投保时如实告知义务的范围以及举证责任分配如何确定？法院判决解除合同通知书有效，被保险人对解除保险前发生的保险事故是否还享有诉权？

1.《保险法》规定，所谓保险金额是指一个保险合同项下保险公司承担赔偿或给付保险金责任的最高限额，即投保人对保险标的的实际投保金额；同时保险金额又是保险公司收取保险费的计算基础。《保险法》第五十五条规定，保险金额不得超过保险价值，超过保险价值的，超过部分无效，保险人应当退还相应的保险费。

保险合同条款约定："保险金额由投保人参照保险价值自行确定，并在保险合同中载明。"根据上述法律规定和保险合同条款的约定，保险金额由投保人在保险价值范围内确定，根据保险合同约定，确定保险价值的方式有按照重置价值、市场价值或者账面余额等方式，一般保险合同只是约定保险价值的计算方式，当发生保险事故后才测算保险价值，根据保险金额与保险价值的比例确定是否属于足额投保，根据《保险法》第五十五条规定，足额投保的保险公司以保险事故发生时保险标的的实际价值为赔偿计算标准。不足额投保的，保险公司按照保险人按照保险金额与保险价值的比例承担赔偿保险金的责任。保险金额超过保险价值的，属于超额投保，《保险法》第五十五条规定超过保险价值的部分无效，但是保险人应当退还相应的保险费。根据《保险法》和保险合同条款的规定，保险金额由投保人在保险价值范围内自行确定，如果在保险合同履行期间没有发生保险事故，保险公司也不去测算保险金额与保险价值的比例。当发生保险事故以后，保险公司根据保险标的的实际价值确定损失，损失金额不超过保险标的的实际价值。然后，再确定保险金额和保险价值比例，当该比例超过100%的视为足额投保，按照保险标的的损失扣除免赔额以后赔偿被保险人损失；如果该比例低于100%，保险公司按照损失金额与投保比例承担赔偿责任，仍然需要扣除保险合同约定的免赔率。保险金额的高低并不会导致保险合同无效，更不会导致保险公司拒赔。

二审法院认为："塑胶公司为了谋取非法利益，通过将旧设备翻新并伪造购销合同和收据的方式将翻新后的旧设备作为新设备投保显然是故意而为。"事实上并不是增加了保险金额就可以获得非法利益。当发生保险事故以后，保险公司首先确定保险标的的损失，该损失金额不超过保险标的的实际价值，如果设备是旧设备，发生保险事故时设备折旧后的金额是保险公司赔偿的最高金额，如果修理费超过保险标的的实际价值（市场价值），维修将没有必要，保险公司会推定设备全损，按照设备实际价值确定损失。

保险金额的高低并不直接决定保险赔偿的高低，当保险金额与保险价值的比例大于等于100%时，保险公司按照保险标的实际损失（不超过发生事故时的市场价值）计算赔偿损失；当保险金额与保险价值的比例小于100%时，属于不足额投保，保险公司按照保险金额与保险价值的比例承担赔偿责任。在保险理赔中保险公司关注的是保险金额是否高于保险价值，既是否是足额投保，在确定保险标的的损失数额时才考虑损失金额是否超过保险标的的实际价值，保险公司在理赔过程中不会计算保险金额与保险标的的实际价值的比例关系。翻新设备按照新设备投保是符合《保险法》规定的，保险公司也会允许，保险金额高于保险标的的实际价值并不会给投保人或者被保险人带来额外收益，所以，超过保险标的的实际价值投保也不存在任何恶意。在车险改革以前所有旧车都按照新车购置价投保车辆损失险（保险金额高于保险标的的实际价值），发生保险事故以后，保险公司只是按照车辆实际价值赔偿被保险人的实际损失，如果维修价格超过保险车辆实际价值，保险公司直接按照车辆实际价值部分赔偿损失。保险金额高于保险标的的实际价值在实践中是常见现象。

2.《保险法》规定，如实告知义务的履行主体为投保人，当投保人和被保险人不一致时，被保险人是否也应当属于如实告知义务的主体，事件中存在较大争议。山东省高级人民法院《关于审理保险合同纠纷案件若干问题的意见（试行）》第五条："投保人与被保险人非同一人时，保险人主张被保险人未履行如实告知义务而拒绝承担责任的，人民法院不予支持。"山东高院的解释符合《保险法》第十六条的文意理解，但是，在保险实践中，有的投保人对被保险人的情况不是十分了解，如果仅仅将如实告知义务人确定为投保人，不利于保险公司全面了解保险标的的情况，也很容易诱发道德风险。越来越多的人建议对《保险法》第十六条做出扩充解释，将被保险人纳入如实告知义务主体，但是目前司法解释并未做出上述规定。

关于投保人告知义务的理论基础存在很多种学说，主要包括：最大善意说、意思合致说、射幸契约说、瑕疵担保说、危险测定说等学说。保险学发展到今天，大多数认为应当采用询问告知说，即投保人只对保险人询问的内容负有如实告知义务，对保险人没有询问的内容投保人没有告知义务，即使该事实为十分重要的事实。《〈保险法〉解释（二）》第六条："投保人的告知义务限于保险人询问的范围和内容。当事人对询问范围及内容有争议的，保险人负举证责任。"在该解释出台以前，山东高院和其他地方法院司法实践中多数采用有限告知主义，《山东省高级人民法院关于审理保险合同纠纷案件若干问题的意见（试行）》第四条："投保人的如实告知义务限于保险人询问的事项，对于保险人未询问的事项，投保人不负如实告知义务。"

我国《保险法》针对投保人的告知范围采用有限告知义务，投保人只对保险人的询问内容履行如实告知义务，超出保险人询问范围以外的事项，投保人没有告知的义务。当保险人和投保人对询问的范围以及内容发生争议的，保险人负有举证责任，投保人如实告知的内容以保险人的询问内容为限，超过保险人询问内容的信息不属于应当告知的范围，投保人没有如实告知该信息的不承担责任。《保险法》第十六条第二款："投保人故意或者因重大过失未履行前款规定的如实告知义务，足以影响保险人决定是否同意承保或者提高保险费率的，保险人有权解除合同。"投保人没有告知的内容必须是重要内容，重要到足以影响保险人决定是否同意承保或者提高保险费率，保险人不能简单因为投保人没有履行如实告知义务就解除合同，还需证明没有如实告知的事项是否足以影响保险人决定是否同意承保或者提高保险费率，司法实践中采用什么标准认定是否足以对保险公司产生影响，争议较大。

《最高人民法院关〈保险法〉司法解释二理解与使用》（第174页）认为，"决定性影响标准"能较为合理地分配保险合同双方当事人的权利与义务，更为符合最大诚信原则与对价平衡原则。而刘建勋编著的《保险法典型案例与审判思路》（第264页）认为："保险公司如何确定承保条件以及如何确定保险费，属于该公司的内部经营规则甚至涉及商业秘密，保险公司有权自主决定，既不需要向社会公开，也不需要获得投保人的认可，法院在司法实践中不能无据干涉。"不论采用什么样的标准，认定投保人不如实告知的内容足以决定保险公司是否同意承保或者提高保险费率的举证责任在保险公司一方，保险公司如果没有提供此类证据，应当承担举证不能的后果。保险公司提供的证据能否证明其主张需要根据案情判断。《保险法》以及司法解释对如实告知的方式没有具体规定，但是一般保险公司在投保时都采用书面形式向投保人进行讯问，采用书面询问的方式，在发生争议以后保险公司举证比较容易，但是目前投保形式不断创新，网络投保、电话投保等新的投保形式不断出现，更不能要求采用统一书面形式如实告知。对非书面问询的内容发生争议的，保险公司需要承担举证责任。

《浙江省高级人民法院关于审理财产保险合同纠纷案件若干问题的指导意见》第五条："投保人询问内容不限于保险人在投保单中设置的询问内容，但保险人须对存在投保单中设置的询问内容以外的询问事项负举证责任。"本案中一审和二审法院均没有要求保险公司提供投保单等相关投保时的资料，经查询该公司投保单以及风险情况问询表发现，该公司书面询问中没有关于设备新旧问题的询问内容（"风险情况问询表"：①临近有无易燃、易爆等危险单位。②距离消防队的距离。③地理位置。④安全设施配备情况。⑤近五年损失情况及出险原因。⑥本投保标的有无向其他保险公司投保相同保险），该公司也没有举证在风险询问表以外另行进行了讯问。二审法院认为："诚然保险公司在承保时对投保设备要进行验视，但这种验视只是对标的物的外观的验视，并不因此免除投保人的如实告知义务。"是对《保险法》第十六条的误解，投保人的如实告知义务的范围来自保险公司的询问，对于保险公司没有询问的内容投保人无需主动告知，哪怕该内容对保险公司决定是否承保具有一定影响，投保人也无需主动告知，保险公司对设备的验视和投保人履行告知义务没有任何法律关联，投保人的如实告知内容和保险公司询问有关，和保险公司是否验视设备无关。

3.《保险法》第十六条针对投保人故意和重大过失不履行"如实告知义务"做出不同的规定，对于投保人故意不履行如实告知义务的，保险人可以解除合同，对解除合同前发生的保险事故不承担给付保险金的责任，并不退还保险费。对于因投保人因重大过失不履行如实告知义务的，当投保人没有告知的事项对保险事故的发生有严重影响的，保险人不承担赔偿或者给付保险金的责任。当投保人未如实告知的事项对保险事故的发生没有严重影响的，保险人对解除合同前发生的保险事故承担赔偿或者给付保险金的责任。由此可知，投保人只要故意违反了如实告知义务，保险人对保险事故的发生就不承担责任。如果投保人因重大过失违反如实告知义务，只有在其未告知的重要事项对保险事故的发生有严重影响的，保险人才不负赔偿责任。投保人因为一般过失未履行如实告知义务，保险人不得解除合同，对发生的保险事故承担赔偿责任。投保人固然要因未履行如实告知义务而承担不利后果，但判定投保人是否因违反如实告知义务而应该受到惩罚时，还应结合保险人的有关事实情况进行考察。不能认为只要是投保人未履行如实告知义务，保险人就当然对解除合同前发生的保险事故不承担保险责任，需要结合投保人未履行如实告知义务是基于故意还是重大过失。我国 2002 年的《保险法》对过失的程度未做区分，只是规定投保人因过失未履行如实告知义务的就承担相应责任。2009 年修订的《保险法》时将过失程度确定为重大过失。由于投保人不具备保险专业知识，对保险标的发生事故的概率风险均不了解，故对其注意程度不能要求过高。

4. 法院判决《解除合同通知书》有效，该有效是否涵盖通知书全部内容？保险公司向塑胶公司送达的《解除合同通知书》有以下意思表示：①解除案涉保险合同。②对塑胶公司 2016 年 6 月 18 日发生的保险事故不承担保险责任。③已经缴纳的保险费不予退还。针对保险公司 3 项通知内容法律有不同规定，保险公司根据《保险法》第十六条行使合同解除权，根据《合同法解释二》第二十四条的规定，塑胶公司对保险公司解除合同通知书有异议的，应当在接到解除合同通知书之日起 3 个月内提起诉讼，逾期的将视为丧失胜诉权，因此，本案塑胶公司在接到保险公司《解除合同通知书》之日起 3 个月内向人民法院提起诉讼，要求确认保险公司《解除合同通知书》无效，符合法律规定。本案一审和二审诉讼均是围绕保险公司解除合同行为是否具有法律效力来审理，双方当事人也是围绕保险公司解除合同是否有效进行举证、质证、辩论，本案生效判决确定保险公司《解除合同通知书》有效，就是确定案涉保险合同已经解除，并不涉及其他条款的效力，合法有效的合同才存在解除问题，无效合同或者可撤销、变更的合同不存在解除问题，法律对合同解除是否有溯及力没有明确规定，一般认为合同解除效力不具有溯及力，对已经产生的未履行的义务还需履行。

针对保险公司《解除合同通知书》中的第2项和第3项通知内容，在一审、二审诉讼中并未审理，未对保险公司是否应当对解除合同前的保险事故应当承担责任进行审理，也没有对是否应当退还保险费进行审理。《〈保险法〉解释（二）》第八条："保险人未行使合同解除权，直接以存在《保险法》第十六条第四款、第五款规定的情形为由拒绝赔偿的，人民法院不予支持。但当事人就拒绝赔偿事宜及保险合同存续另行达成一致的情况除外。"保险公司拒赔的，需要首先行使合同解除权，合同解除以后保险公司才可以根据情况决定是否拒赔。保险公司解除合同通知书和拒赔通知书一起送达是否符合法律规定，法律并未明确规定。本案二审法院改判《解除合同通知书》有效，此时，保险合同《解除合同通知书》才发生法律效力，保险公司在《解除合同通知书》发生法律效力以后，并没有再次通知被保险人拒赔。即使保险人再次发出拒赔通知，由于拒赔通知是保险人单方意思表示，并不必然产生拒赔的法律效力，因此，被保险人都有权利起诉到法院要求法院对已经发生的保险事故是否承担保险责任进行审理。

四、本案启示

财产保险合同中，投保人享有对保险金额的确定权，自主决定保险金额的大小，一般确定保险金额时会考虑保险标的的保险价值以及实际价值，投保人在保险标的实际价值与保险价值区间有自主确定权，保险金额与保险标的实际价值的差异是允许的也是合理的。保险公司可以根据《保险法》第十六条解除保险合同，保险合同解除也并不必然产生保险公司对解除保险合同前发生的保险事故不承担保险责任的后果，保险公司想不承担保险责任还需证明投保人故意不履行如实告知义务或者投保人是因重大过失未履行如实告知义务，而且该未告知的事由对保险事故发生有严重影响，在没有确定投保人是故意或者重大过失的情况下，保险公司不能直接拒赔。

保险人履行提示和明确义务的标准

李同建

要点提示：《保险法》第十七条规定，订立保险合同采用保险公司提供的格式条款的，保险人应当向投保人提示和说明合同的内容，尤其是免除保险人责任的条款，保险人在订立合同时应当在投保单、保险单或者其他保险凭证上做出足以引起投保人注意的提示，并对该条款的内容以书面或者口头形式向投保人做出明确说明；未做提示或者明确说明的，该条款不产生效力。实际中，很多法院依据该条款判决保险公司承担责任，《保险法》第十七条的规定过于原则，没有明确保险人提示和明确说明义务履行的标准问题，《〈保险法〉解释（二）》第十一条、第十二条、第十三条规定了保险人明确说明义务履行的证明标准。该解释第十三条第二款："投保人对保险人履行了符合本解释第十一条第二款要求的明确说明义务在相关文书上签字、盖章或者以其他形式予以确认的，应当认定保险人履行了该项义务。但另有证据证明保险人未履行明确说明义务的除外。"一般情况下，投保人在投保单上投保人声明一栏盖章，法院会认为保险人履行了明确说明义务，个别法院在裁判时认为，投保人在投保单只加盖公章没有经办人员签字，不认为保险人履行了明确说明义务，保险合同免除保险人责任的条款不生效，因此判决保险公司承担责任。我们认为本案一审法院判决在认定保险人如何履行明确说明义务上是错误的，投保人在投保单投保人声明一栏的盖章行为应当认定为保险人履行了明确说明义务，如果投保人或者被保险人认为保险人没有履行明确说明义务，应当承担举证责任。

一、案例简介

2017 年 1 月 20 日，A 公司与保险公司签订财产综合保险合同一份，将 A 公司的厂房、设备及材料、产品交由保险公司承保，保险合同特别约定："每次事故免赔额为人民币 2000 元或损失金额的 20%，两者以高者为准，损失 100 万元以上每次事故免赔额为 30%。出险时保额不足，比例赔付。"保险金额为 2500 万元，保险期间自 2017 年 1 月 24 日 0 时始至 2018 年 1 月 23 日 24 时止。2017 年 7 月 9 日 19 时左右，A 公司所在地突发暴风雨，暴风将公司库房内外存放的泡沫板材吹起、碰撞，造成损坏，暴风也导致厂房的卷帘门、电动大门、车间房顶、楼梯、库房、院墙等财产同时受损。事故发生后 A 公司向保险公司报告了保险事故，保险公司与 A 公司共同委托公估公司对损失进行评估。公估公司评估结果显示，本次事故属于保险事故，依据《保险合同》第九条约定："下列损失、费用，保险人也不负责赔偿：……广告牌、天线、霓虹灯、太阳能装置等建筑物外部附属设施，存放于露天或简易建筑物内部的保险标的以及简易建筑本身，由于雷击、暴雨、洪水、暴风、龙卷风、冰雹、台风、飓风、暴雪、冰凌、沙尘暴造成的损失"，部分损失属于责任免除的范围，被保险人不认可公估报告，未与保险公司达成理赔协议，故提起诉讼。

保险公司认为， 投保单的投保人声明处载明："保险人已向本人提供并详细介绍了《中国人民财产保险股份有限公司财产条款（2009 版）》及其附加险条款（若投保附加险）内容，并对其中免除保险人责任的条款（包括但不限于责任免除、投保人被保险人义务、赔偿处理、其他事项等），以及本保险合同中付费约定和特别约定的内容向本人做了明确说明，本人已充分理解并接受上述内容，同意以此作为订立保险合同的依据，自愿投保本保险"。在投保人声明栏盖有投保人 B 的公章，保险公司已就保险合同条款中免除保险人责任的条款向投保人履行了明确说明义务，投保人也在投保单投保人声明一栏处以及保险条款上加盖自己的公章，能够证实其履行了明确说明义务，保险合同免责条款合法有效。A 公司作为保险合同中的被保险人，保险合同中免责条款对其有效。另外，根据保险条款第九条（责任免除）第二款约定A公司露天存放的物品属于除外责任范围，对上述损失保险公司不承担赔偿责任。

二、法院判决

一审法院认为，现有证据不足以证实保险公司履行了明确说明义务，主要理由如下：首先，被告提交的投保单上没有投保人经办人签字，单位盖章仅能证明单位见过该投保单，不能证明保险人就免责条款对投保人履行了提示和明确说明义务；其次，本案中投保单中的投保人声明是保险人以格式条款的形式来代替对免责条款的明确说明义务，不符合《保险法》的要求。根据《〈保险法〉解释（二）》第十一条第二款之规定："保险人对保险合同中有关免除保险人责任条款的概念、内容及其法律后果以书面或者口头形式向投保人做出常人能够理解的解释说明的，人民法院应当认定保险人履行了《保险法》第十七条第二款规定的明确说明义务。"

显然，本案中该段投保人声明的内容并没有对争议条款的具体内容做出明确的解释说明，不能证明被告已经向投保人陈述了该条款包含"广告牌、天线、霓虹灯、太阳能装置等建筑物外部附属设施，存放于露天或简易建筑物内部的保险标的以及简易建筑本身，由于雷击、暴雨、洪水、暴风、龙卷风、冰雹、台风、飓风、暴雪、冰凌、沙尘暴造成的损失不予理赔"即部分免除保险人责任的涵义。被告对免责条款的提示说明没有达到法律的要求，因此不产生明确说明的法律后果。

再则，从保险条款与保单盖有被告公司的骑缝章可以看出，该保险条款是在保险合同成立之后才同保单一起交付给投保人，投保人在保险合同订立时（即投保时）并没有见到该保险条款，更无从知晓其中免责条款的内容。《保险法》第十七条之规定："订立保险合同，采用保险人提供的格式条款的，保险人向投保人提供的投保单应当附格式条款，保险人应当向投保人说明合同的内容。"即法律对免责条款的提示说明义务的履行时间有要求：应在投保时（2018年1月18日）即订立保险合同时，而非保险合同成立之后（出具保单时保险合同已经成立，保单出具时间为 2018 年 1 月 19 日）。因此，本案中被告在投保时并未依法向投保人履行对免责条款明确说明义务。

最后，对保险人而言，对免责条款的提示及明确说明义务是保险人的法定义务，有明确说明的履行标准。被告举证没有达到履行明确说明义务的法定标准，依法应承担举证不能的法律后果，上述免责条款不发生法律效力。所以被告保险公司对于原告库内外因风灾造成的货物损失均应赔偿。一审法院在认定保险单特别约定条款效力时认为企业财产综合险保险条款第 13 条约定免赔率由投保人和保险人在订立保险合同时协商确定。本案中"免赔 2000元或 20%，超过 100 万元的免赔 30%"显然不是协商的结果，该约定违反了《合同法》（现《民法典》）"采用格式条款订立合同的，提供格式条款一方应当遵循公平原则确定当事人之间的权利和义务"及《保险法》第十九条的规定，不问因果关系约定每次事故绝对免赔，违背公平原则，依法应属无效。

一审法院认可公估公司估算的损失数额，但是没有认可公估报告的理算结果，直接认定按照损失金额判决保险公司承担全部责任。一审判决后，保险公司提出上诉，二审法院认为：投保单显示的时间为 2017 年 1 月 18 日，保险单显示的时间为 2017 年 1 月 19 日，保险单和保险合同条款一起加盖有骑缝章，一审认定保险公司是在保险合同成立之后将保单、保险合同条款一起交付给投保人，故保险公司未能证明订立保险合同时就保险合同免责条款履行了提示说明义务，一审认定免责条款不发生法律效力并无不当。关于特别约定是当事人真实意思表示，且投保人加盖公章予以确认，上述约定对本案双方就有约束力，二审按照损失金额扣减 30% 免赔额以及残值后改判保险公司的赔偿责任。

三、法理分析

1. 投保人在投保单投保人声明一栏盖章的行为表示保险人已经履行了明确说明义务。我们认为，投保人在投保人声明一栏盖章，说明是对该声明的内容的认可，本案法院认为投保人在投保人声明一栏盖章，没有经办人员签字、单位盖章仅能证明单位见过该投保单的说法没有依据，是错误的。《民法总则》

规定，法人是指"具有民事权利能力和民事行为能力，依法独立享有民事权利和承担民事义务的组织"。法人是拟制人格，法人的民事权利能力始于成立时，于终止时消灭，法人的意思表示与公民个人意思表示方式不同，法人无法像公民个人一样通过语言或者书面的形式表达自己的意思。当一个文件只有法人盖章没有法定代表人或者经办人签字时，盖章行为是否代表是法人的意思表示，实践中虽有不同意见，但是倾向性意见认为，法人在文件上加盖印章就属于法人的行为，应该认定为法人的意思表示，除非存在合同无效或者可撤销行为。

本案中，一审法院认为，投保人加盖印章的行为仅仅证明投保人见过投保单是错误的，法人意思表示通过法定代表人来完成，也可以通过法人授权的个人完成。我国没有关于公章、印鉴的管理规定，但是，根据《民法总则》第一百六十五条（现《民法典》第一百六十五条）："委托代理授权采用书面形式的，授权委托书应当载明代理人的姓名或者名称、代理事项、权限和期间，并由被代理人签名或者盖章。"《〈保险法〉解释（二）》第十三条第二款："投保人对保险人履行了符合本解释第十一条第二款要求的明确说明义务在相关文书上签字、盖章或者以其他形式予以确认的，应当认定保险人履行了该项义务。但另有证据证明保险人未履行明确说明义务的除外。"该两条法律均规定投保人在投保人声明一栏签字或者盖章的有效，没有强调签字和盖章必须同时使用才生效。一审法院要求投保单必须由经办人签字是错误的，投保人在投保人声明一栏盖章应该认定为对上述声明的认可。如果被保险人认为投保人加盖的印章属于无权使用，应当承担举证责任。

本案中投保人和被保险人并非同一人，投保人未参加本案诉讼，根据法律规定，保险公司明确说明的对象是投保人，投保人并没有向法庭出具证明，证实保险公司没有尽到明确说明义务。《最高人民法院关于适用〈中华人民共和国保险法〉若干问题的解释（四）》[以下简称《〈保险法〉解释（四）》]二条规定，保险人仅在保险合同订立时向投保人履行明确说明的义务，保险标的转让的，无需再向受让人履行明确说明的义务，由此可见，立法者对保险公司履行明确说明义务的次数为一次，不管保险标的权属的变化，履行义务的时间为订立保险合同时。本案中，投保人并没有做出任何意思表示认为保险公司没有履行明确说明义务，法院凭被保险人的主观意思表示认为保险公司没有向投保人履行明确说明义务，得出结论自然是十分荒谬的。

投保人声明的内容："保险人已向本人提供并详细介绍了《中国人民财产保险股份有限公司财产条款（2009版）》及其附加险条款（若投保附加险）内容，并对其中免除保险人责任的条款（包括但不限于责任免除、投保人被保险人义务、赔偿处理、其他事项等），以及本保险合同中付费约定和特别约定的内容向本人进行了明确说明，本人已充分理解并接受上述内容。"该内容没有歧义，足以证实保险人履行了明确说明义务，除非投保人有相反证据证明保险人没有履行上述义务，本案中，保险公司提供的证据符合法律规定，在司法解释中，签字和盖章是并列关系，二者选其一即可，也就是说，只要有投保人的盖章即可，不需要盖章和经办人签字同时存在，法院认为投保人声明一栏需要经办人签字的要求没有任何法律依据。

二审法院认为，被保险人提交的保险单、保险条款加盖保险公司骑缝章，保险单的时间为1月19日，而投保单的日期为1月18日，说明在订立保险合同时，投保人并没有见过该保险条款，因此，本案中保险公司在投保时并未依法向投保人履行对免责条款明确说明义务，认为保险公司履行明确说明义务的时间不符合法律的规定，该认定同样不符合事实和法律，是错误的。投保人投保时，保险公司已经将保险单向投保人出示，投保人在保险单以及投保单上同时加盖公章，保险公司提供了一份加盖投保人公章的保险合同条款，该条款虽没有具体时间，但是根据投保一般流程，只有在投保单上才需要使用投保人的公章，出具保险单时并不需要加盖投保人的印章，因此，保险公司提供的加盖投保人印章的保险合同条款应是投保时加盖，保险公司在出具保险单时向投保人送达一份保险合同条款，符合保险惯例以及法律规定，并不能因此认定保险公司没有在投保时履行明确说明义务。保险单与保险合同条款上的时间为1月19日，也不能证明投保人在此以前没有见过保险合同条款。

2. 一审法院认为企业财产综合险保险条款第十三条约定免赔率由投保人和保险人在订立保险合同时协商确定，本案中"免赔2000元或20%，超过100万元的免赔30%"显然不是协商的结果，该约定违反了《合同法》第三十九条（现《民法典》第四百九十六条）"采用格式条款订立合同的，提供格式条款一方应当遵循公平原则确定当事人之间的权利和义务"及《保险法》十九条的规定，不问因果关系约定每次事故绝对免赔，违背公平原则，依法应属无效。二审法院改判特别约定条款有效，一审法院的认定既无事实依据也无法律依据。首先，特别约定是投保人和保险人在订立保险合同时对本单保险合同做出的专属约定，不属于格式条款，不能适用《合同法》（现《民法典》）以及《保险法》关于格式条款的规定。其次，特别约定条款在投保时就征得投保人的同意，投保单也显示特别约定的内容，说明在投保时投保人就已经知晓该内容，也说明是经过协商确定的，一审法院认为该内容不是经过协商确定的判断没有依据。保险公司是将同种类的风险进行分析，根据风险发生的概率以及免赔率进行精算，确定保险费费率，免赔率的高低和行业风险保费费率高低相关，不是凭空捏造，更不是免赔率高就不合理。再次，投保人在特别约定一栏加盖了印章，是对特别约定内容的认可，不得任意反悔。法院没有区分格式条款与非格式条款的区别，针对非格式条款按照格式条款的法律认定效力，必然会得出错误的结论。

四、本案启示

在法人作为投保人的保险合同中，大部分投保单只是在投保人声明一栏加盖法人印章，没有经手人签字，甚至有的没有填写时间。这给法院判定保险公司是否履行明确说明义务带来困难。根据《保险法》第十七条的规定，保险公司不仅要履行明确说明义务，而且履行明确说明义务的时间也很重要，必须在投保人投保时向其说明，如果在出具保单以后再履行明确说明义务，该明确说明行为不发生法律效力，不会使责任免除条款发生法律效力。针对未填写时间的投保人声明，如果投保人提出这是在收到保单以后盖章，保险公司需要举证证明是在投保时盖章，如果不能证明将承担不利后果。另外，特别约定条款不属于格式条款，不能依据《保险法》第十七条来判断其效力，保险合同虽是射幸合同，但也是等价合同，也遵守等价原则。所谓的等价是保险公司根据风险发生的可能性计算出每一份可能发生的风险的价格，然后按照这个价格出售保险，也就是承担风险。保险也是等价交换，保险公司按照测算的风险发生概率承担风险，如果让保险公司超过其应承担的风险承担责任，对保险公司是不公平的。因此，保险合同特别约定条款属于协商条款，不属于格式条款，不能按照格式条款解释的规则确定其效力。

高速公路边缘线颜色和道路交通事故的发生不存在因果关系

李同建

要点提示： 高速公路设计单位在对特殊路段进行设计时，采用超出国家标准的设计方式，施工单位也按照实际要求进行施工，验收单位按照设计、施工资料进行验收，交警部门在发生道路交通事故以后，不能仅依据高速公路现状与国家标准不一致的鉴定意见就认定高速公路管理者承担事故责任。高速公路标志和标线在什么情况下重新施画，国家没有明确规定；道路边缘线是否模糊，国家没有标准。司机在行进中可以分辨边界，就属于道路边缘线合乎标准和设置目的。法院在未进现场勘察、未经鉴定确认的情况下认定道路边缘线模糊缺乏依据。

一、案例简介

2017 年 7 月某日，彭某某驾驶揽胜牌小型越野客车，在某高速公路由北向南行驶至 87 千米加 560 米处时，将道路西侧金属护栏撞毁，车辆驶出路面翻滚至道路西侧路基下，造成包括驾驶人在内的三人死亡二人受伤的重大交通事故。本事故经公安交通警察支队直属高速交警一大队现场勘验及调查取证：彭某某驾驶机动车雨天在高速公路上未降低行驶速度（高速公路该路段限速 80 千米 / 时，彭某某车辆行驶速度经鉴定为 112 千米 / 时）且操作不当而发生交通事故，是造成事故的主要原因。根据《交通运输部公路科学研究所司法鉴定中心鉴定意见书》的鉴定意见，某高速公路 87 千米加 560 米处事故地点所处路段车行道边缘线均为震荡黄色实线，而不是白色实线，且车行道边缘线磨损严重，不够完整清晰，不符合国家标准《道路交通标志和标线第 1 部分总则 GB5768.1 — 2009》第 3.1 条、第 4.2.1 条和《道路交通标志和标线第 3 部分：道路交通标线 GB5768.3 — 2009》第 4.5.2 条规定，是造成事故的次要原因。公安交通警察支队直属高速交警一大队认定彭某某应负本次事故的主要责任，高速公路管理处负次要责任。高速公路管理处在保险公司处投保公众责任险，死者家属以及伤者本人分别向法院提起诉讼，要求高速公路管理处和承保公众责任险的保险公司承担赔偿责任。一审法院开庭审理时，针对交警委托交通运输部公路科学研究所司法鉴定中心的鉴定意见书，高速公路管理处和保险公司申请鉴定人出庭，同时，高速公路管理处申请道路专家辅助人出庭对鉴定人进行质询。高速公路管理处和保险公司申请一审法院依法委托有资质的机构对事故路段车行道边缘线的震荡黄色实线是否优于《道路交通标志和标线》的国家标准进行鉴定，法院未准许。高速公路管理处和保险公司申请一审法院依法委托有资质的机构对该汽车发生的交通事故与事故路段车行道边缘线震荡黄色实线是否存在因果关系进行鉴定，法院认为属于重复鉴定，不予支持。高速公路管理处提出交警队做出的事故认定书程序违法，鉴定结果并未通知高速公路管理处，法院未审查，直接认定交警出具事故认定书的效力，遂判决：保险公司赔偿原告 30% 的损失。

一审判决后，高速公路管理处和保险公司均提出上诉。主要上诉理由为：①一审法院不同意因果关系鉴定以及其他鉴定申请是错误的。②案发路段已经验收合格，却又认定事发路段车行道边缘线为黄色实线不符合国家标准存在不合格情况明显前后矛盾。③交警队处理交通事故程序违法，交警部门在没有向高速公路管理处送达《北京中车车辆司法鉴定中心司法鉴定意见书》等材料的情况下就直接做出认定，违反《道路交通事故处理工作规范》第五十二条的规定，属于程序违法。④根据鉴定意见中的车辆行驶速度为 112

千米／时，已经远远超过了该路段规定的 80 千米／时，交警队在事故认定书中未认定为违法行为。⑤交通运输部公路科学研究所所做司法鉴定认为事故路段道路边缘线不够完整、清晰，完全是自己主观认定，明显不科学、不客观。

二审法院认为，首先，对公安交通警察支队直属高速交警一大队出具了张公交高认字〔2017〕第 00002 号《道路交通事故认定书》，认定彭某某负主要责任，高速公路管理处负次要责任，予以确认。其次，《道路事故认定书》载明："事故发生的时间为 2017 年 8 月 14 日 14 时，天气为雨，道路坡型为一般坡（下坡）。"《北京中机车辆司法鉴定中心司法鉴定意见书》载明："小型越野车在事故时的行驶速度约为 112 千米／时。""路面上未见有车辆遗留的减速运行痕迹"。事故发生路段限定最高时速为 80 千米／时，事故地点位于多个弯道且连续下坡路段，右侧为防洪堤，属于特殊路段。机动车驾驶员在下雨天气状况下驾驶车辆在高速公路特殊路段上行驶，应当降低车辆行驶速度并谨慎驾驶以防止发生交通事故。但彭某某在应当知道限定最高时速为 80 千米／时的情况下，不仅未减速且还以超过限定时速 40% 的速度行驶，更为严重的是事故发生前并未采取制动减速等措施，故其对于本次交通事故的发生存在重大过错，应承担与其过错相应的责任。再次，道路交通标志和标线应传递清晰、明确、简洁的信息，以引起道路使用者注意，并使其具有足够的发现、认读和反应时间。道路交通标志和标线应维护良好，以保持交通标志和标线的完整、清晰和有效。《交通运输部公路科学研究所司法鉴定中心鉴定意见书》载明："事故地点所处路段车行道边缘线均为黄色实线，而不是白色实线，且车行道边缘线磨损严重，不够清晰完整。"本案涉案标线处于正常行车道与应急车道之间，其设置目的在于划分行车道与应急车道的界线，提示机动车应当在行车道内正常行驶，非因特殊情况不得越过或占用应急车道。根据国家标准，该处标线应设置为白色实线，但案涉标线为黄色震荡实线，属于违反国家强制标准设置。综合分析本案交通事故发生的时间、天气状况、道路限行最高速度及事故车辆的实际行驶速度、车行道边缘线颜色及磨损程度等个案具体情况，二审法院认为案涉标线对于道路标线在划分行车道与应急车道界线所应起到的作用上并不因其为黄色而丧失，但其磨损严重、不够清晰完整，在一定程度上减损了该标线应当具有的提示效果。高速公路管理处作为高速公路管理者未能及时对案涉标线进行维护，具有一定的过错，应当承担与其过错相应的赔偿责任。根据以上分析及综合考虑各方的过错在引起本次事故中的原因力比例，由彭某某承担85%的责任，由高速公路管理处承担15%的责任较为适当。二审法院按照上述比例做出终审判决。

二、法理分析

1.法院在审理其他侵权案件中，往往会根据一方当事人的申请追加承保责任险的保险公司为案件被告或者第三人。法院追加保险公司为被告的，需要满足一定条件，不满足追加条件的不能追加保险公司。

首先，《最高人民法院关于审理道路交通事故损害赔偿案件适用法律若干问题的解释》第二十五条："人民法院审理道路交通事故损害赔偿案件，当事人请求将承保商业三者险的保险公司列为共同被告的，人民法院应予准许。"该规定仅限于道路交通事故纠纷案件中车辆投保的第三者责任保险的情况，不能做扩大解释。

其次，《保险法》第六十五条规定："保险人对责任保险的被保险人给第三者造成的损害，可以依照法律的规定或者合同的约定，直接向该第三者赔偿保险金。责任保险的被保险人给第三者造成损害，被保险人对第三者应负的赔偿责任确定的，根据被保险人的请求，保险人应当直接向该第三者赔偿保险金。被保险人怠于请求的，第三者有权就其应获赔偿部分直接向保险人请求赔偿保险金。"保险公司可以向第三者直接给付赔偿金的情形分为两种：一种是基于法律的直接规定或者保险合同的约定；另一种是责任保险的被保险人对第三者应负的赔偿责任确定且被保险人怠于请求的。只有符合此种情形的，第三者才可以直接对保险公司主张请求权。

最后，最高人民法院《〈保险法〉解释（四）》第十四条："具有下列情形之一的，被保险人可以依照《保险法》第六十五条第二款的规定请求保险人直接向第三者赔偿保险金：（一）被保险人对第三者所负的赔偿责任经人民法院生效裁判、仲裁裁决确认；（二）被保险人对第三者所负的赔偿责任经被保险人与第三者协商一致；（三）被保险人对第三者应负的赔偿责任能够确定的其他情形。前款规定的情形下，保险人主张按照保险合同确定保险赔偿责任的，人民法院应予支持。"以上情形属于被保险人对第三者应负的赔偿责任确定。本案中，被保险人高速公路管理处和第三者之间的赔偿责任并没有确定，第三者直接起诉保险公司要求赔偿不符合法律规定的情形。况且，被保险人高速公路管理处和第三者之间是侵权关系，和保险公司是保险合同关系，两者并不是同一法律关系。因此，直接起诉保险公司为被告虽然是司法实践中常见的做法，但是笔者认为，法院应该从严掌握，审查被保险人对第三者的责任是否确定以及被保险人是否怠于请求，只有该两种情形同时具备时，才能追加承保责任险的保险公司。

2.企业标准优于行业标准，行业标准优于国家标准，这是标准制定的要求，国家标准是最基础的标准是最低要求，一审法院认为行业标准低于国家标准是错误的。本案中，国家标准道路边缘线为白色实线，行业标准中对特殊路段可以采用震荡黄实线，震荡黄实线在提示作用和醒目程度上优于白实线，理由如下：白色实线只是靠线的颜色提醒司机，震荡黄实线除了黄色颜色提醒司机以外，还可以靠震动提示驾驶人，当汽车轮胎碾压震荡黄实线以后，汽车轮胎会发出巨大声响，已提醒司机引起注意，而当汽车轮胎碾压白色实线时，汽车轮胎不会发出声响提示驾驶人。黄色比白色更醒目，更能引起注意，这也是红绿信号灯变换时采用黄色信号灯提示司机的原因。

由此可见，高速公路在设计时采用震荡黄实线的标准是优于国家标准的。交警部门不能想当然认为，只要不符合国家标准的就是不合格，发生道路交通事故就要承担责任，交警部门认为标识标线颜色不符合国家标准而认定高速公路管理处承担道路交通事故责任在全国也属首例（经检索案例，未发现此前有类似事故认定的情形）。我们认为交警部门的认定程序不合法，法院应当组织对道路交通事故与标识标线颜色是否存在因果关系进行鉴定。首先，《道路交通事故处理程序规定》第六十条："公安机关交通管理部门应当根据当事人的行为对发生道路交通事故所起的作用以及过错的严重程度，确定当事人的责任。"公安交通管理机关应按交通事故现场勘查、调查取证和确认的事实，根据当事人有无过错行为及过错行为与事故之间的因果关系，认定各方当事人的交通事故责任。没有过错行为，或者当事人虽有过错行为，但与事故无因果关系的，不负事故责任，这是认定事故责任的基本原则。

本案中，机动车驾驶人在雨天超速行为，未按照操作规范驾驶汽车是造成本次事故的唯一的直接原因，应该认定驾驶人承担事故全部责任。高速公路管理处没有过错，不承担事故责任。高速公路管理处道路设计是由有资质的机构设计，施工单位按照设计要求施工，该工程经验收合格投入使用，高速公路管理处按照国家规范对高速公路进行养护。从鉴定机构拍摄的现场照片看，道路边缘线清晰可见，具备提醒功能。道路边缘线的颜色和事故的发生没有因果关系，交警的事故责任认定缺乏因果关系的证据，不科学。其次，交警处理事故程序违法，交警认为高速公路管理处是事故当事人，对鉴定机构的选定以及鉴定结果均未告知高速公路管理处，违背《道路交通事故处理程序规定》的程序。最后，鉴定人员出庭接受质询，鉴定人员表示，我们只是认为道路边缘线不符合国家标准，并不认为他和事故之间存在因果关系。故此，我们认为交警没有证据证明道路边缘线的颜色和事故之间存在因果关系。

3. 道路交事故认定书属于行政机关出具的公文书证，法院一般会认定其效力。《最高人民法院关于审理道路交通事故损害赔偿案件适用法律若干问题的解释》第二十七条："公安机关交通管理部门制作的交通事故认定书，人民法院应依法审查并确认其相应的证明力，但有相反证据推翻的除外。"就本案而言，道路边缘线的颜色和事故的发生是否存在因果关系没有证据，高速公路管理处申请进行鉴定，法院不予批准，法院对是否采纳交警部门出具道路交通事故认定书有自由裁量权，但是该裁量权应该建立在合理合法的基础上，而不是随意裁量，应根据需要裁量。

虽然二审法院改变事故责任比例，但是案件性质并没有改变，主次责任如何承担及比例多少不是关键，关键是道路边缘线颜色以及是否毁损和事故之间是否存在因果关系，法院应当组织进行鉴定，根据鉴定结果确定是否采纳交警部门道路事故认定书的结论。

三、本案启示

公共场所的所有人或者管理人在设置公共安全设施时应考虑国家标准，在没有国家标准时才可以适用行业标准或者企业标准。公共场所的管理人应对影响公共安全的设施及时维护保养。本案中，从实际效果看，本案的震荡黄实线的提醒效果优于普通白实线的提示效果，但是，管理单位疏于管理，造成部分震荡黄实线损毁并未及时修复。最终二审法院认为，管理单位未及时维修损毁的震荡黄实线，具有一定过错，故此承担一定责任。公共设施的管理者应按照国家标准及时对设施进行维修，防止出现老化、腐蚀等现象。因设施不符合标准而造成事故，公共设施的管理者需承担相应的责任。

多个公估报告结论的采纳

李同建

要点提示： 在很多保险合同纠纷案件中，对保险责任没有争议，有争议的是损失数额的确认以及投保比例的多少。法院一般在诉讼阶段会委托公估公司对损失进行公估。公估公司查勘现场以后应当做出唯一的公估结果。如果公估报告做出的结果不是唯一的，该公估报告是否还可以作为认定损失的依据？法院是否可以采纳公估报告的结论？

一、案例简介

2018年4月，某纺织公司向保险公司投保一份财产综合险，保险标的包括厂房、机器设备、成品、半成品、原材料等。2018年5月某纺织公司所在地发生飓风，造成纺织公司部分厂房、织布机损坏，对损失金额是否存在投保等问题某纺织公司与保险公司未能达成一致意见。某纺织公司起诉到法院，某纺织公司称，本案保险合同在商定时没有约定保险价值，所以，保险公司应当在保险金额范围内全部赔偿损失。

保险公司答辩意见： 某纺织公司存在不足额投保，应当按照投保比例赔偿损失，针对损失金额应当委托鉴定。保险公司提交了某纺织公司盖章的投保单、项目清单等纺织公司投保材料。诉讼中法院委托公估公司对损失进行评估，公估公司理算后给出两种公估结果。第一种称："按照保险合同条款文义理解，实际损失乘以保险金额与保险价值的比例，减去免赔额和残值，计算得出实际理赔金额。"第二种计算方式为："实际损失小于保险金额，保险人应在保险金额范围内按照实际损失计算，计算方式为：实际损失减去免赔额和残值，计算出理赔金额。"

二、法院判决

一审法院认为，保险合同条款采用小五号字体印刷，条款中责任免除以及减轻保险人责任条款不足以引起投保人的注意，保险人亦未对该条款的内容以书面或者口头形式向投保人明确说明，保险人也没有向投保人说明出险时按照保险金额与出险时保险价值的比例进行赔付。按照比例赔付是限制保险人未来合同责任的条款，该条款属于免责条款，由于保险人不能证明履行了明确说明义务，该条款不具有约束力。公估公司根据保险合同条款做出两种公估结果，说明保险合同条款有两种解释，选择对保险公司不利的解释，即按照第二种理解计算赔偿。一审判决后，保险公司提出上诉，二审法院判决驳回上诉，维持原判。

三、法理分析

本案争议主要问题：①公估公司做出的公估报告是否有效。②本案适用不利解释原则确定公估结果是否恰当。

1. 公估公司做出的公估报告无效，主要理由如下：

（1）根据《保险公估人监管规定》的规定，保险公估公司是指专门从事对保险标的或者保险事故进行评估、勘验、鉴定、估损理算以及相关的风险评估的单位。保险公估公司需要在银保监会备案才能从事保险公估工作。一审时，保险公司申请鉴定人员出庭，鉴定人员当庭表示，第一种意见是公估公司的鉴定意见，本次鉴定报告以该意见为准，第二种意见是按照原告对保险合同条款的理解计算的。公估公司将一方第三人的意见写成公估结论，该结论的依据严重不足，《保险公估人监管规定》第二十五条："保险公估人在开展公估业务过程中，不得有下列行为：出具虚假公估报告或者有重大遗漏的公估报告。"本公估报告违反上述禁止性规定，应属无效。

（2）《河北省高级人民法院对外委托工作实施细则（试行）》第二十八条："需要补充材料的，由监督协调员通知审判或者执行部门依照法律法规提供。补充的材料必须经过法庭质证确认或者主办法官、执行员审核签字。当事人私自向受委托方送交的材料不得作为依据。"本次案件勘验现场时，纺织公司并未提出关于损失的计算方式。只是对损失项目、数量向查勘的公估师进行说明。公估师出庭时承认私自接受纺织公司出具部分材料，该部分材料不得作为评估的依据。公估公司私自接收的材料和意见直接作为公估结论，违背上述规定，应属无效。

（3）公估报告错误适用《资产评估法》第二十六条。《资产评估法》第二十六条规定："评估专业人员应当恰当选择评估方法，除依据评估执业准则只能选择一种评估方法的外，应当选择两种以上评估方法，经综合分析，形成评估结论，编制评估报告。"本条规定的意思是可以采用两种以上的评估方法，最终形成唯一的评估结论并编制评估报告。本案中，对于损失金额，公估公司只是采用了一种评估方法确定损失数额，并没有采用两种评估方法对损失进行评估。保险理算是对最终保险赔款的计算，并不涉及损失数额的认定。公估公司给出的两种理算方式，损失金额并没有变化，只是本案为不足额投保，存在最终是按照投保比例赔偿还是足额赔偿的问题。公估公司在公估报告中引用该法条属于偷换概念，逃避责任。

2. 本案不适用不利解释原则，不利解释原则和保险人明确说明义务是法院判决保险公司承担保险责任的两个主要条款。根据《保险法》第三十条规定："采用保险人提供的格式条款订立的保险合同，保险人与投保人、被保险人或者受益人对合同条款有争议的，应当按照通常理解予以解释。对合同条款有两种以上解释的，人民法院或者仲裁机构应当做出有利于被保险人和受益人的解释。"首先，适用不利解释原则的前提是采用的合同条款是保险公司提供的格式条款，针对特别约定条款不适用不利解释原则，当保险人和被保险人对合同条款有争议的，按照通常理解予以解释。

保险合同三十一条的约定几乎是照抄《保险法》第五十五条的内容："保险金额低于保险价值的，除合同另有约定外，保险人按照保险金额与保险价值的比例承担赔偿保险金的责任。"对该内容没有不同理解，纺织公司的理解既不符合保险法原理也不符合法律的规定。并不是只要产生争议就使用不利解释原则，合同条款的疑义性是适用不利解释原则的前提，但并不意味着所有存在疑义的合同条款都适用不利解释原则，该原则在下列情况下并不适用：①当事人订立保险合同的意图明确且可以通过其他途径证实。若能证明双方当事人真实意图，那么应首先遵从当事人的意思表示，采取目的解释的方法。②法律及司法解释已经对保险合同的用语做出相关规定的。该情况下，法律已经对存在的争议做出权威的判决，无需再采用不利解释原则。③被保险人对文句的歧义产生也负有责任时，如被保险人拟订保险合同，或保险合同由承包人草签但由被保险人的经纪人采用时，法律一味向被保险人倾斜有失公允。此情况多为英美国家采用，但对我国的法律制度完善以及实务操作有一定的借鉴意义。

从上述条件来看，不利解释原则并非保险合同解释的唯一原则，保险合同作为民事合同的一种，同样适用于合同解释的一般原则，且一般原则应优先于不利解释原则。根据合同条款的疑义性判断标准即"普通读者标准"的采用来看，从保险的社会性考虑，应首先考虑通常意义解释原则。所谓通常意义，是具有一般知识及常识的人对于保险单用语给予的通俗及简明的意义。对保险专业术语、法律术语及其他专业术语，可以依据《保险法》及相关的法律法规或行业惯例等进行专业解释。此外还有具体解释、整体解释等解释原则。本案不适用不利解释原则。

四、本案启示

法院在审理保险合同纠纷案件时，《保险法》第十七条和第三十条是法院适用最多的条款，《保险法》第十七条的保险人明确说明义务和第三十条的不利解释原则十分容易被滥用。保险人在履行明确说明义务时，往往采用投保人在投保单投保人声明一栏盖章的形式。由于对保险错误的认识，在实践中有极个别法院不认可此种告知模式，有的认为只有盖章没有经办人签字，不知道向谁履行了义务；有的认为该部分内容没有具体的责任免除条款的内容，不能证明履行了明确说明义务。我们认为此类认定于法无据。本案中法院并未认定保险公司未尽到明确说明义务，而是根据《保险法》第三十条和《合同法》第四十一条（现《民法典》第四百九十八条）规定的不利解释原则采纳了公估公司做出的有利于纺织公司的结论。

本案中双方签订的合同条款完全照抄《保险法》五十五条的规定，没有不同理解，公估师在出庭时也表示按照文义理解就需要计算投保比例，但法院还是认为只要有不同声音就适用不利解释原则，这是错误的。目前我国财产险保单都是采用不定值保险合同，即不在保险合同内约定保险价值金额，只约定保险价值的计算方式（主要有约定为重置价值、市场价值、账面余额等），投保人在投保时自己确定一个保险金额，按照保险金额缴纳保险费，此时，并不知道是否为足额投保。如果没有发生保险事故，无需计算投保比例，当发生保险事故以后需要计算保险价值的准确金额，并计算保险金额与保险价值比例。当该比例大于等于1时，为足额投保，按照实际损失计算赔偿，当该比例小于1时为不足额投保，按照投保比例与实际损失的乘积计算损失。投保人购买保险时为了少出保险费，就降低保险金额，发生保险事故以后，极易不足额投保，这样吃亏的是投保人。

足额投保确定的时间

李同建

要点提示： 财产保险合同一般为不定值保险合同，发生保险事故以后，除了需要对损失金额进行评估以外，还需要对保险价值进行测算，确定是否足额投保。当投保比例小于 1 时，应该按照保险比例进行赔偿，故此，对进入诉讼阶段的保险赔偿案件，法院在委托公估时需要委托进行保险理算，并且，当因为条件限制一次查勘现场不能完全了解真实损失情况时，一审判决前具备重新查勘条件的，应当进行再次查勘。法院委托的公估公司做出的公估报告也需经过质证，法院也应当根据实际情况确定，不应认为当然有效。

一、案例简介

某水电站在某保险公司投保财产综合险，投保时将自己所有的固定资产列出清单，按照清单价格进行投保，保险期限自 2016 年 3 月 29 日起至 2017 年 3 月 28 日止。2016 年 7 月 19 日，某水电站上游突降暴雨，暴雨将水电站拦水坝以及引水坝部分冲毁，造成损失，事故发生后，保险公司与被保险人共同委托公估机构对损失进行评估。公估公司派公估师到现场进行查勘，2017 年 8 月 7 日做出公估报告。公估报告显示，受损明渠砌筑工程量 723.97 立方米，受损引水坝 73 米，据此核定损失。某水电站对公估报告认定的损失金额不服，且不同意扣减免赔率，向法院起诉。

二、法院判决

法院审理后认为：保险公司和某水电站签订的保险合同合法有效，本次洪水造成的损失属于保险责任。对损失问题，法院认为，公估报告是保险公司和某水电站共同选定的有资质的公估机构做出的，该公估报告程序合法，且系对保险标的损失进行评估，应当以该公估报告作为确定损失的依据。关于免赔率问题，某水电站在投保人声明一栏盖章确认"已收悉并仔细阅读保险条款，尤其是黑体字部分的保险内容，并对保险公司就保险条款内容的说明和提示完全理解，没有异议"，故免责条款合法有效，因此按照公估报告的损失金额进行判决。

一审判决以后，某水电站不服一审判决提出上诉，上诉理由为：公估报告中签字的公估师没有到过现场，到现场的公估师没有签字。二审法院将本案发还重审，要求查明签字公估师是否到过现场，必要时重新委托鉴定。一审法院组成合议庭重审本案。法院另委托公估公司对损失进行评估，公估公司到现场进行查勘，由于正值汛期，水位较高，无法测量引水明渠毁损的深度，已无法测量引水坝受损长度，现场只是测量引水明渠修复长度，公估公司根据原来公估报告的深度确定引水明渠的深度计算损失，引水明渠按照1478.41立方米计算砌筑工程量，而原来双方委托的公估公司做出的报告中，引水明渠砌筑量为723.97立方米，两者相差约2倍，引水坝按照被保险人自己申报的长度100米进行评估，按照重置价值计算损失为166万元，而被保险人投保时引水坝190米，价值145万元，公估公司计算引水坝的长度大于被保险人向保险公司申报的长度（被保险人向保险公司申报损失引水坝73米）。公估公司做出公估报告以后，法院开庭以前，保险公司又到现场查勘，发现现场已经进入枯水期，水位下降，可以明显分辨砌筑引水明渠的深度和引水坝毁损长度，保险公司向法院提出申请并提交现场照片，要求公估公司重新复勘现场。法院组织开庭，公估人到庭接受质询，公估人当庭表示，只要法院同意可以进行复勘，但法院没有同意复勘现场，按照公估公司做出的公估报告做出了判决。

针对保险公司提出的异议，一审法院认为，明渠损坏长度经过现场测量，本院予以采信，对引水明渠损坏深度，因事故发生在2年前，事故现场很多已经修复或者破坏，公估公司采用保险公司和被保险人委托的公估公司的数据以及水利设计院提交的损坏平面图和剖面图符合实际情况，对于保险公司提交的新的照片与事故发生时的损坏不符不予采纳。关于是否存在不足额投保问题，法院认为，投保单和保险单未写明被保险人是否足额投保问题，并均列明了保险标的项目和相应的保险金额，保险公司所提的固定资产一览表，保险合同并未体现，故不采纳不足额投保的抗辩理由。

一审判决后，保险公司提出上诉，主要上诉理由为：①一审法院拒绝公估公司重新勘查现场违背法律规定，保险公估公司出具的公估报告中的勘验情况显示：2018年8月10日，进行现场勘验，因为水电站的水流较大，现场勘验环境危险，因此勘验工作相对受限，经查勘引水坝未修复，河水漫过引水坝不能实际测量，可以说明第一次查勘现场受限的情况确实存在。公估公司鉴定人现场出庭质证时称，通过观看保险公司提供的新证据即2018年12月8日的照片和视频，认为照片属于引水坝现场并且引水坝已经露出水面可以进行再次现场测量。②公估公司所做报告存在鉴定结论依据不足，鉴定结论错误的情况。公估公司所做报告中的明渠的水毁深度、引水坝的损毁长度均未经过实际测量。③公估公司依据被上诉人单方提供的设计图纸程序不合法，该设计图纸在鉴定时没有经过双方质证，并且该图纸制作时间均是2016年9月，是事故发生之后所做，不是投保时原始图纸。④本案中被保险人自己提供的固定资产一览表中，投保时引水坝是190米，保险金额为1455188元，公估报告计算引水坝重置长度为100米，损失金额为166万元，已经远远高于保险金额，该损失金额只是重置价值，没有考虑折旧、使用年限等问题，固定资产一览表中记载的1455188元是引水坝的实际价值，公估公司鉴定的损失结果远远超过实际价值，存在不足额投保问题。

一审法院在明知被上诉人存在不足额投保的情况下，不按照保险合同条款三十一条以及《保险法》第五十五条的规定计算给付保险金额，严重损害了上诉人的合法权益。二审法院认为，保险公司没有提供证据证明法院委托公估公司出具的公估报告存在《最高人民法院关于民事诉讼证据若干规定》第二十七条规定的情形[（一）鉴定机构或者鉴定人员不具备相关的鉴定资格的；（二）鉴定程序严重违法的；（三）鉴定结论明显依据不足的；（四）经过质证认定不能作为证据使用的其他情形]，保险公司提出的重新勘验的请求不予准许，因此，驳回上诉维持原判。

三、法理分析

争议问题：法院委托的鉴定机构做出的鉴定意见是否当然有效？本案保险合同属于定值保险合同还是不定值保险合同？

1.无论是法院委托还是当事人共同委托，鉴定机构做出的鉴定结论并不当然有效，需要经过庭审质证才能作为认定案件事实的依据。经质证，鉴定意见存在《最高人民法院关于民事诉讼证据的若干规定》第二十七条规定的情况的，需要对该鉴定意见进行重新鉴定或者补充鉴定，此外，《民事诉讼法》第七十八条规定，经人民法院通知，鉴定人拒不出庭作证的，鉴定意见不得作为认定事实的根据，该种情形下，鉴定机构需要退还当事人缴纳的鉴定费用。以上情况是法院不认可鉴定机构鉴定意见的情况。保险公司和被保险人在保险事故发生以后，共同委托公估公司进行鉴定，该鉴定意见同样需要经过庭审质证。《最高人民法院关于民事诉讼证据的若干规定》第二十八条："一方当事人自行委托有关部门做出的鉴定结论，另一方当事人有证据足以反驳并申请重新鉴定的，人民法院应予准许。"对于双方当事人委托的鉴定机构做出的鉴定意见如何认定效力没有规定，新修订的《最高人民法院关于民事诉讼证据的若干规定》删除了第二十八条之规定。《最高人民法院关于审理建设工程施工合同纠纷案件适用法律问题的解释》第十三条："当事人在诉讼前共同委托有关机构、人员对建设工程造价出具咨询意见，诉讼中一方当事人不认可该咨询意见申请鉴定的，人民法院应予准许，但双方当事人明确表示受该咨询意见约束的除外。"表明立法者倾向于尊重当事人自己的意见，如果当事人愿意受该鉴定意见的约束，法院予以尊重。但是需要注意的是，保险公司在开庭时组织公估公司人员出庭接受质询，而本案二审法院不认可公估公司鉴定意见，原因主要有两点：其一，鉴定人员未出庭。其二，到现场勘验的鉴定人员表示被保险人签字时查看笔录没有内容。基于此，二审法院判决发回重审并要求重新组织鉴定。

2. 本案开庭时，公估公司鉴定人当庭表示，保险公司提交照片以及视频是鉴定现场的情况，根据照片和视频可以进行复勘。公估报告也显示由于条件限制引水坝不能实际测量，水流较大勘验工作相对受限，一审法院认为保险公司提交的照片与事故发生时损坏的情形不符，故此不同意重新勘验现场，事实上，保险公司提供照片的目的是证明水位下降，可以对第一次查勘现场时没有测量的项目进行重新测量，并不是想说明损坏情况。二审法院认为，保险公司要去重新查勘现场的申请不符合《最高人民法院关于民事诉讼证据的若干规定》第二十七条规定的情况，该二十七条规定的是重新鉴定或者补充鉴定的情况，本案中保险公司申请的是复勘现场，而不是重新鉴定，因此二审法院的理由也不成立。鉴定人都同意复勘现场，而一审法院、二审法院不允许复勘，没有事实依据和法律依据。

3. 根据《保险法》第五十五条之规定，财产保险分为定值保险和不定值保险两种。在我国财产保险实务中，定值保险仅适用于两种情况：一种是保险标的的价值不易确定的财产保险合同，如古玩、字画等。一种是国际海上货物运输保险中，由于运输货物价值在不同时间、地点可能存在差别很大，为了避免出险时在计算保险标的的价值时发生争议，采用定值保险的形式。除此之外均采用了不定值保险，本案保险合同就是不定值保险合同。不定值保险合同是指当事人不事先约定保险标的的价值，只确定保险金和保险价值，待保险事故发生时，以损失发生地的市场价格或者重置价格或账面余额为确定保险价值依据的保险合同。不定值保险，保险人在与投保人签订保险合同时以及签订保险合同前保险人均无法判断投保人是足额还是不足额投保。当发生保险事故以后，根据《保险法》第五十五条计算出险时的保险价值，只有测算保险价值后才能确定本案保险合同是否足额投保。一审法院委托的鉴定机构只是鉴定了损失，没有计算保险价值，根据投保清单，某水电站引水坝投保金额 145 万元，毁损的 100 米引水坝公估公司鉴定重置价值为 166 万元，如果按照鉴定标准计算，整个引水坝的重置价值为 315 万元，某水电站投保金额 145 万元，明显属于不足额投保。一审法院违背法理，认为投保单和保险单未写明是否足额投保，就此判定属于足额投保，其作为与《保险法》是相悖的。

四、本案启示

财产险保险合同承保范围比较广，内容比较多，发生保险事故以后，还需要对是否足额投保以及是否属于保险财产等问题进行审核，还有残值、免赔率等问题，以上问题都和理赔息息相关。法院在审理财产保险案件时，往往只是委托对受损财产的价格进行评估，不考虑其他问题，进而在判决时直接按照损失金额确定保险理赔金额。法院或者当事人在委托鉴定机构对损失进行鉴定时，应明确委托要求，不能仅仅对损失进行鉴定，而应当进行保险理算，确定最终的赔付金额。需要注意的是，很多财产或者价格鉴定机构不具有对保险损失进行理算的资质和专业技术条件，最好委托有资质的保险公估公司对损失进行评估并理算。

因供汽单位原因造成停汽
保险公司承担责任后可向其追偿

李同建

要点提示： 企业生产需要蒸汽、水和电力，上述供应单位由于自身原因造成停汽、停电、停水的，会给部分生产企业造成损失，保险公司在赔偿企业损失以后，可以根据《保险法》第六十条的规定向有责任的一方追偿，当停止供汽、供电、供水的企业不能证明自己可以免责时，该企业要承担终局赔偿责任。

一、案例简介

某药厂在保险公司投保企业财产一切险，附加供应链中断条款："兹经双方同意，由于本保险合同中载明的保险标的地址内供应水、电、汽及其他能源的设备遭受保险事故致使供应中断造成保险标的损失，保险人按照本保险合同的约定负责赔偿。"保险期限自 2016 年 6 月 30 日起至 2017 年 6 月 29 日止。某药厂生产过程中需要蒸汽，因此与某热电公司签订了"购售热协议"，协议约定，由某热电公司向某药厂出售蒸汽，其中第 3.2.2 条款规定："售热方因故不能按照计划保证供热时，应提前 24 小时通知购热方（不可预见事故除外），避免购热方造成事故和损失。否则，购热方遭受的损失，售热方应负责赔偿。"2016年7月20日早晨6:30，某热电公司电话通知某药厂停止供汽，随后供汽中断，造成某药厂部分原材料损失。

保险公司与某药厂协商选择一家公估公司对本次停汽事故造成的损失进行鉴定。经鉴定，损失为70万元，保险公司赔偿了某药厂损失，某药厂向保险公司出具权益转让书，将向某热电公司的追偿权转让给保险公司。气象部门出具的证明显示，2016年7月19日，该地区突降暴雨，24小时最大雨量为124毫米，该降雨出现在省农科院附近，应以出险地实际勘验情况为准。就本次停气原因，律师来到某热电公司了解情况。热电公司工程技术人员表示，由于第三方修路，回填路基时没有夯实路基，下雨后雨水流进蒸汽管道里，蒸汽遇冷凝结，造成不能正常供汽。保险公司起诉某热电公司后，某热电公司提出抗辩意见：①保险公司没有证据证明其享有代位求偿权。②本次停汽是由于暴雨造成的，属于不可抗力，供热公司不承担责任。③保险公司没有提供证据证实损失和停汽之间的因果关系。④单方委托的公估报告不具有效力，不能作为证据使用。⑤对《保险法》第六十条中的"损害"应做狭义理解，该损害不包括合同责任。

争议焦点：（1）某热电公司的停汽是否是因为不可抗力？是否应当免责？（2）公估公司的公估报告是否可以作为认定损失的依据？（3）合同违约是否属于《保险法》第六十条规定的追偿原因？

二、法院判决

法院经审理后判决：支持保险公司诉讼请求。某热电公司提出上诉，二审法院驳回上诉维持原判。

1. 关于某热电公司的停汽行为是否属于不可抗力问题。某热电公司认为本次停汽行为属于不可抗力，主要理由是：停汽前一日该地区突降暴雨，突降暴雨属于不可抗力，也是保险公司承保的风险，暴雨造成管沟进水，进水后造成停汽。本案中停汽行为属于不可抗力造成，所以供汽公司不承担责任。我们不同意某热电公司的观点：突降暴雨属于不可抗力，也是保险公司一般保险合同中承保的风险，但在判断合同履行中是否遭遇不可抗力时，除了发生不可抗力这一客观因素外，还需考虑不可抗力行为是否足以造成违约行为，理由如下：

（1）根据《合同法》第一百一十七条以及《民法总则》第一百八十条（现《民法典》第五百九十条）规定，所谓不可抗力是指不能预见、不能避免且不能克服的客观情况，因不可抗力不能履行合同的，根据不可抗力的影响，部分或者全部免除责任，但法律另有规定的除外。不可抗力通常包括：①自然灾害，如台风、冰雹、地震、海啸、洪水、火山爆发、山体滑坡；②政府行为，如征收、征用；③社会异常事件，如战争、武装冲突、罢工、骚乱、暴动等。不可抗力中规定的不能预见是指订立合同时不能预见，而不是指实际上的不可预见，比如：天气预报提前两天预报称将有暴雨，可能引发洪水，针对暴雨后洪水是可以预见的，我们不能因为有准确的天气预报存在就否认暴雨和洪水属于不可抗力，不可抗力中所称的不可预见是指订立合同时不可预见的情况，而不是指真正的不可预见。不可预见是指将要发生的损害是必然的、肯定的、无法阻止的，当事人无法通过自主行为抵消不可抗力的影响。本案中，根据某热电公司的陈述，暴雨后第二天发生的管沟渗水事件，暴雨时并没有雨水直接进入管沟，积水渗入管沟的原因是第三方修路将路面挖开，回填时没有夯实路基，导致雨后路面积水渗入地下管沟，本次管沟渗水行为和暴雨并无直接关系，某热电公司在停雨以后数小时内有足够的时间排除积水，减少积水可能造成的影响。也就是说，某热电公司有足够的时间避免本次事故发生，某热电公司怠于履行造成停汽事故，不属于不可抗力。

（2）《合同法》第一百一十七条（现《民法典》第五百九十条）："因不可抗力不能履行合同的，根据不可抗力的影响，部分或者全部免除责任。"部分或者全部免除责任的前提条件是因不可抗力不能履行合同，也就是说，不能履行合同和不可抗力之间必须存在因果关系。不可抗力事件出现以后，违约方还需证实不可抗力的发生和违约行为之间存在必然因果联系，如果不能证明违约行为和不可抗力之间存在因果关系，则不能援引不可抗力条款免责。本案中，暴雨发生的时间在2016年7月19日，根据天气记载主要降雨发生在7月19日下午4：00点以前，停汽发生的时间是7月20日早晨6：30，在暴雨结束14个小时以后，当时地下管沟并未进水，某热电公司不能证明暴雨和停汽之间存在必然的因果关系。由于某热电公司提供的证据不能证实暴雨与停汽之间存在必然的因果关系，法院依法认定某热电公司停汽行为违约，不存在不可抗力事件，应当承担违约责任。

2．在追偿案件中，赔偿金额是否合理，保险公司和被保险人委托的公估公司做出的公估报告是否有效，能否被法院认可是一个关键问题。本案中，某热电公司在庭审时提出了对公估报告不认可的答辩意见，但是，没有提出重新鉴定申请。法院认为，保险公司委托的公估机构资质健全，属于合法机构，某热电公司虽然对公估报告提出异议，但是未申请重新鉴定，属于对该公估报告的认可。

在追偿案件中针对保险公司委托做出的公估报告能否被法院认可是一个关键问题。因此，需要委托程序、公估机构和公估师具备资质和勘察程序均合法。即，保险公司在委托公估机构时最好和被保险人协商一致，共同委托公估公司对保险损失进行公估并进行保险理算。审查公估机构和现场查勘时公估师的资质，要求公估机构和公估师具备资质。在公估报告上签字的公估师与现场查勘的公估师保持一致，所有勘察报告必须要求被保险人签字确认。被保险人参加查勘的人员一定要提交授权委托书，明确身份以及授权权限。在做出公估报告以后，最好给实际侵权人送达一份，以保障实际侵权人的权利。在庭审时，公估师出庭接受质询。能够做好以上各项，法院一般会认可公估公司出具的公估报告。公估公司是依据行政法设立的，各公估公司之间没有相应隶属关系，能入围法院名录的公估公司也并不比没有入围的公估公司具有更高的公信力。法院是否认可公估报告的效力主要是考虑程序问题，实体问题需要由专业人士说清楚。

3．本案在诉讼时，《〈保险法〉解释（四）》尚未颁布，针对合同违约定位是否属于追偿的范围也进行了辩论。某热电公司提出对《保险法》第六十条中的"损害"应狭义理解，不应包括合同违约。我们当时认为，应当针对《保险法》第六十条中的"损害"做出广义解释，《保险法》第六十条规定的追偿权实际上是一种法定的权利转移，确认第三人应否承担责任时应以第三人与被保险人之间的法律关系来确定，不应简单分析对损害的解释，应该从广义的权利转让以及被保险人与第三人的法律关系确定第三人是否应当承担责任，法院采纳了保险公司的观点。随着《〈保险法〉解释（四）》（第七条："保险人依照保险法第六十条的规定，主张代位行使被保险人因第三者侵权或者违约等享有的请求赔偿的权利的，人民法院应予支持。"）的出台，此类争议将会不复存在。

四、本案启示

保险公司承保企业财产一切险后，会发生因停水、停电、停汽、断网等造成的损失，保险公司在赔偿以后均需要追偿，在追偿时需要注意收集的主要证据包括供水、供电等合同。本案中，药厂不能提供供汽（热）的合同，则可通过提供发票来证明存在供汽关系。根据合同确定是否属于违约责任，此类合同一般属于格式合同，合同中条款都是由供应方制定的，偏向于保护合同提供方的利益，要注意利用不利解释原则以及《合同法》第四十条（现《民法典》第五百九十条）关于提供格式条款一方免除其责任、加重对方责任、排除对方主要权利的，该条款无效的规定审查合同，确定各方责任。在分析不可抗力时要将不可抗力与情势变更和商业风险区分开来，不可抗力是欲为而不能为；情势变更是能为而不为或者能为的成本大大增加；商业风险是经营活动中存在的正常的风险，不能免责。关于保险公司和被保险人共同委托的公估公司做出的公估报告的效力，一般情况下要求公估师出庭接受各方质询会增加法院采纳公估报告的可能性，在签订公估协议时，一定要有公估师将来出庭接受质询的条款，免得需要时出现扯皮现象。

被保险人承担的补充赔偿责任不属于
公众责任险责任范围

李同建

要点提示：根据保险合同条款可以确定公众责任险的保险范围是指："在本保险有效期限内，被保险人在本保险单明细表中列明的地点范围内依法从事生产、经营等活动以及由于意外事故造成下列损失或费用，依法应由被保险人承担的民事赔偿责任，保险人负责赔偿。"保险保障范围是被保险人依法从事的生产、经营活动以及由于意外事故造成的应由被保险人承担的民事责任，该民事责任应该是直接的、最终的责任，不应包含因连带责任或者补充责任或应由其他主体最终承担的民事责任。因为，被保险人因连带责任或者补充责任而代替其他主体承担的民事责任最终应由其他主体承担。而最终应由其他主体承担相应责任就不属于依法应由被保险人承担的民事责任，也就不属于保险责任范围，保险人依法不承担赔偿责任。

一、案例简介

2014年8月4日，赵某驾驶自己所有的东风牌重型仓栅式货车在高速公路上行驶时，因机动车超载、违反禁令标志指示和未按照操作规范安全驾驶，在第一行车道与韩某驾驶的小型轿车追尾相撞，随后，赵某驾驶货车又与前方由徐某驾驶的小型轿车相撞，徐某驾驶的小型轿车又与前方由黄某驾驶的比亚迪牌小型普通客车相撞，徐某驾驶的小型轿车又与第一行车道由宋某驾驶的重型仓栅式货车追尾相撞，导致黄某驾驶的比亚迪牌小型普通客车旋转侧翻、赵某驾驶的重型仓栅式货车又与第一行车道由许某驾驶的自己的解放牌重型半挂牵引车追尾相撞，随后起火，引燃了第二行车道由彭某驾驶的晋K重型半挂牵引车，造成六车不同程度损坏、部分路产和货物损失，驾驶人任某、徐某和乘车人王某、王某某、王某某五人死亡，宋某某受伤的交通事故。

此事故经河北省高速交警石家庄支队鹿泉大队勘验及调查，做出了道路交通事故认定书，认定：当事人赵某驾驶机动车超载、违反禁令标志指示和未按照操作规范安全驾驶，负此事故的主要责任；当事人宋某某驾驶机动车违反禁令标志指示，当事人许某驾驶机动车超载、违反禁令标志指示，共同负此事故的次要责任。事故发生后伤者以及死者家属作为原告到法院对肇事各方司机、挂靠机构、保险公司以及高速公路公司提起诉讼。原告起诉高速公路公司的理由为：高速公路有限公司违反《中华人民共和国道路交通安全法》第一条、第二条、第三条的规定，没有保障道路交通有序、安全、畅通，违反《收费公路管理条例》第二十八条、第三十一条、第三十四条之规定，在发现事故车辆超载后，未及时通知交警部门进行查处，而是收费后直接放行了事，完全漠视自己的职责、他人的生命安全及道路安全通行保障，无异于是在与所有的超载车辆以危险方法危害公共安全。事故发生后经实地走访、查看，事故发生路段并无任何标志指示下坡、急弯等标志标识，更无前方因事故堵车等明显标志，所以高速公路公司存在过错，对原告所有损失的不足部分应由高速公路公司承担补充赔偿责任。并建议人民法院向高速公路公司的管理机关依法出具司法建议书，建议对其违法、失职行为，依据《收费公路管理条例》第五十条之规定进行查处。

高速公路有限公司称： ①针对原告所诉，其所说的我公司未设置的标识标线，其没有提供任何的证据。②原告要求高速公路管理处承担补充赔偿责任的理由引用的是《侵权责任法》第三十七条（现《民法典》第一千一百九十八条），其只引述了后半部分，并未阐述法条的全文，该条法律不适用于本案，不能让高速公路公司承担责任。③高速公路公司已经依法履行了安全防护警示等管理维护义务，由公司提供的证据可以证明。④本案的事故车辆并不是在高速公路公司辖区内进入收费站，事故发生时尚未经过公司的收费站，所有超载的事故车辆，根据交警队卷宗，都是由山西进入河北。⑤在进入河北段处路政部门设立了禁止超限超载的警示标识，由高速公路公司提供的证据可以证明这一点，证明事故路段治理超载现象的执法主体是路政部门，且路政部门依法设置了禁止超限超载的警示牌。⑥道路交通事故认定书已经将本案的事故责任划分非常明确，本案是一起因交通事故引起的财产损失案件，高速公路公司没有任何责任。⑦交警队的案卷当中事故现场照片明确显示事故的标识标线非常清晰。事故责任与是否设置标识标线以及相关车辆是否超载和交通事故的损害后果之间无直接的因果关系。从交警的责任认定可以看出，原告主张高速公路公司承担责任的两点意见均不成立，高速公路公司完全履行了自己的职责。

二、法院判决

一审法院经审理后认为：根据《中华人民共和国道路交通安全法》第七十六条的规定，机动车发生交通事故造成人身伤亡、财产损失的，由保险公司在机动车第三者责任强制保险责任限额范围内予以赔偿，不足部分，由当事人按过错比例分担。《中华人民共和国侵权责任法》第三十七条（现《民法典》第一千一百九十八条）规定，宾馆、商场、银行、车站、娱乐场所等公共场所的管理人或者群众性活动的组织者，未尽到安全保障义务，造成他人损害的，应当承担侵权责任。因第三人的行为造成他人损害的，由第三人承担侵权责任；管理人或者组织者未尽到安全保障义务的，承担相应的补充责任。《最高人民法院关于审理人身损害赔偿案件适用法律若干问题的解释》第六条第二款规定："因第三人侵权导致损害结果发生的，由实施侵权行为的第三人承担赔偿责任。安全保障义务人有过错的应当在其能够防止或者制止损害的范围内承担相应的补充赔偿责任。安全保障义务人承担责任后，可以向第三人追偿。"根据本起事故造成五人死亡、多车受损（其中两车在原审法院诉讼）的实际情况，本着以人为本、司法为民的基本原则，确定对于原告损失按事故责任比例赔付，赵某承担主要责任，赔偿保险公司赔偿原告后的不足部分损失的70%，高速公路公司承担补充赔偿责任，高速公路公司承担补充责任后，有权向赵某追偿。法院判决高速公路公司承担补充赔偿责任的数额为330万元，该数额超出保险公司公众责任险保险金数额。

判决后，高速公路公司提起上诉，中级人民法院做出驳回上诉维持原判的裁定。

高速公路公司采用公开招标的方式选择保险公司作为承保的公司承保公众责任险，在保险合同明细表中特别约定（第四条内容）："兹经双方协商一致，为进一步明确保险责任，双方特别约定：在本保险期间内，被保险人在本保险单明细表列明的范围内，因经营业务发生意外事故，造成第三者的人身伤亡或者财产损失，依法应由被保险人承担的经济赔偿责任，保险人按照条款约定负责赔偿。对如所列情况如发生依法应由被保险人负经济赔偿责任的保险责任范围内的事故时，保险人按照条款规定负责赔偿。"保险合同列举了部分情况，但是没有与本案相一致的情况。高速公路公司根据保险合同提起诉讼，要求保险公司在公众责任险限额内赔偿损失。一审法院驳回高速公路公司的诉讼请求。高速公路公司不服一审判决提出上诉，二审法院裁定驳回上诉维持原判。

三、法理分析

本案的争议焦点：高速公路公司承担的补充赔偿责任是否属于保险责任范围。

本案中高速公路公司承担的补充赔偿责任是否属保险责任有两种意见。一种意见认为，根据保险合同条款的约定，保险公司承担的是依法应由被保险人承担的民事赔偿责任，补充赔偿责任就是民事责任的一种，属于保险责任。另一种意见认为，该补充责任不属于保险责任，理由是补充赔偿责任不属于最终责任，法院生效判决确定高速公路公司向他人追偿，该追偿权专属高速公路公司，如果保险公司再赔偿，高速公路公司有可能获得双份赔偿，违背损失补偿原则。

1.本案中，保险合同的订立是高速公路公司委托有资质的保险经纪公司进行招标，承保险种以及费率都是被保险人提前拟定的，保险公司根据高速公路公司提出保险要求投标，根据评标委员会评审结果确定中标的保险公司，随后签署保险合同。该类型的保险合同中有很多特别约定条款以及扩展条款，因此在保险合同履行时应当首先适用特别约定条款和扩展条款，当上述条款没有约定时，再适用保险公司的备案合同条款。就本案而言，同时存在特别约定条款和保险条款（1999版），当两个条款对保险责任范围约定不一致时，应以特别约定（第四条内容）确定保险责任，特别约定的内容为"兹经双方协商一致，为进一步明确保险责任，双方特别约定：在本保险期间内，被保险人在本保险单明细表列明的范围内，因经营业务发生意外事故，造成第三者的人身伤亡或者财产损失，依法应由被保险人承担的经济赔偿责任，保险人按照条款约定负责赔偿。对如所列情况如发生依法应由被保险人负经济赔偿责任的保险责任范围内的事故时，保险人按照条款规定负责赔偿"。《〈保险法〉解释（二）》第十四条："保险合同中记载的内容不一致的，按照下列规则认定：（二）非格式条款与格式条款不一致的，以非格式条款为准。"特别约定条款属于非格式条款，因此，应依据特别约定条款确定保险责任。另外需要指出的是，此类保险合同签订时，被保险人处于优势地位，保险责任范围由被保险人自己确定，由于有经纪公司的存在，对于免责条款被保险人也是明知，笔者认为此类文本合同中，保险公司关于明确说明义务的举证责任应当免除。

2.补充赔偿责任属于非终局责任，是被保险人代替他人承担的责任，不属于保险责任。《侵权责任法》第三十七条（现《民法典》第一千一百九十八条）："宾馆、商场、银行、车站、娱乐场所等公共场所的管理人或者群众性活动的组织者，未尽到安全保障义务，造成他人损害的，应当承担侵权责任。因第三人的行为造成他人损害的，由第三人承担侵权责任；管理人或者组织者未尽到安全保障义务的，承担相应的补充责任。"《最高人民法院关于审理人身损害赔偿案件适用法律若干问题的解释》第六条："从事住宿、餐饮、娱乐等经营活动或者其他社会活动的自然人、法人、其他组织，未尽合理限度范围内的安全保障义务致使他人遭受人身损害，赔偿权利人请求其承担相应赔偿责任的，人民法院应予支持。因第三人侵权导致损害结果发生的，由实施侵权行为的第三人承担赔偿责任。安全保障义务人有过错的，应当在其能够防止或者制止损害的范围内承担相应的补充赔偿责任。安全保障义务人承担责任后，可以向第三人追偿。赔偿权利人起诉安全保障义务人的，应当将第三人作为共同被告，但第三人不能确定的除外。"立法者在同一条款中对第三人应承担的责任和安全保障义务人应承担的责任做出不同规定，上述侵权责任（赔偿责任）显然与补充责任（补充赔偿责任）不是同一种责任，两者责任有明显的区别。《保险法》第六十五条第四款："责任保险是指以被保险人对第三者依法应负的赔偿责任为保险标的的保险。"《保险法》关于责任保险的规定中也是规定了赔偿责任才属于保险责任，该赔偿责任与《侵权责任法》（现《民法典》）《最高人民法院关于审理人身损害赔偿案件适用法律若干问题的解释》中的规定相一致。上述法律规定的补充赔偿责任是一种替代责任，类似于一种保证责任，不是直接侵权责任。因为，损害结果是第三人直接侵权造成的，安全保障义务人和第三人不构成共同侵权，且安全保障义务人有过错实际上是一种不作为，也不存在和第三人的行为直接或间接结合的问题，所以安全保障义务人的过错不构成直接侵权责任。高速公路公司在承担补充赔偿责任以后可以向实际侵权人追偿，从法律上讲，高速公路公司没有任何损失，没有损失保险公司就不承担责任。

3. 生效判决已经认定被保险人享有追偿权，该权利专属于被保险人，如果判决支持被保险人的诉讼请求，违背损失补偿原则。高速公路公司取得追偿权是基于法律规定，同时也被法院生效判决所确定。保险公司追偿权的取得依据是《保险法》第六十条："因第三者对保险标的的损害而造成保险事故的，保险人自向被保险人赔偿保险金之日起，在赔偿金额范围内代位行使被保险人对第三者请求赔偿的权利。"毋庸置疑，保险公司的追偿权是一种法定权利，任何人不得剥夺。本案中高速公路公司投保的险种为公众责任险，保险标的是被保险人对其他第三人应负的赔偿责任，因保险标的是责任，因此，不存在《保险法》第六十条规定的侵权人，也就是说，在责任保险中，保险公司按照责任进行赔偿，赔偿以后不享有追偿权。根据以上分析，高速公路公司取得的追偿权归属自己，保险公司不能法定取得上述追偿权，法院也不能判决高速公路公司转让追偿权。既然高速公路公司享有的追偿权不得强制转让，如果判决保险公司承担责任，高速公路公司将获得双份赔偿，违反损失补偿原则。

4.本案公众责任险保险责任范围为："在本保险期间内，被保险人在本保险单明细表列明的范围内，因经营业务发生意外事故，造成第三者的人身伤亡或者财产损失，依法应由被保险人承担的经济赔偿责任，保险人按照条款约定负责赔偿。"根据该保险责任范围的约定，被保险人"因经营业务发生意外事故"才属于保险责任，也就是说该意外事故必须是被保险人的经营业务引起的，不是经营业务引起的事故不属于保险责任。道路交通事故属于责任事故，交警队已经依法认定了各方的事故责任，法院判决高速公路公司承担责任的理由不是因为其因经营业务发生意外事故造成第三人损失，而是认为高速公路公司没有尽到安全保障义务，因此判决其承担补充赔偿责任，同时判决高速公路公司可以向责任人追偿。违反安全保障义务是一种消极行为，经营业务是一种积极行为，本案中第三人的损失是由于其他第三人的道路交通事故造成的，高速公路公司从事的生产经营活动并没有造成交通事故人员伤亡。

四、本案启示

车祸猛于虎，一个司机的一次失误，造成多个家庭的悲剧。本案看似因为司机超载无法及时停车所致，事实上，运输行业竞争激烈，超载是常态，司机和车主表示，由于"内卷"严重，不超载的汽车无法获得收益甚至亏损，司机冒着被罚款、出事故的危险也要超载极力压低价格。运输行业竞争激烈，通过价格竞争获取业务，不超载就无利可图，这是导致本事故发生的深层次原因。当然，肇事司机个人安全意识淡薄是造成事故的直接原因，加强司机安全教育也是减少恶性事故的有效手段。

保险公司应当按照责任比例向肇事司机
追偿交强险垫付的金额

李同建

要点提示： "机动车道路交通事故责任强制保险"简称"交强险"。交强险旨在使受害者能够及时得到救治，获得一定的损失赔偿，从而保障道路通行者的人身安全和财产安全。同时，给予了承保的保险公司在特定的情形下，对驾驶人因其自身的过错致使保险公司对受害人先行垫付损失后向驾驶人追偿的权力，从而不因保险公司的赔付而使侵权人逃避侵权责任，也维护了保险公司的利益。文章从多种角度分析了保险公司如何行使追偿权，被追偿人在非全责的情况下保险公司按照道路交通事故责任比例对其追偿，才更能体现出法律的公平。

法律赋予保险公司追偿权但未规定保险人追偿的责任比例范围。如果被追偿人在事故中负全部责任，那么保险公司在交强险全额范围追偿是合理的。被保险人在事故中并非均承担全部责任，那么在承担主要责任、同等责任、次要责任非全责的情况下，按照全额追偿加重了被追偿人的负担，对被追偿人显然是不公平的。交通事故责任适用过错责任原则，保险公司按照事故责任比例追偿既可以惩戒被追偿人，还有利于其更好地发挥救济作用。

一、案情简介

A1 与 A2 系夫妻关系，A1 驾驶登记在 A2 名下的大型拖拉机上路行驶。A1 将车辆停靠在公路右侧，A1 持有的驾驶证为 H，不能驾驶大型拖拉机，A1 驾驶的大型拖拉机与准驾车型不符。B 无证驾驶摩托车撞上 A1 停靠在路边的大型拖拉机。交警部门认定 A1 承担事故次要责任，B 承担事故主要责任。事故造成 B 死亡、摩托车损坏的后果。B 的近亲属起诉 A1、A2 以及承保交强险的保险公司，中级人民法院生效二审判决认定事故共造成 B 近亲属损失 504427.6 元，法院判决承保交强险公司赔偿 B 近亲属 11 万元，剩余损失 A1 和 A2 承担 20%。法院判决生效后，保险公司向 A1 和 A2 提出追偿，要求法院判决 A1 和 A2 赔偿保险公司 11 万元。

二、法院判决

一审法院经审理认为：根据《最高人民法院关于审理道路交通事故损害赔偿案件司法解释》（以下称《司法解释》）第十八条之规定，保险公司在支付交强险赔偿款以后可以对 A1 行使追偿权，A2 是 A1 的妻子，也是登记的车主，明知 A1 不具有驾驶资格，仍将拖拉机交给 A1 驾驶，存在相应过错，应与 A1 共同承担赔偿责任。根据生效判决，A1 和 A2 承担赔偿责任比例为 20%，故 A1 和 A2 应按照保险公司垫付费用的 20% 予以赔偿。一审判决后保险公司提出上诉。

二审法院认为：保险公司已在交强险限额内赔偿受害者，有权在赔偿范围内向 A1、A2 主张追偿权，生效判决确定 A1、A2 承担事故比例为 20%，故保险公司追偿的比例应为 20%，二审做出判决：驳回上诉，维持原判。保险公司不服，向福建省高级法院申请再审。福建高院决定再审并提审本案。

高级人民法院认为：《司法解释》十八条规定保险公司在赔偿范围内向侵权人主张追偿权的，人民法院应予支持，该追偿权是代受害第三人之位向侵权人求偿的权利。由于追偿权是源于受害人的损害赔偿请求权，因此，追偿权的范围当然也应限于受害人对侵权人的损害赔偿范围。本案中生效民事判决已认定A1和A2承担事故责任比例为20%，那么受害人对侵权人的求偿范围即为损失的20%，保险公司追偿应以此为限。高级人民法院做出维持中级人民法院民事判决书。

三、法理分析

1. 根据《机动车交通事故责任强制保险条例》（以下称《交强险条例》）规定，交强险是一种责任保险，其设立目的是为了保障机动车道路交通事故受害人依法得到赔偿的权利，根据《保险法》的规定，责任保险是代替被保险人承担民事赔偿责任的一种保险。交强险这种责任险中保险公司是在替代谁承担责任？《交强险条例》和《道交法》没有明确规定。交强险保险合同条款关于保险责任范围约定："被保险人在使用被保险机动车过程中发生交通事故，致使受害人遭受人身伤亡或者财产损失，依法应当由被保险人承担的损害赔偿责任，保险人按照交强险合同的约定，对每次事故在下列赔偿限额内负责赔偿。"交强险合同条款约定保险人承担责任的范围是依法应当由被保险人承担的损害赔偿责任，实际上，在投保车辆不承担全部责任的交通事故中，保险公司根据《交强险条例》和《道交法》的规定在责任限额范围内承担全部赔偿责任，而不是根据被保险人的责任程度承担赔偿责任，说明在交强险责任限额内并不区分事故各方责任，而是由承保交强险的保险公司承担全部的赔偿责任，超过交强险责任限额后，按照各方过错程度承担责任，保险公司承担赔偿责任以后除非出现法定情况，不允许向事故责任方追偿。我国台湾地区《强制汽车责任保险法》第31条规定："汽车交通事故之发生，如可归责于被保险人或者加害人以外之第三人者，保险人得于给付金额（强制险金额）范围内代为行使被保险人对于该第三人之损害赔偿请求权。"强制汽车责任保险允许保险公司在交强险限额内赔偿受害者以后向交通事故实际责任人追偿。

机动车第三者责任保险是非强制保险，其目的是当被保险人或者驾驶人依法应当对第三者承担损害赔偿责任，且该责任不属于免除保险人责任的范围时，保险人按照保险合同约定代替被保险人赔偿受害人的损失。而我国交强险的目的是保障道路交通事故受害者依法获得赔偿，既然机动车强制保险订立的目的是保障机动车道路交通事故受害人享有依法获得赔偿的权利，发生道路交通事故以后，无论机动车一方是否承担事故责任，机动车交强险就按照一定的赔偿限额（有责任限额和无责任限额）承担赔偿责任，在交强险赔偿限额内不区分责任比例，全部由保险公司承担赔偿责任。责任保险是保险公司代替被保险人承担责任的一种保险，交强险也是一种责任保险，《交强险条例》规定不管责任方是谁，只要投保交强险的机动车发生交通事故，并造成被保险人以及车上人员以外的第三人人身伤亡，承保交强险的保险公司在责任限额范围内承担赔偿责任，这里我们需要搞清楚一个问题，就是保险公司是在替代谁承担赔偿责任？也就是说谁是真正的"被保险人"。

交强险是在代替交通事故的各方按照事故比例向受害人承担赔偿责任，哪怕该部分责任比例是受害人自己应当承担的部分，也由保险公司承担赔偿责任，交通事故责任各方是交强险真正"被保险人"。理由为：针对道路交通事故采用过错原则确定各方责任，当投保交强险的机动车发生道路交通后，驾驶员承担事故全部责任的，那么，驾驶员有义务承担受害人的全部损失，保险公司在交强险责任限额范围内代替驾驶员承担事故赔偿责任，当投保交强险的驾驶员不承担事故全部责任时，承保交强险的保险公司也在交强险责任限额内全部承担责任，此时保险公司还是在全部替代驾驶员承担事故责任吗？根据责任保险原理，如果保险公司是在替代驾驶员承担赔偿责任，只能替代驾驶员应该承担的部分责任，不能超越驾驶员承担责任的范围，很显然保险公司承担的责任超过了驾驶员应该承担的责任范围。在投保交强险的机动车驾驶员不承担事故全部责任时，保险公司替驾驶员按照其过错程度承担赔偿责任，超过驾驶员责任部分的赔偿责任是交强险代替事故的其他责任方承担责任。

也就是说保险公司在交强险责任限额内代替所有交通事故参与方按照事故责任比例承担责任，即使承担事故责任的是受害者自己，保险公司也承担相应责任。虽然事故其他责任方不是车辆交强险法律意义上的被保险人，但是交强险是强制保险，可以为他人设定利益，这种设定并不侵害其他交通事故参与人的权利，交强险代替其他事故责任方承担责任，使得事故其他责任方成为实际意义上的"被保险人"。交强险是一种靠国家强制力推行的保险，它不以营利为目的，银保监会在不盈利、不亏损的原则指导下审批保险费率，并测算交强险的赔偿限额，测算限额时已经考虑代替交通事故所有责任方承担事故责任的问题。

在机动车道路交通事故中，承保交强险的保险公司是替代事故参与方向受害方按照事故责任比例承担赔偿责任。因此，当肇事车辆驾驶人存在法律规定可以追偿的情形时，只能向肇事司机追偿保险公司代替该肇事司机承担责任的部分，对于保险公司代替其他道路交通事故责任人承担的事故责任，不能向肇事司机追偿，保险公司追偿肇事司机时按照以下原则追偿才合理：当肇事司机承担事故全部责任时，承保交强险的保险公司在责任限额内代替肇事司机承担赔偿责任后，可以按照赔偿金额的全额向肇事司机追偿；当肇事司机承担事故部分责任时，承保交强险的保险公司在交强险限额内赔偿受害者损失后，按照事故比例向肇事司机追偿。

2.如果允许保险公司不区分责任比例全额追偿，违背公平原则。我国处理道路交通事故采用过错原则，道路交通事故各方应当承担与事故责任相适应的责任，因为法律并没有规定当驾驶人存在无证、醉酒、吸食毒品情况下驾驶机动车发生道路交通事故时承担事故全部责任，当机动车驾驶人不承担事故全部责任时，如果允许保险公司向驾驶人全额追偿，就等于驾驶人在交强险责任限额内承担了全部事故责任，当受害人的损失不超过交强险责任限额时，等于不承担事故全部责任的驾驶人承担了事故全部赔偿责任，这违背公平原则。即使受害人的损失超过交强险责任限额，驾驶人应承担的赔偿责任也远远超过自己应该承担的责任。以本案为例：如果法院判决A1赔偿保险公司11万元，A1承担总损失为13.7万元，A1承担的赔偿金额占总损失的68.5%，远远高于其应当承担的事故比例，在本次事故中B驾驶的是机动车，按照《道交法》七十六条之规定，适用过错责任原则确认各方承担的事故责任比例，A1仅仅承担事故的次要责任，在赔偿上却要其承担高达68.5%赔偿责任，明显违背公平原则，如果法院判决按照事故责任比例支持保险公司追偿金额，应该判决A1承担3.3万元的损失，A1实际上承担事故的损失的30%，[（3.3+2.7）÷20]=30%，这样符合公平原则。

3.有人认为《司法解释》十九条是保险公司在交强险限额内可以全额追偿的法律依据，当驾驶人存在可以追偿的违法驾驶情形时，保险公司本可以不承担赔偿责任，也可以认为交强险不存在，当交强险不存在时，肇事司机依然要参照交强险承担事故全部责任，据此，保险公司可以全部追偿。笔者认为该种意见欠妥。《司法解释》十九条："未依法投保交强险的机动车发生交通事故造成损害，当事人请求投保义务人在交强险责任限额范围内予以赔偿的，人民法院应予支持。"该条规定是对没有投保交强险的一种处罚，投保义务人违反法律规定没有投保交强险，给道路交通事故其他责任者造成损失，是本来应该由保险公司承担的部分无人承担，驾驶人应该代替保险公司向受害人承担赔偿责任，即是对投保义务人以及驾驶人的一种惩罚，也是对受害人利益的保护。不是对保险公司可以全额追偿的肯定，该条主要是解决未投保问题，并不是关于投保后违法驾驶造成事故的追偿规定。

四、本案启示

交强险是一种靠国家强制力来推广的一种保险，目的是为了保障机动车道路交通事故受害人依法得到赔偿的权利，不盈利不亏损是确定保险费率的原则。保险公司代替交通事故责任方在交强险分项责任限额范围内承担赔偿责任后，保险公司可以向肇事司机追偿，但只能追偿自己替代肇事司机垫付的部分，对于替代其他人垫付的部分不能向肇事司机追偿。

保险人如何履行保险卡
激活时的明确说明义务

张志平　王卫国

一、案情简介

60周岁的农民工郝某于2014年7月份出资200元购买了某保险公司的人身意外伤害险二份（保险金额20万元）。因该保险产品系卡单，郝某在出资之后收到了卡单就认为保险合同已经成立并生效，对于其出资后保险代理人（即实际售卡人）商某代为激活保险合同事宜毫不知情。2014年10月20日郝某因驾驶无牌无证三轮摩托车发生交通事故致死。保险公司以驾驶无牌无证车辆属保险合同免责事宜为由拒赔。

2018年郝某之子郝建某偶然用其父亲保险卡单通过网络查看得知：当年保险代理人商某激活卡单时使用的联系电话和邮箱号根本不是其父亲郝某的。郝建某经了解得知当月和其父亲同时购买该保险产品的其他被保险人也是由保险代理人商某用相同的邮箱和相同的手机号码代为激活的。郝建某遂以此次通过网络激活方式订立的保险合同，免除保险人责任条款没有对投保人（即被保险人）予以提示和明确说明为由诉至法院。

二、法院判决

法院经审理认定保险公司不能证明其对郝某履行了提示和说明义务为由支持了郝建某的诉求。

三、法理分析

1.《保险法》第十七条规定："订立保险合同，采用保险人提供的格式条款的，保险人向投保人提供的投保单应当附格式条款，保险人应当向投保人说明合同的内容。对保险合同中免除保险人责任的条款，保险人在订立合同时应当在投保单、保险单或者其他保险凭证上做出足以引起投保人注意的提示，并对该条款的内容以书面或者口头形式向投保人做出明确说明，未做提示或者明确说明的，该条款不产生效力。"该条文规定了保险人对免责条款的提示和明确说明义务。

《〈保险法〉解释（二）》第十一条规定："保险合同订立时，保险人在投保单或者保险单等其他保险凭证上，对保险合同中免除保险人责任的条款，以足以引起投保人注意的文字、字体、符号或者其他明显标志做出提示的，人民法院应当认定其履行了《保险法》第十七条第二款规定的提示义务。保险人对保险合同中有关免除保险人责任条款的概念、内容及其法律后果以书面或者口头形式向投保人做出常人能够理解的解释说明的，人民法院应当认定保险人履行了《保险法》第十七条第二款规定的明确说明义务。"《〈保险法〉解释（二）》第十二条规定："通过网络、电话等方式订立的保险合同，保险人以网页、音频、视频等形式对免除保险人责任条款予以提示和明确说明的，人民法院可以认定其履行了提示和明确说明义务。"《〈保险法〉解释（二）》第十三条规定："保险人对其履行了明确说明义务负举证责任。投保人对保险人履行了符合本解释第十一条第二款要求的明确说明义务在相关文书上签字、盖章或者以其他形式予以确认的，应当认定保险人履行了该项义务。但另有证据证明保险人未履行明确说明义务的除外。"上述三个条文对保险人如何履行提示和说明义务以及举证责任问题做出了具体规定。

2. 法院审理认为，保险公司未提交相应证据证实已将涉诉保险条款交付给投保人。在网上激活保险卡时，激活程序未提供"保险条款"及"责任免除"且非必读项，故应认为保险公司未向投保人就责任免除条款尽到明确提示与说明义务，故该保险条款中责任免除条款对投保人不产生效力。

我们认为《〈保险法〉解释（二）》第十一条对于"提示义务"和"明确说明义务"有不同的解释和要求，从本案判决来看，对于说明义务、提示义务和明确说明义务应如下理解：

说明义务是法律对保险人提出的最基本的要求，依据《保险法》第十七条规定，订立保险合同采用保险人提供的格式条款的，保险人应当附格式条款，保险人应当向投保人说明合同的内容。上述规定中的"应当向投保人说明合同的内容"，是一项法定义务，也是最大诚信原则的要求。本案中法院以"保险公司未提交相应证据证实已将涉诉保险条款交付给投保人"来认定保险公司未履行最基本的义务，是正确的。

对于提示义务，《保险法》第十七条第二款规定，对保险合同中免除保险人责任的条款，保险人在订立合同时应当在投保单、保险单或者其他保险凭证上做出足以引起投保人注意的提示。该法条规定的提示义务完成的前提必须是"足以引起投保人注意"。同时《〈保险法〉解释（二）》第十条、第十一条对提示和说明义务又做出了细化。具体到本案，法官查看了双方网上激活保单程序后认定，保险公司所谓的提示义务"非必读项"，故认定保险公司未向投保人就责任免除条款尽到提示义务。

对于明确说明义务，从文理上解释应该是保险人主动"说"且保证投保人或被保险人能够"明白"。《〈保险法〉解释（二）》第十一条、十二条要求保险人需要对免除保险人责任条款的概念、内容及法律后果以书面或者口头形式向投保人做出常人能够理解的解释和说明。同时通过网络、电话等方式订立的保险合同，保险人以网页、音频、视频等形式对免除保险人责任的条款予以提示和明确说明的，人民法院认定其履行了提示和明确说明义务。本案中保险代理人违背职业道德，采用代为激活网页保单的手段对于免除保险公司责任的条款恶意隐瞒，故法院判决合理适当。

在网络激活保险合同时履行明确说明义务的结果是使投保人或被保险人在常理下能够接受。上述无论哪种义务履行的前提是保险公司必须证明投保人（被保险人）已收到相关告知。具体到该案中郝某履行了缴纳保费的义务后，同批次相同保险产品多个被保险人所有保险合同激活等事宜均是保险代理人用同一个手机号码和邮箱信息代为激活的。其代为激活保险合同的行为系为了完成自己的业绩，没有证据证明其对投保人或被保险人尽到了提示和说明义务，故法院判决合理合法。

四、本案启示

在实际操作中建议保险公司对其网上激活流程设置以下程序：

1.严格提示和说明程序。要求投保人或者被保险人必须阅读相关免责条款，否则就不能完成网上保险合同激活的程序。对于提示义务我们认为可以是保险人程序设置中的"加粗、变色、必读"字体，且在此字体处能够单独设置"我已阅读"字样。只要保险人能够证明投保人或被保险人阅读了"加粗、变色、必读"字体，就可以认定保险公司履行了提示义务。

对于明确说明义务理论上来讲应该是保险人明明白白告诉投保人或被保险人合同免责条款的内容，且一般常理下投保人或者被保险人能够明白。具体到网络操作中明确说明的界定标准应该是"被保险人已经理解了免责条款的含义，并认可该条款。之后才能完成激活程序"。查看部分保险公司人身意外伤害险的激活程序，大部分都是投保人不用阅读告知项仅点击"我已阅读"或者待激活界面上下滚动10秒钟就可以完成激活程序。显然上述两种设置程序与《保险法》及其司法解释的相关规定相违背！庭审时被保险人或投保人主张其没有详细阅读"告知项"，只是按照保险人要求点击了"我已阅读"

激活了保险合同，对合同内相关免责条款并不知晓……人民法院一般会做出不利于保险人的判决。

2.流程设置中必须保证投保人或被保险人在网络激活现场，以证明保险人对投保人或被保险人履行了明确说明义务。可以增加激活人电子摄像程序。当下计算机网络技术如此发达，保险人设置此程序时只要激活人开启电脑摄像头，拍下投保人或被保险人激活现场照片，上传至免责条款中间并运用电脑触摸屏在此处进行电子签名就可以间接证明投保人或被保险人主动阅读、理解并接受了该免责条款，就能证明保险人在网络激活时履行了提示和明确说明义务。

雇主责任险的理赔是否必须
以工伤认定为前提条件

王卫国　张志平

一、案例简介

48岁的穆某生前系某物流公司装卸班长。2018年3月16日其所供职的某物流公司为穆某投保了某保险公司《雇主责任险》一份。该保险合同条款约定保险期间自2018年3月17日0时起至2019年3月16日24时止；保费600元，保额（死亡赔偿金）80万元；同时该保险合同还约定"经投保（被保险）人和保险人约定涉及伤残或者死亡的理赔必须出具劳动部门的《工伤认定书》"；该保险合同拓展条款还约定"被保险人（投保人）所有雇员应被保险人要求出勤，在直接去往工作地点或者从工作地点直接回家途中受伤或者死亡视为受雇过程中发生伤害"。2018年9月24日晚上11时，穆某完成当日工作后在回家必经之路因交通事故抢救无效死亡。交警大队认定穆某无责任。某物流公司遂协助穆某家人向某保险公司索赔。保险公司以事故发生时间为非工作时间且不能提供劳动部门《工伤认定书》为由拒绝赔付。穆某家人遂将某保险公司诉至法院。

争议焦点：雇主责任险的理赔是否必须以认定工伤为前提条件？

二、法院判决

本案经人民法院主持调解，穆某家人和某保险公司以 60 万元赔付结案。

三、法理分析

1.雇主责任险是指被保险人所雇佣的员工在受雇过程中从事与保险单所载明的与被保险人业务有关的工作而遭受意外或患与业务有关的国家规定的职业性疾病，所致伤、残或死亡，被保险人根据《中华人民共和国劳动法》及劳动合同应承担的医药费用及经济赔偿责任，包括应支出的诉讼费用，由保险人在规定的赔偿限额内负责赔偿的一种保险。

通过上述对雇主责任险的定义分析，该保险系投保人（被保险人）根据合同约定，向保险公司支付保险费，保险公司根据合同约定对于可能发生事故因其发生所造成的财产损失承担赔偿保险金责任合同，符合商业保险的所有特征。

2．工伤认定是劳动行政部门依据法律的授权对职工因事故伤害（或者患职业病）是否属于工伤或者视同工伤给予定性的行政确认行为。根据国务院于 2003 年 4 月 27 日发布，自 2004 年 1 月 1 日起施行《工伤保险条例》第十七、二十一、二十三条规定，申请工伤理赔必须提供《工伤认定决定书》和《劳动能力鉴定书》。目前法律法规及保监会规章没有规定《雇主责任险》理赔时必须进行工伤认定和提供《工伤认定决定书》。

3．该案是由死亡职工穆某家人作为原告，某保险公司作为被告，穆某生前服务的某物流公司作为第三人提起的民事诉讼。根据该案保险合同"经投保人（被保险人）和保险人约定涉及伤残或者死亡的理赔必须出具劳动部门出具的《工伤认定书》"的规定，穆某家人及某物流公司曾积极申请工伤认定因穆某发生事故的时间系 23:00，且某物流公司与穆某没有签订劳动合同，穆某单位没有为其缴纳工伤保险，故劳动行政部门对其工伤认定请求不予受理。

涉案保险合同系双方真实意思表示，有保险人和投保人（被保险人）盖章确认。相关权利义务已经告知投保人（被保险人），保险人也已经履行了提示和明确说明义务。现在穷尽法律程序不能提供工伤认定书，保险公司拒绝赔偿是否有相关法律依据？

认为，合同双方当事人对于合同的履行约定条件的，任何一方都应该积极履行。因客观情况虽经努力但不能实现约定条件的仍应当视为违约。根据《合同法》第一百零七条：当事人一方不履行合同义务或者履行合同义务不符合约定的，应当承担继续履行、采取补救措施或者赔偿损失等违约责任。该案中双方对于提供《工伤认定书》的履行条件因客观原因不能实现。对此违约如果给守约方某保险公司造成损失的应当依据《合同法》第一百一十三条（现《民法典》第五百六十三条）予以赔偿。综合分析该案，当事人投保人（被保险人）一方虽然对于约定的条件不能实现，但是不影响射幸性合同目的的实现。故此类违约对投保人（被保险人）及穆某家人一方来说是一般违约，而非根本性违约。依据《合同法》及其司法解释之规定，对一般违约保险人不能要求解除合同。

4.该案中虽然约定涉及伤残或者死亡的理赔必须出具劳动部门出具的《工伤认定书》，但没有约定如果不能提供《工伤认定书》保险公司可以拒绝赔偿。同时该保险合同拓展条款对于雇员上下班情形约定为"被保险人（投保人）所有雇员应被保险人要求出勤，在直接去往工作地点或者从工作地点直接回家途中受伤或者死亡视为受雇过程中发生伤害……"并没有工作时间的约定。庭审时穆某工友证实"装卸班以及整个物流行业工作时间不固定，来车随时装、到车随时卸……"。作为承保人的某保险公司对物流行业惯例应当是明知的，其作为格式合同的提供者应当承担不利后果。

5.保险人无权解除合同,应该赔付穆某家人损失。但如被保险人(投保人)一方的违约行为给其造成损失的可以要求扣除。涉案保险合同系保险人和被保险人(投保人)真实意思表示,不违背相关法律和行政法规的规定。合同内容真实、合法、有效。且大部分权利义务已经履行完毕。保险人对合同效力没有异议。同时因不能办理《工伤认定书》只是一般违约,不符合《合同法》第九十四条规定的合同解除的"(一)因不可抗力致使不能实现合同目的;(二)在履行期限届满之前,当事人一方明确表示或者以自己的行为表明不履行主要债务;(三)当事人一方迟延履行主要债务,经催告后在合理期限内仍未履行;(四)当事人一方迟延履行债务或者有其他违约行为致使不能实现合同目的;(五)法律规定的其他情形"五个法定条件。且被保险人(投保人)一方的轻微违约行为未给保险人造成相应损失。根据《合同法》鼓励交易的原则及《保险法》第六十五条之规定应当判令保险公司赔偿穆某家人相应损失。

四、本案启示

虽然涉案保险合同约定投保人(被保险人)理赔时应当提供《工伤认定书》,但未标明不能提供时保险人有权认为事故原因不明而拒绝赔偿。同时投保人(被保险人)一方不能提供《工伤认定书》仅是一般违约,未给保险公司造成任何损失,保险人无权要求解除合同。涉案合同内容真实、合法、有效。保险人提供的雇员上下班拓展条款约定的保险事故已经发生,保险人应当承担保险责任,依法应当予以赔付穆某家人相应损失。

未全额支付保险费的保险责任承担

史妍妍

要点提示：保险合同成立后，投保人按照约定交付保险费，保险人按照约定的时间开始承担保险责任。保险费是指投保人在保险期间内所必须缴纳的费用。保险费是保险公司维持保险基金来源的基础，没有保险费，保险赔偿便无从谈起。保险费在保险合同中必须说明，用以确定双方当事人之间的责任。未及时支付保险费发生保险事故的，保险公司不承担保险责任。

一、案例简介

2017 年 4 月 17 日，某物流公司与某财险公司签订《国内公路货物运输保险协议书》。第五条约定，财险公司每月 5 日前将上月保险清单交某物流公司，双方核对无误后每月 10 日前将上月保险费支付给财险公司；第八条约定，物流公司如未按双方约定履行支付保险费义务，出险后财险公司有权拒赔。2018 年 2 月 2 日，物流公司作为投保人和被保险人在财险公司投保国内公路运输货物保险，保险金额为 50 万元，保险费 150 元，运输车辆车牌号为冀 AKU9××，启运日期为 2018 年 2 月 2 日，财险公司业务员多次联系物流公司缴纳保费，投保人物流公司一直未缴纳本次保险费，物流公司最后一次缴纳保险费是在 2017 年 10 月 19 日。公路货物运输保险条款第四条约定，由于保险事故造成保险货物的损失和费用，保险人依照本条款约定负责赔偿。

2018 年 2 月 3 日，运输车辆行驶至广州市华南快线西行朝阳出口位置时发生起火燃烧，造成所运输货物受损。经广州市公安消防支队白云区大队金碧新城中队侦查，为刹车制动蹄传热导致轮胎起火燃烧。某物流公司诉求某财险公司承担保险责任，赔偿保险金 50 万元。

二、法院判决

法院审理后认为：原告物流公司最后一次缴纳保险费是在 2017 年 10 月 19 日，此后有 200 多次投保未缴纳保险费，包括本案事故投保的货运保险，根据《国内公路货物运输保险协议书》第八条和《公路货物运输保险条款》第十一条的约定，投保人未按照约定履行支付保险费义务的，保险费交付前发生的保险事故，出险后保险人有权拒赔，不承担赔偿责任，故对于原告主张的赔付保险金的诉讼请求，法院不予支持。

三、法理分析

本案审理中法院主要审理的两个争议焦点：

1. 本案是否属于保险事故，原告未缴纳保费，被告是否应当承担保险赔偿责任？

通常判断一种保险能否得到赔偿首先要看是否属于保险事故，是否在保险责任的范围内。保险事故是指保险合同约定的保险责任范围内的事故，也就是造成保险人承担保险责任的事故。

保险人将承保的事故项目在保险合同中必须一一列明，从而确定保险人的责任范围。但并不是任何事故均可成为保险人承保的事故，需要具备一定条件。构成保险事故应具备以下要件：一是事故须有发生的可能，否则如根本不存在发生的可能性，保险人不能承保。二是事故的发生须不确定，这其中又分三种情况，即事故发生与否不确定，或者发生虽确定但发生的时期不确定，或者发生及发生的时间大体确定，但其发生的程度不确定。由此可以看出保险合同是射幸性合同这一特征。三是事故的发生须属将来，也就是说其发生须在保险合同订立以后，才可作为保险事故。比如比较常见的人身保险中带病投保的情形，投保人在被保险人发生某种疾病后为了在后期治疗中减少损失而去投保，这种情况下保险人是不会承保的。保险事故已经发生，没有承保的意义。即使保险人在承保时未发现，《保险法》也规定了保险人知晓后解除保险合同的解除权，并且往往在保险条款中也明确约定了此类情形属于免赔事项。

保险责任是指保险人在保险事故发生后所应该承担的责任。即保险合同中约定由保险人承担的危险范围，在保险事故发生时所负的赔偿责任，包括损害赔偿、责任赔偿、保险金给付、施救费用、救助费用、诉讼费用等。保险合同中都会约定保险责任，根据约定的风险范围、种类不同，保险责任也会不同，保险责任主要分为基本责任、特约责任、除外责任。保险责任决定了保险人和投保人、被保险人的权利义务。根据合同中保险责任的规定可以知晓保险人需要承担哪些事故责任，投保人承担缴纳保费等义务。

本案中，原告投保的保险为国内公路运输货物保险，《公路货物运输保险条款》的保险责任显示："由于下列保险事故造成保险货物的损失和费用，保险人依照本条款约定负责赔偿：（一）火灾……"而本案损害的发生是因为车辆起火燃烧导致货物受损，故本案属于保险事故；又因国内公路运输货物保险承保了火灾这一保险事故，故保险人应该针对这一事故承担保险责任。法院驳回原告的诉讼请求并非本案不属于保险事故，不在保险责任范围内，而是因原告未履行支付保险费的义务。原被告签订的《国内公路货物运输保险协议书》第八条约定，某物流公司如未按双方约定履行支付保险费义务，出险后某财险公司有权拒赔。《公路货物运输保险条款》第十一条约定，投保人未按照约定履行支付保险费义务的，保险费交付前发生的保险事故，出险后保险人有权拒赔，不承担赔偿责任。

本案是关于财产保险合同中保险费的支付问题，《保险法》第三十五条："投保人可以按照合同约定向保险人一次支付全部保险费或者分期支付保险费"。《保险法》第三十六条："合同约定分期支付保险费，投保人支付首期保险费后，除合同另有约定外，投保人自保险人催告之日起超过三十日未支付当期保险费，或者超过约定的期限六十日未支付当期保险费的，合同效力中止，或者由保险人按照合同约定的条件减少保险金额。被保险人在前款规定期限内发生保险事故的，保险人应当按照合同约定给付保险金，但可以扣减欠交的保险费。"

人身保险合同区别于财产保险合同，人身保险合同中约定分期支付保险费的合同，往往是长达几年或者几十年的长期合同。合同双方在合同中会约定投保人分期支付保险费的时间、数额等具体办法，如果投保人违反合同约定未能按期支付保险费，那么就会影响合同的效力。《保险法》第三十六条对投保人支付首期保险费后，超过合同约定期限支付当期保险费的法律后果规定如下：

"(1) 合同效力中止。即投保人自保险人催告之日起超过三十日未支付当期保险费，或者超过约定的期限六十日未支付当期保险费的，合同效力中止。""合同效力中止"是指合同暂时失去效力，当满足一定条件后，合同效力还可以恢复，与"合同效力终止"不同。根据本条规定，投保人未按照合同约定期限支付当期保险费，合同效力并不立即中止，而是在一定期限内继续有效，这一期限被称为宽限期。即投保人只要在宽限期届满前支付当期保险费，保险合同就继续有效。否则，将导致合同效力中止。本条规定宽限期，是为了避免在合同生效后，因投保人一时不能按照合同约定的期限支付当期保险费而影响一同的效力，实际上是适当延长了投保人的交费期限。从另一方面讲，这一规定也有利于保险人，保险人因此可以稳定保费来源。本条对宽限期的具体规定是："投保人自保险人催告之日起三十日内，或者在合同规定的交费日起六十日内。"需要说明的是，如果保险合同对效力中止问题进行了约定，应当适用合同的约定，不适用本条的规定。

(2) 由保险人按照合同约定的条件减少保险金额。既然投保人不能在宽限期内缴纳费，那么保险人可以约定用减少保险金额的办法来折抵投保人未交的保险费。在现实生活中，出于利益等原因保险人都会在合同中约定减少保险金额这一约定。

(3) 在宽限期内保险合同的效力依然存在。如果发生了保险事故，保险人仍应当按照合同约定给付保险金。但由于投保人未交纳这一期间的保险费，根据合同法的公平原则，保险人在给付保险金时可以扣减欠交的保险费。由此可见，保险费在保险合同中是非常重要的，直接关系到了保险合同的成立、生效，更关系到保险人是否承担保险责任，被保险人投保的目的的实现。

2. 投保人为何未缴纳保险费，保险人是否按照合同约定将保险清单给付给被告？

原告认为根据《国内公路货物运输保险协议书》第五条，被告需每月5日前将上月保险清单交原告，原、被告核对无误后每月10日前将上月保险费支付给被告，因被告未将上月保险清单给付原告，故原告不支付保险费，也不存在违约情形，被告应当依据保险合同给付保险金。被告认为，被告业务员多次通过电话及聊天软件联系原告，可以证明被告已经按期向原告给付保险清单并催要保险费。根据《国内公路货物运输保险协议书》和《公路货物运输保险条款》的约定，原告未按照约定交付保险费，保险费交付前发生的保险事故，被告不承担赔偿责任。最终法院以被告提供的保险业务员与原告工作人员的聊天记录及录音等证据能够证实被告向原告催要保费及按月向原告给付保险清单的事实为由，对原告的抗辩理由未予以采纳。

由此可见，在实际操作中要证实投保人未缴纳保费还要有其他证据佐证保险人曾向投保人催要保费的事实。本案中保险人提交的证据为民事诉讼法证据种类中规定的视听资料、电子数据。在实物中，往往由于客观情况，一方当事人不得不采取录音、录像的方式保存证据，那么没有经过对方同意录音录像资料能否作为定案的依据？《民诉证据规定》第六十八条规定："以侵害他人合法权益或者违反法律禁止性规定的方法取得的证据，不能作为认定案件事实的依据。"这项规定明确了非法证据的判断标准在于证据的取得是否侵害他人合法权益或者违反法律禁止性规定。对于录音录像资料而言，"是否经对方当事人同意"不能作为判断证据合法性的标准和依据。即以侵害他人合法权益（如违反社会公共利益和社会公德侵犯他人隐私）或者违反法律禁止性规定的手段（如擅自将窃听器安装到他人住处进行窃听）取得的证据外，其他情形不得视为违法证据。《民事诉讼法》第七十一条："人民法院对视听资料，应当辨别真伪，并结合本案的其他证据，审查确定能否作为认定事实的根据。"由此可知，法院对于视听资料的采纳需要满足两个条件，一个条件是辨别真伪，一个条件是结合其他证据，因为在现实生活中，视频资料相比书证、物证的证明力要低，正是因为其不容易辨别真伪，不够客观，可以剪辑更改，所以才需要其他证据证实视听资料生成的环境、语境、连贯性，按照常理能够推断出视听资料的生成是在客观真实的环境中生成的，当然在举证时要提交原始的载体，不能有任何剪辑，让法官在整个语境中识别出待证的事实，再结合其他证据能够形成证据链，那么法院就会采纳该视听资料。虽然视听资料通过上述条件可以被法院采纳，但是需要注意的是视听资料被采纳的条件是非常严格的，在办案过程中，尽量提交书证、物证等更为客观的证据，如果确实没有此类证据，需要提交视听资料作为证据，那么应该尽量收集更多的辅助视听资料的其他证据。

提示 1：《全国法院民商事审判工作会议纪要》已于 2019 年 9 月 11 日经最高人民法院审判委员会民事行政专业委员会会议通过，第九十七条"未依约支付保险费的合同效力"规定了当事人在财产保险合同中约定以投保人支付保险费作为合同生效条件，但对该生效条件是否为全额支付保险费约定不明，已经支付了部分保险费的投保人主张保险合同已经生效的，人民法院依法予以支持。

提示 2：最高人民法院关于修改《关于民事诉讼证据的若干规定》的决定已于 2019 年 10 月 14 日经最高人民法院审判委员会通过，2020 年 5 月 1 日起施行。修改后的证据规定将原证据规定第 68 条删除，更改后的第 93 条、第 94 条对电子数据的认定进行了详细规定。

四、本案启示

投保人按约定支付保险费是保险合同生效后投保人应履行的义务，在多数情况下，保险费的交付不对保险合同的效力产生影响，但实践中，有些保险公司会将投保人支付保险金作为合同的生效条件。《全国法院民商事审判工作会议纪要》第97条规定：当事人在财产保险合同中约定以投保人支付保险费作为合同生效条件，但对该生效条件是否为全额支付保险费约定不明，已经支付了部分保险费的投保人主张保险合同已经生效的，人民法院依法予以支持。本案中，投保人首先未支付部分或全部保险费，其次，又在协议中约定了出险后保险公司拒赔的条款，故法院按照协议约定驳回其诉求是符合法律规定的。

保险公司在赔偿被保险人损失以后可以向责任人追偿

史妍妍

要点提示：代位求偿权是保险常用名词。保险人在将保险赔款偿付被保险人时，被保险人依法转移给保险人的某些权利。其求偿对象是造成保险事故的第三者，并不是商业险保险合同的一方当事人。代位求偿权是损失补偿原则的派生制度，其直接目的主要是防止投保人获得双重赔偿和防止第三者逃避责任，使保险人、被保险人、第三者之间的利益趋于公平。

一、案例简介

2017 年 7 月 1 日，某经营部与被告某仓储公司签订《石家庄某仓储库房租赁协议书》。双方约定：某经营部租用某仓储公司库房储存电动、工具、机电货物，租赁期限为 1 年，自 2017 年 7 月 1 日起至 2018 年 6 月 30 日止。第六条约定：租赁期间由于出租人或第三者责任造成的火灾，由出租人或第三方责任承担责任及损失。后某经营部向原告某财产保险公司投保财产综合险，保险期间自 2017 年 8 月 3 日零时起至 2018 年 8 月 2 日二十四时止，保险金额为 1000 万元。2018 年 4 月 6 日仓库发生火灾，后公安消防大队做出火灾事故认定书，认定书显示：起火时间为2018年4月6日18时13分许，起火部位为汽车坡道下方西部库房和中一区5号库房西部，起火点位于汽车坡道下方西部库房内西数第二跨南部隔墙处，起火原因为未熄灭的烟头从坡道南侧缝隙掉入库房内可燃物上引发火灾。2018年4月18日，某经营部向原告某财产保险公司发出索赔申请书。公估公司公估，理赔金额为740万元，原告某财产保险公司将该款项理赔给某经营部。同日，某经营部签署《权益转让书》，约定：某经营部在收到理赔金740万元后，向第三者的索赔权即自动转让给原告某财产保险公司。后某财产保险公司以某仓储公司未做好消防保卫工作，没有尽到安全管理义务为由，向某仓储公司行使代位求偿权。

原被告主要观点：

原告：根据某经营部与被告某仓储公司签订的《石家庄某仓储库房租赁协议书》约定，消防、保卫工作在甲方。被告某仓储公司未做好消防法规定的消防、保卫工作，且没有尽到安全管理义务，致使未熄灭的烟头掉入库房引发火灾，故被告应当承担责任。

被告：双方签署的协议约定消防及卫生服务由某经营部负责，火灾的发生非被告引起，故对本次事故不承担责任。

二、法院判决

被告某仓储公司违法搭建仓库，消防设施不合格，库房管理混乱，导致烟头引起火灾，被告某仓储公司存在重大过错。某经营部在租赁被告某仓储公司仓库时，应当知道被告某仓储公司的仓库属于违法搭建，消防设施不合格，仍然租赁涉案房屋，也具有过错，应依法承担相应责任，故对造成的财产损失某经营部承担20%，被告某仓储公司承担80%。根据《保险法》第六十条的规定，原告某财产保险公司有权在740万元的理赔范围内，代位行使某经营部对被告某仓储公司请求赔偿的权利。故被告某仓储公司应偿还原告某财产保险公司已垫付的保险赔付款592万元。

三、法理分析

1.本案涉及的一个问题是保险人代位求偿权的实现条件。

《保险法》第六十条第一款："因第三者对保险标的的损害而造成保险事故的，保险人自向被保险人赔偿保险金之日起，在赔偿金额范围内代位行使被保险人对第三者请求赔偿的权利。"该条款明确了代位求偿权实现的要件，首先是保险事故是由第三者造成的；其次根据法律或合同规定，第三者对保险标的的损失负有赔偿责任；然后是被保险人对第三者享有赔偿请求权。

关于第一要件：保险事故由第三者造成的。那么第三者如何确定？"第三者"的范围是哪些？通过该条款的规定可知，第三者应当是除保险人和被保险人之外的任何人或组织。但是《保险法》又对"第三者"的范围做了除外规定，《保险法》第六十二条："除被保险人的家庭成员或者其组成人员故意造成本法第六十条第一款规定的保险事故外，保险人不得对被保险人的家庭成员或者其组成人员行使代位请求赔偿的权利。"这一规定对保险人行使代位求偿权的对象做出了限制，一类是被保险人的家庭成员，一类是被保险人的组成人员。关于家庭成员，我国民法关于家庭成员的规定也不明确、完整，但是通过《民法总则》第二章的规定以及《婚姻法》第九条和第三章家庭关系的规定，可知被保险人的家庭成员，一般指的是其配偶、子女、父母以及与被保险人有抚养、赡养或者扶养关系的人；关于组成人员，根据《侵权责任法》第四章（现《民法典》第七编）关于责任主体的特殊规定可以得出，组成人员是指作为法人和其他组织的内部工作人员。一般情况下，被保险人的家庭成员或者其组成人员对保险标的具有与被保险人共同的利益。如家庭财产遭受损失，不仅被保险人的利益受损害，所有家庭成员的生活及工作都会受到影响；企业财产遭受损失，企业的生产和效益以及职工的利益也会受影响。因此，被保险人的家庭成员或者其组成人员通常不会故意造成保险标的的损失，一旦他们造成保险事故，实际上是给他们自己带来损失。只有在上述两类人员故意造成保险标的的损失的情况下才被列入追偿对象，对于过失造成保险标的损失的被保险人的家庭成员或者其组成人员，保险人不得行使代位求偿权。由此可知保险人追偿的对象，也就是"第三者"的范围应该是除去保险人及被保险人以及《保险法》第六十二条规定人员以外的任何人。

关于第二要件：根据法律或合同规定，第三者对保险标的的损失负有赔偿责任。《〈保险法〉解释（四）》第七条规定了保险代位求偿权的求偿对象可以是因第三者的侵权行为也可以是第三者的违约行为。在《〈保险法〉解释（四）》出台前，部分人们对于《保险法》第六十条的"因第三者对保险标的的损害"的理解是必须是终局责任人，这一观点导致许多案件中保险人无法根据该条款行使代位求偿权。比如在一起运输合同中，货主投保有国内公路货物运输保险，货主与运输公司签署了运送协议，运输公司在运输过程中遇盗窃将货物丢失，保险人赔偿被保险人后依据运输公司违约提起保险人代位求偿之诉，但法院认为运输公司不是最终责任人，最终责任人应该是盗窃者，法院以保险人应该起诉盗窃者为由驳回了保险人的诉求。《〈保险法〉解释（四）》出台后明确了保险人向第三者行使代位求偿权的法律依据，不论是基于侵权还是基于违约，只要保险人有合法的依据就能够得到支持，法院不应考虑最终责任人的问题。

关于第三个要件：被保险人对第三者享有赔偿请求权。损害赔偿请求权的类型包括：①因侵害财产权（物权、知识产权、继承权、债权）所引起的损害赔偿请求权。②因侵害人身权所引起的损害赔偿请求权。③因违约产生的损害赔偿请求权。④因其他原因产生的损害赔偿请求权。该要件指的是被保险人因第三者的侵权或违约行为导致损害后果的发生。如果没有损害后果或者虽有损害但双方约定了免除责任的条款那么被保险人就无法对第三者请求赔偿，同样，保险人也无法实现代位求偿权。

2. 在保险人行使代位求偿权的案件中往往还会涉及一个问题，就是放弃行使代位求偿权的法律后果。《保险法》第六十一条："保险事故发生后，保险人未赔偿保险金之前，被保险人放弃对第三者请求赔偿的权利的，保险人不承担赔偿保险金的责任。保险人向被保险人赔偿保险金后，被保险人未经保险人同意放弃对第三者请求赔偿的权利的，该行为无效。被保险人故意或者因重大过失致使保险人不能行使代位请求赔偿的权利的，保险人可以扣减或者要求返还相应的保险金。"在实践中时常会遇到保险人起诉后第三者拿着与被保险人的和解协议提交给法院，协议的内容往往是"因本次事故，张某赔偿王某损失，王某不再追究其责任……"。这时法院核实真实性后，保险人面临被驳回诉求的结果或者撤诉的结果，不但浪费了诉讼资源还增加了保险人的诉讼成本。造成此种局面的原因无非是被保险人在向保险人申请理赔时隐瞒了已经和第三者和解的事实，或者被保险人在向保险人理赔的过程中私下与第三者和解以此拿到双份赔偿，而保险人由于信息的滞后以及不能到现场勘察等原因不能及时掌握第三者的信息，不能及时核实赔付情况而造成上述情况。

类似情形出现后如何解决，《保险法》第六十一条及《保险法》解释四第十一条的规定解决了上述情形。但是《保险法》第六十一条的条文均是针对保险事故发生后的被保险人放弃对第三者请求赔偿权利的法律后果，并未对保险合同订立前被保险人预先放弃赔偿权利的问题予以明确，而《〈保险法〉解释（四）》第九条对此做出了规定："在保险人以第三者为被告提起的代位求偿权之诉中，第三者以被保险人在保险合同订立前已放弃对其请求赔偿的权利为由进行抗辩，人民法院认定上述放弃行为合法有效，保险人就相应部分主张行使代位求偿权的，人民法院不予支持。保险合同订立时，保险人就是否存在上述放弃情形提出询问，投保人未如实告知，导致保险人不能代位行使请求赔偿的权利，保险人请求返还相应保险金的，人民法院应予支持，但保险人知道或者应当知道上述情形仍同意承保的除外。"

本条遵循保险人依据代位制度取得的权利不能大于被保险人权利的原则，规定如果被保险人的预先放弃行为有效，则保险人不得再向第三者行使代位求偿权。那么法院在审理此类案件时，就要注意审查被保险人放弃行为的效力。如果无效，第三者则不得以此为由对抗保险人的代位求偿权。判断被保险人的预先放弃行为有效还是无效，属于对合同订立具有重大影响的事实。保险合同订立时，保险人就此提出询问的，投保人应当如实告知，投保人未如实告知，导致保险人不能行使代位求偿权的，保险人有权请求被保险人返还相应保险金，但保险人知道或应当知道存在该情形仍同意承保的除外。关于告知的理解，告知是投保人在订立保险合同时对保险人的询问所做的说明或者陈述，包括对事实的陈述、对将来事件或者行为的陈述以及对他人陈述的转述。关于如实告知的理解，如实告知要求投保人的陈述应当全面、真实、客观，不得隐瞒或故意不回答，也不得编造虚假情况欺骗保险人。

《保险法》第十六条对投保人如实告知义务及法律后果做出了规定，一种是投保人故意不告知，一种是重大过失不告知。这两种情况保险人均有权解除保险合同，也就是保险人的解除权，但是该解除权规定了自保险人知道有解除事由之日起超过三十日不行使而消灭，自合同成立之日起超过二年的，保险人不得解除合同。由此可知保险人的解除权是有限制的，适用30天的除斥期间，并且满二年不得解除。

在实践中，保险人发现投保人未如实告知的早晚决定了保险人选择哪种诉讼理由及法律依据维护自身的权利。如在发生保险事故前或者保险事故发生后保险人赔偿被保险人保险金之前，保险人发现了投保人故意或重大过失未履行如实告知义务，那么保险人有权在知道之日起30日内行使解除权，解除与被保险人的保险合同关系，并且对合同解除前发生的保险事故不承担赔偿或给付保险金的责任；如果在保险事故发生后保险人已经向被保险人赔偿了保险金，向第三者行使代位追偿时，发现被保险人预先放弃了向第三者请求赔偿的权利，并且是投保人故意或重大过失未履行如实告知义务，导致保险人无法追偿时，那么就可以适用上述论述的《〈保险法〉解释（四）》第九条的规定，保险人可以向被保险人要求返还相应保险金。

3.本案中，保险人向法庭提交的证据中还包含了"权益转让书"，在保险人向被保险人理赔时往往都会让被保险人签署权益转让书，主要内容就是被保险人将向第三者请求赔偿的权利转让给保险人，那么为什么在诉讼中会涉及要提交权益转让书呢，因为保险人代位求偿权的取得方式，世界各国有两种立法例：①当然代位主义，即代位求偿权的取得仅以理赔为条件，只要保险人向被保险人给付保险金后即可自动取得代位求偿权；②请求代位主义，即保险人向被保险人赔付后并不能自动取得代位求偿权，还须被保险人明示地将享有的对第三人的损害赔偿请求权让渡给保险人，保险人方能取得代位求偿权。我国《保险法》第六十条第 1 款规定："因第三者对保险标的的损害而造成保险事故的，保险人自向被保险人赔偿保险金之日起，在赔偿金额范围内代位行使被保险人对第三者请求赔偿的权利。"可见，我国保险立法采用的也是当然代位主义，只要保险人支付了保险赔偿金，就相应取得了向第三者请求赔偿的权利，而无须被保险人确认。但有时法院为了使证据链更加完整并且也能显示出被保险人明示转让权利的意思表示，会让保险人提交权益转让书或其他证明文件。其实保险人的代位求偿权是《保险法》赋予保险人的法定权利，无需再另行签署债权转让的文件，只是提交了该份证明文件效果会更好。

提示：《〈保险法〉解释（四）》2018 年 9 月 1 日起施行。

第七条　保险人依照《保险法》第六十条的规定，主张代位行使被保险人因第三者侵权或者违约等享有的请求赔偿的权利的，人民法院应予支持。

第十二条　保险人以造成保险事故的第三者为被告提起代位求偿权之诉的，以被保险人与第三者之间的法律关系确定管辖法院。

四、本案启示

社会生活中风险无处不在，保险公司的设立就是为了转移、分摊个人无力承受的风险，对风险进行分类并计算，根据以往风险发生的概率计算出每一份风险的价值，然后根据风险的价值向客户收取保险费，同时将客户的相应风险转由保险公司承担。每一个险种只承保一类或者几类风险，不能涵盖所有风险，企业经营者在投保保险时，要综合考虑企业性质、风险概率、责任承担等情况确定投保险种。本案中，租赁企业投保财产综合险，而出租方未投保责任险将自身风险转移，导致发生自己责任范围内的事故时，最终承担赔偿责任，转移风险的目的并未实现。故从事和第三者相关的企业生产活动或者公共场所的管理者、经营者都应当投保责任类保险，以规避自己的风险。

法院在没有新证据的情况下是否可以改变道路交通事故责任认定书

郭　君

要点提示：发生道路交通事故以后，交警部门并没有认定道路经营者承担事故责任，在没有新证据的情况下，法院能否运用自由裁量权判决高速公路管理部门承担责任？法院在什么情形下可以改变道路交通事故责任认定书的认定结果？当事人在一审法院做出判决以后，自行委托鉴定形成的证据是否属于新证据？法院是否应当组织质证？

一、案例简介

2016年5月的一个凌晨，下着小雨，王某驾驶的车辆发生单方交通事故，造成车上人员2人死亡2人受伤。事故发生后司机向后方车辆求救，有两辆车从事故现场经过，均没有停车施救，第三辆车的司机张某将车停在事故现场后方，下车协助第一辆车的司机将受伤人员抬到道边的应急车道上，张某拨打了报警电话。交警让其在原地保护现场等待救援，张某并未在事故现场后方设置警示牌，而是拿着自己的手机向后走到距离事故现场50米的位置，用手机的手电光警示后方来车。这时候又有一辆车驶来，张某用手机的手电筒照射来车,来车驾驶人李某突然加速通过事故区域,由于路面积水,来车发生侧滑撞向张某停靠在路边的车辆,造成包括司机在内的来车车上人员2人死亡、2人受伤的交通事故。交警委托鉴定机构对李某驾驶车辆行驶速度进行鉴定,鉴定意见认为该车行驶速度在95~100千米/小时之间,事发路段限速为80千米/小时。交警认定,本次事故为两起交通事故,第一起事故为单方事故,驾驶人王某承担事故全部责任。第二起事故李某承担事故主要责任,司机张某承担事故次要责任。司机张某认为自己是见义勇为,且是听从交警指挥留在现场,自己不应当承担事故责任。而交警认为,交警要求张某留在事故现场防止二次事故的发生,张某应当按照《中华人民共和国道路交通安全法》的规定在事故现场后方150米处设置警示牌,而不是拿着手机手电向来车照射。由于当时是半夜,又有降雨,司机视线不好,无法看清现场状态,司机为了保护自己加速通过事故现场,致使发生事故,张某行为存在过错,应当承担事故责任。交警还认为,张某停车救人的行为值得褒奖,但是救人和过错造成交通事故是两个独立的事情,不能混为一谈。

高速公路事发路段有积水,为了查清路面积水和道路交通事故的关系,李某家属委托某鉴定中心对他们车辆事故形态进行鉴定,该机构鉴定意见认为:车辆在弯道处行驶时遇道路积水,涉水阻力造成车辆涉水后产生滑水现象,导致车辆发生侧滑引起碰撞护栏发生了交通事故。死者李某的家属认为道路上存在积水是造成事故的原因,高速公路管理处存在过错,遂将高速公路管理处、承保公众责任险的某保险公司以及司机张某起诉到法院,要求承担事故赔偿责任。开庭前,高速公路管理处向法院提交鉴定申请,要求对李某驾驶的车辆事故发生原因以及积水对事故发生的参与度进行鉴定,法院未准许高速公路管理处的鉴定申请。

二、法院判决

一审法院认为:李某未按操作规范安全驾驶,原告应当依法承担次要民事责任即40%,被告张某将车停在应急车道实施救助他人行为时,虽未设置警告标志，但是开启了警示灯（张某手机的手电筒），其与李某驾驶的车辆发生侧滑后相撞的交通事故没有事实上的因果关系，且张某在紧急情况下，自愿以救助为目的，自愿实施紧急救助行为，为匡正社会风气，强化对救助行为的鼓励和保护，依据公平和诚信原则，被告张某依法不应承担民事赔偿责任。被告高速公路管理处管理的高速公路雨天积水，是造成本次事故的主要原因，应依法承担主要的民事赔偿责任即60%，保险公司对该损失承担赔偿责任，遂按照上述比例判决保险公司承担责任。

一审判决后保险公司和高速公路管理处均提出上诉，由于一审法院没有准许高速公路管理处的鉴定申请，一审判决后，保险公司委托具备资质的鉴定机构对本次事故的成因进行鉴定。需要指出的是，李某家属委托的鉴定机构的业务范围并不包括道路交通事故成因鉴定，保险公司委托的这家鉴定机构业务范围则包括道路交通事故成因鉴定。该机构出具的鉴定意见为："李某驾驶车辆没有遵守道路交通安全法律、法规的规定，按照操作规范安全驾驶、文明驾驶，其超速行驶是该车通过积水路段时失控的主导原因。"二审法院认为："高速公路管理处和保险公司对不支持鉴定、高速公路管理处承担60%赔偿责任、一审法院依据交警的事故认定同时又推翻其认定的结果不认可，对不能认可的事实未提供反驳证据加以证明，其应当承担举证不能的不利后果。"同时认为保险公司提交的鉴定意见不属于新证据，不符合形式要件，也未依法通过指定、协商、摇号的方式选择鉴定机构，该意见属于当事人自行委托的鉴定意见，不符合证据的形式，不能起到反驳道路交通事故认定书的作用，因此做出判决，驳回上诉，维持原判。

三、法理分析

1.法院改变交警部门的事故认定书结果依据是否充分？

法院不应轻易改变道路交通事故认定书的内容，本案证据不足以支持法院对事故认定书认定结果的改变。

（1）交警部门制作的"道路交通事故认定书"充分考虑了道路事故成因

的各种因素，考虑了道路积水的客观因素，道路交通事故认定书认为，李某驾驶车辆未按操作规范安全驾驶和张某停车未放置警示标志即雨天积水路滑是造成事故的原因。可见，交警做出的道路交通事故认定书考虑了雨天路滑的因素。

（2）李某家属单方面委托鉴定机构做出的鉴定结论不能作为认定案件事实的依据，根据《最高人民法院关于民事诉讼证据的若干规定》第二十八条："一方当事人自行委托有关部门做出的鉴定结论，另一方当事人有证据足以反驳并申请重新鉴定的，人民法院应予准许。"该鉴定意见是一方当事人单方委托所做，高速公路管理处申请了鉴定，一审法院没有准许，一审法院不予准许鉴定的理由为，交警已经对事故成因做出分析，故此不同意高速公路管理处的鉴定申请。法院并没有按照高速交警分析事故成因后的结果判定各方责任，说明法院不认可高速交警的事故成因分析，法院根据自己都不认可的成因分析来阻止高速公路管理处的鉴定申请，是错误的。交警做出的道路交通事故认定书并没有采用滑水现象的用语，李某家属委托的鉴定机构认为李某驾驶车辆发生滑水现象，法院根据该鉴定意见认为存在滑水现象，也说明。一审法院认可李某单方委托的鉴定意见，法院厚此薄彼的选择性认定没有法律依据。

（3）高速公路管理处没有明显过错，法院认定其承担主要责任缺乏证据。法院只是认为雨天积水是造成此次事故的主要原因，但是法院没有给出具体的理由。我们认为法院的认定是错误的，雨天道路积水是一种正常的自然现象，法律规定的高速公路管理处管理规范中也并没有要求高速公路雨天不能积水。事故发生在凌晨，要求高速公路管理处在雨天随时清扫公路，既不合法也无依据，雨天道路积水更能说明高速公路管理处没有责任。

（4）《最高人民法院关于审理道路交通事故损害赔偿案件司法解释》第二十七条："公安机关交通管理部门制作的交通事故认定书，人民法院应依法审查并确认其相应的证明力，但有相反证据推翻的除外。"本案中法院在没有相反证据的情况下，直接根据一份无效的鉴定意见推翻道路交通事故认定书，过于草率。

（5）张某在事故中承担次要责任。张某多次提出自己属于见义勇为，不应当承担事故责任，提出高速公路管理处未尽到安全管理义务，应承担更多的责任，我们认为，对张某勇于救人的行为应当褒奖，但不能因此而抵消其过失行为给他人造成的损害，

2. 对保险公司在一审结束后单方委托的鉴定是否属于新证据？法院是否应当组织质证？

保险公司委托鉴定机构做出的鉴定意见属于新证据，法院应当组织质证。

（1）保险公司提交的鉴定意见属于合法的证据形式，《民事诉讼法》第六十三条："证据包括：（七）鉴定意见。"对于一方当事人委托做出的鉴定意见，《最高人民法院关于民事诉讼证据的若干规定》第二十八条也认定了一方当事人委托的鉴定意见属于证据的一种形式，二审法院认为该证据不符合证据的形式要件没有依据。

（2）《最高人民法院关于民事诉讼证据的若干规定》第四十一条 《民事诉讼法》第一百二十五条第一款规定的"新的证据"，是指以下情形：二审程序中的新的证据包括：一审庭审结束后新发现的证据；当事人在一审举证期限届满前申请人民法院调查取证未获准许，二审法院经审查认为应当准许并依当事人申请调取的证据。保险公司委托做出的鉴定意见是在一审结束后发现的，属于新的证据，法院应当组织质证。

（3）最高人民法院关于适用《民事诉讼法》的解释第一百零二条规定："第一百零二条 当事人因故意或者重大过失逾期提供的证据，人民法院不予采纳。但该证据与案件基本事实有关的，人民法院应当采纳，并依照民事诉讼法第六十五条、第一百一十五条第一款的规定予以训诫、罚款。当事人非因故意或者重大过失逾期提供的证据，人民法院应当采纳，并对当事人予以训诫。"根据此规定，法院对保险公司提供的鉴定意见不组织质证是错误的。

四、办案启示

我们对本案中停车救人的当事人表示敬意，但当事人未按规定设置警示标志，造成来车误判，进而造成二人死亡的严重后果，应对其过错承担相应的责任。法院并不具备道路交通事故责任认定的专业知识，在无相反证据的情况下推翻交管部门制作的交通事故认定书，我们认为不妥。

受害人有过错的减轻供电公司
以及保险公司的责任

郭　君

要点提示： 在供电责任险保险案件中，触电人身损害纠纷是普遍也是最常见的一种纠纷。据官方统计每年因触电而导致死亡的人数已经超过了 8000 人，属于十大意外死亡危险因素之一，其危害之大也是触目惊心的。保险公司每年也因为触电死亡案件支付大量的赔偿金。我们知道，每一起触电死亡案件背后，都有一段触目惊心的因果循环，几乎每一位受害者死亡的案件都有其自身漠视生命的因素在里面。在诉讼中，往往被害者自身的过错会成为判定电力公司和保险公司是否应当赔偿以及赔偿比例的关键因素所在。

一、案情简介

2018 年 4 月 30 日 15 时 55 分许，在某某县某村一个人烟稀少的河套内发现一具尸体。经公安部门技术勘查，现场尸体为侯某某 ，45 岁，男性，死亡地点位于一根 10 千伏的高压电线杆下东北侧 10 厘米处，头东南脚西北，呈仰卧状。尸体面部及颈部烧烫伤。左耳腔出血，右前臂内后侧有一擦伤性皮剥。尸体腹部有一条状皮剥，上背部有一条状皮剥。本案经公安机关委托当地司法鉴定中心进行司法鉴定，最终鉴定意见为"死者符合触电死亡"。之后，公安机关出具情况说明，认定本案排除他杀，不予刑事立案。

2018 年 8 月 23 日，死者家属以触电人身损害纠纷将该线路所属的电力公司和投有电网供电责任险的保险公司一并诉至法院，要求赔偿死亡赔偿金、丧葬费等经济损失共计 38 万余元。

被告辩称：死者死亡系攀爬电线杆的行为所导致，根据《中华人民共和国侵权责任法》第七十三条的规定，死者属于明知危险而故意的行为，故此被告应当免于承担赔偿责任。

二、法院判决

法院经审理查明： 2018 年 4 月 30 日，在河套内高压电线杆下，发现死者的尸体。经尸体检验符合触电死亡，花费尸检费 4300 元。经本院委托对涉案高压线相关区域进行放电痕迹及因果关系鉴定，认定该高压电线杆顶部 B 相引线、送电线路横担及拉线绝缘子均存在放电痕迹；结合放电痕迹与死者伤情分析，符合攀爬电杆触电的特征。由保险公司支付鉴定费 32000 元。该涉案线路及电杆由被告国网某某电力公司所有并管理，国网某某电力有限公司在被告保险公司投保有电网供电责任险一份，被保险人系本案被告国网某某公司，赔偿限额为每单位每次赔偿限额 1000 万元，事故发生在保险期间内。受害人未婚无子女，父母双亡，现有其弟弟和妹妹，为本案原告。

法院裁判：公民的合法权益受法律保护，因侵权行为致使他人遭受人身损害的，赔偿义务人应当承担相应的民事赔偿责任。依据某电力工程司法鉴定中心所做出的鉴定意见，认定了该线路存在放电痕迹，死者符合攀爬电线杆的特征，由此可以认定受害人死亡与该涉案高压线及电杆存在因果关系，至于本人事发时是否存在故意或过失，因缺少充足的证据链条，公安局刑警大队的情况说明也未明确认定，仅凭鉴定人员的推定不能认定为故意，故此应当推定为过失。

根据《侵权责任法》第七条、第十六条、第二十二条、第七十三条（现

《民法典》第一千一百六十五条、第一千一百七十九条、第一千一百八十三条、第一千二百四十条）；《保险法》第六十四条、第六十五条、第六十六条；《最高人民法院关于审理人身损害赔偿案件适用法律若干问题的解释》第二十七条、第二十九条；《最高人民法院关于民事诉讼证据的若干规定》第二十七条的规定，判决如下：

"一、被告某某保险股份有限公司某分公司在保险责任限额内赔偿二原告损失计 89420.95 元，于判决生效后十日内履行。"

三、法理分析

本案系典型的高压触电侵权案件，按照《侵权责任法》的规定，高压线路经营者应当适用无过错归责原则，《侵权责任法》第七十三条规定："从事高空、高压、地下挖掘活动或者使用高速轨道运输工具造成他人损害的，经营者应当承担侵权责任，但能够证明损害是因受害人故意或者不可抗力造成的，不承担责任。被侵权人对损害的发生有过失的，可以减轻经营者的责任。"根据该规定，经营管理者在承担无过错责任时，是否应当赔偿以及赔偿比例的判断标准并不是经营者本身有没有过错，而在于被害者自身是否存在过错以及该过错的定性。如果在事故中被害人自身无任何过错，那无论经营管理者是否存在过错，都应当无条件对被害者进行赔偿。如果被害人在事故中存在过失，按照法律规定，无论经营管理者是否存在过错，都是可以减轻经营管理者的赔偿责任的。如果被害人在事故中的过错属于故意，则无论经营者是否存在过错都不应当承担赔偿责任。就本案而言，电力工程司法鉴定意见书的鉴定结论已经可以得出结论，死者真正的死因并非地面触电，系攀爬电杆触电所致。攀爬电杆的行为肯定存在过错，这是毋庸置疑的。但是该过错应当认定为故意还是过失，则是判断本案被告供电公司是否应当承担赔偿责任的关键。那么，本案死者的攀爬行为究竟应该认定为故意还是过失呢？我们以为，死者的攀爬行为属于故意，理由如下：

死者生前系完全民事行为能力人，而并非未成年人，如果是未成年人攀爬高压电线杆触电，其过错姑且可以定性为疏忽大意的过失，因为限制民事行为能力人对危险和事物的判断能力较低，无法准确地判断出高压电对身体会造成怎样的严重后果，攀爬行为也许是贪玩、淘气或监护人的不作为所致。但是，作为完全民事行为能力人，其应当对危险事物和潜在的风险有最基本的判断，对有可能危害生命健康的行为尽力避开，尽可能地规避危险，是作为一个正常人最基本的生存本能。而本案死者，在明知高压电线杆上方线路带电、攀爬电杆肯定会触电的情况下，依然放任这种危险行为的发生，漠视生命导致自己的死亡，其行为属于故意。

四、本案启示

我们应当对危险的事物存在基本的畏惧。法律可以保护人们的权利，却无法挽救逝去的生命。本案中，虽然死者家属通过诉讼途径获得了部分经济赔偿，但是死者已逝，再多的经济赔偿也不能换回鲜活的生命。 普及法律的真谛在于引导人们去规避过错，远离危险。可是，要实现这样的目标，普法工作任重而道远。

组团社在承担赔偿责任以后
可以向地接社追偿

李同建

摘要：根据《保险法》五十五条之规定：责任保险是指以被保险人对第三者依法应负的赔偿责任为保险标的的保险，同时规定被保险人未向该第三者赔偿的，保险人不得向被保险人赔偿保险金。因此，责任保险的保险标的是被保险人依法应付的赔偿责任，当被保险人没有责任时，保险人不承担赔偿责任，在责任保险责任免除条款中，一般都会有"根据合同应当承担赔偿责任的条数或者不应当承担赔偿责任的条数，但当没有合同存在时依然应当承担的责任不在此限"。通过该免责条款也可以看出，一般的责任保险承担的是侵权责任，不承担合同责任，侵权责任一般属于终局责任，不存在追偿权问题。但是，有部分法律、法规强制要求被保险人承担一定合同责任，然后赋予追偿权，比如旅行社责任险，《旅行社责任保险管理办法》第二十三条："因第三者损害而造成保险事故的，保险公司自直接赔偿保险金或者先行支付抢救费用之日起，在赔偿、支付金额范围内代位行使对第三者请求赔偿的权利。"

一、案情简介

A 旅行社在 2016 年的时候，组织了 40 名散客境内加出境游，出境游目的地为越南，旅游景点包括越南老街、沙巴、河内等地，然后回国到西双版纳，最后返回。就此"13 日游"项目，A 旅行社与 B 旅行社签订了一个委托协议，将这 40 名散客委托给了 B 旅行社，B 旅行社又将 40 名散客进行了再委托，出境游委托 C 旅行社负责，并签署了相应协议。从越南返回到云南西双版纳途中，旅游大巴在越南境内发生了交通事故，造成部分乘客受伤。越南警察认为本次交通事故属于一次意外事故，并未出具道路事故认定书，也未划分责任。事故发生后，B 旅行社对部分轻伤游客进行了赔付，但是有一对夫妻因为伤势较重，返回后进行了后续治疗。治疗终结后，关于赔偿问题不能达成一致意见，该夫妻二人根据与将 A 旅行社和承保旅行社责任险的甲保险公司起诉到法院，要求赔偿全部损失。依据与 A 旅行社签订的旅游合同，经过一审、二审，法院最终判决甲保险公司赔付 30 万元。甲保险公司在赔偿后就启动追偿程序，要求 B 旅行社承担赔偿责任，将 B 旅行社投保旅行社责任险的乙保险公司作为了共同被告。B 旅行社辩称，自己不是适格主体，不是侵权人，甲保险公司应当向汽车公司追偿，要求驳回起诉。乙保险公司辩称：①我方不是适格被告，应当向实际侵权人追偿。②本次保险是共同承保，各家保险公司在事故发生后已经支付预付款，预付款是否涵盖该笔损失不清楚，要求法院追加其他保险公司。③本次事故发生后，乙保险公司已经预付赔偿款给旅行社和保险经纪公司，应当将保险经纪公司追加为本案被告。④原告主张的损失不合理。

二、法院判决

法院审理后认为：①根据《保险法》第六十条第一款："因第三者对保险标的的损害而造成保险事故的，保险人自向被保险人赔偿保险金之日起，在赔偿金额范围内代位行使被保险人对第三者请求赔偿的权利。"保险人代位求偿权是一种法定权利，是财产保险合同当事人的一项权利和义务，人身保险合同的当事人不享有或者承担保险代位求偿权。②A 旅行社和 B 旅行社是委托合同关系，根据《最高人民法院关于适用〈中华人民共和国保险法〉若干问题的解释（四）》第七条规定："保险人依照保险法第六十条的规定，主张代位行使被保险人因第三者侵权或者违约等享有的请求赔偿的权利的，人民法院应予支持。"根据该条司法解释，保险代位求偿权不限于侵权损害赔偿请求，本案是因旅游车辆侧翻造成的事故，B旅行社不是侵权人，但不能据此排除原告以被告B旅行社违约请求排除的权利。③《中华人民共和国旅游法》第七十一条："由于地接社、履行辅助人的原因导致违约的，由组团社承担责任；组团社承担责任后可以向地接社、履行辅助人追偿。"根据此条规定，被告B旅行社应当对原告的损失承担赔偿责任。④乙保险公司承保B旅行社的旅行社责任险，原告诉请不超过责任限额，乙保险公司主张的内部分摊问题本案无需处理。法院判决：乙保险公司赔偿原告损失30万元。

三、法理分析

本案涉及的主要法律问题：

1.甲保险公司直接起诉乙保险公司是否有相关法律依据？

在追偿案件以及其他侵权案件中，如果被追偿一方或者侵权方投保相应的责任保险，当事人或将保险公司列为被告或者第三人，即使第三人没有将保险公司列为被告的，申请法院追加保险公司为被告或者第三人，法院一般会同意，但是将保险公司列为被告或者第三人是否有依据，实践中意见不一。一种意见认为，根据合同相对性，保险合同是投保人和保险公司订立的合同，该合同只是约束双方当事人，对合同以外的当事人不具有拘束力，只有根据法律规定或者保险合同约定才可以追加保险公司为被告或者第三人。另一种观点认为，只要是保险公司最终承担责任的案件就应当追加保险公司为被告或者第三人，理由为，保险公司最终应承担责任，为了减少诉累，一并解决符合效率原则。道路交通事故案件中涉及保险公司最多，法律制定者认可在道路交通事故案件中将保险公司列为第三人，同样道理，在其他保险案件中也可以列保险公司为当事人。就本案而言，《最高人民法院关于审理旅游合同纠纷适用法律若干问题的规定》第五条："旅游经营者已投保责任险，旅游者因保险责任事故仅起诉旅游经营者的，人民法院可以应当事人的请求将保险公司列为第三人。"根据该条规定，若旅游者起诉旅行社可以将保险公司列为第三人。本案中甲保险公司是代位追偿，甲保险公司是代旅游者的位置向B旅行社主张权利，当然有权追加乙保险公司为本案当事人。在关于保险人追偿案件中，保险公司行使的是被保险人的权利，而在责任保险追偿案件中，保险公司代位的对象是受害人，允许受害人向保险公司提起诉讼，同样应该允许代位人向保险公司提起诉讼。乙保险公司的理由不成立。另外在涉及保险公司最终承担责任的案件中，如果保险公司认为不属于保险责任，可以向法院提出主体不适格的抗辩意见，有部分法院会支持。但是如果保险公司认为事故属于保险责任，只是对损失数额有意见，建议保险公司不要再主张主体不适格。如果法院支持该主张，判决保险公司不承担责任，而是判决被保险人承担责任，保险合同另行解决，保险公司是第三人，对损失部分无权提出上诉，只能按照判决结果履行义务。

2.保险公司代位求偿权案件中，是否必须追偿最终侵权人？

旅游者根据旅游合同的约定向组团社即A旅行社提出违约之诉，这是旅游者伤害案件中受到伤害的旅游者普遍的做法。因为旅游目的地一般在外地，如果受到伤害的旅游者按照侵权之诉起诉实际侵权人，费时费力且成本较大，而组团社一般就在旅游者住所地，所以，大部分旅游者受到伤害案件是按照旅游合同纠纷处理。根据国家旅游局的统一要求，旅行社必须投保旅行社责任险，发生旅游事故以后，由保险公司承担赔偿责任。同时《旅行社责任保险管理办法》第二十三条规定："因第三者损害而造成保险事故的，保险公司自直接赔偿保险金或者先行支付抢救费用之日起，在赔偿、支付金额范围内代位行使对第三者请求赔偿的权利。"本案中，A旅行社和B旅行社签订委托合同，委托B旅行社对40名散客提供旅游服务，B旅行社又进行转委托，将出境游业务委托其他旅行社。甲保险公司在代替A旅行社赔偿游客损失后法定取得代位求偿权，可以选择根据《旅行社责任保险管理办法》第二十三条向侵权第三者要求赔偿，也可以根据《保险法》第六十条第一款的规定向B旅行社要求赔偿，因为，《〈保险法〉解释（四）》第七条规定："保险人依照《保险法》第六十条的规定，主张代位行使被保险人因第三者侵权或者违约等享有的请求赔偿的权利的，人民法院应予支持。"也就是说保险公司享有选择权，B旅行社提出的甲保险公司应该向最终侵权人追偿的理由不能成立。乙保险公司在赔偿以后取得的追偿权，可以向B旅行社委托的旅行社追偿，如果乙保险公司也同样承保了该旅行社，进行内部处理即可。

四、本案启示

旅行社责任险追偿案件不容易成功，有很多游客受伤案件证据不足，到底是景区责任还是景区其他责任人的原因往往无法查清。有部分案例，游客在景区被景区工作人员过失致受伤，比如拉拽过程中造成胳膊受伤，事发当时，景区工作人员以及旅行社都认可该事实，但是当游客因花费过多提起诉讼时，无法说清景区工作人员的姓名等基本信息，法院在审理旅游合同纠纷时也没有查清游客受伤经过，只是游客、旅行社均认可在旅游过程中受到伤害，当赔偿以后向景区追偿时，就面临无法查清事实的困境。建议，在审理旅游合同纠纷时一定要查清游客受到伤害的经过，以方便追偿。

受害人有过错的应减轻高压供电企业
以及保险公司的责任

李同建

要点提示：《侵权责任法》第七十三条（现《民法典》第
一千二百四十条）："从事高空、高压、地下挖掘活动或者使用高速
轨道运输工具造成他人损害的，经营者应当承担侵权责任，但能够证
明损害是因受害人故意或者不可抗力造成的，不承担责任。被侵权人
对损害的发生有过失的，可以减轻经营者的责任。"被侵权人存在过
失时，如何减轻经营者的责任，法律并没有具体规定，司法实践中对
被侵权人过失认定也没有统一标准，同一行为不同的法院认识不同，
减轻经营者责任的程度也不相同，本文从一起真实案例分析对被侵权
人过失行为的认定以及减轻经营者责任的裁量。

一、案情简介

孔某和丁某是雇主，孔某与某铸造公司签了一份建设协议，孔某为该铸
造公司建设一个钢结构的库房，孔某与丁某雇佣工人张某、武某进行具体施
工。有一条 10 千伏高压线路从某铸造公司厂区上方通过，供电线路的建设时
间早于某铸造公司建造时间。该高压线路为裸线，三相导线水平排列，高压
线距离地面垂直距离为 7.84 米，高压线距离某铸造公司车间（该车间为孔某

承包的施工车间）的距离为 2.2 米，2017 年 6 月在施工过程中，孔某和丁某雇用的两个工人张某、武某使用脚手架高 8 米，脚手架下方安装 4 个轮子，可以推行，张某、武某在推行脚手架通过高压线时，脚手架触碰高压线，造成张某、武某触电死亡的事故。事故发生后，孔某与死者家属签订赔偿协议，赔偿死者家属死亡赔偿金、被扶养人生活费、丧葬费、交通费等合计 124 万元，死者张某、武某系农村户口，孔某在赔偿死者家属时，按照城镇户口计算死亡赔偿金以及被扶养人生活费。某供电公司在某保险公司投保供电责任险附加第三者责任保险，第三者责任险赔偿限额为每人每次事故 100 万元。孔某将某供电公司以及某保险公司和某铸造公司一起起诉到法院，要求返还垫付的费用 124 万元。

二、法院判决

某供电公司答辩意见为： 事故发生地高压线路符合法律规定的安全距离，不存在安全隐患，不承担赔偿责任。

某保险公司辩称： ①原告主体不适格，人身损害属于专属权利，不能转让。②受害人有过错，原告与受害人签订的赔偿协议认可受害人有过错的事实。③供电公司尽到了安全警示义务。④事故线路早于某铸造公司建设，某铸造公司施工过程发生的事故属于安全生产事故，与供电公司无关。

某铸造公司辩称： ①原告主体不适格。②受害者与某铸造公司不存在关系，铸造公司不承担责任。

一审法院经审理认为，首先，原告与受害者是雇佣关系，根据《最高人民法院关于审理人身损害赔偿案件适用法律若干问题的解释》规定，由于第三者造成雇员人身损害的，雇主承担责任以后可以向第三人追偿，故此，原告具备主体资格。其次，某供电公司发现某铸造公司违法建设，并未采取适当措施制止，存在过错，承担 85% 的赔偿责任。某铸造公司选用没有资质的孔某施工，存在过错，承担 5% 的赔偿责任。原告没有提供必要安全措施，存在过错，承担 10% 的责任。据此判决某保险公司赔偿原告损失 105.4 万元。

保险公司提出上诉。二审法院经审理，判决将本案发还重审。在审理中，某保险公司提出某铸造公司应当选择具有资质的一个建筑公司来承揽工程，某铸造公司选择了没有资质的个人，那么某铸造公司也要承担他的责任。某铸造公司称和原告之间签订了协议，协议约定在施工过程中如果发现伤害事故，铸造公司不再承担责任。保险公司还提出，原告的赔偿数额过高，按照城镇标准进行调解违背真实情况，应该按照农村标准计算损失金额。

法院认定，二死者在施工过程中通过高压线，未尽到安全注意义务，对其死亡后果有一定过错，自身应承担30%的责任，某供电公司承担70%的赔偿责任。法院认定某铸造公司与原告之间是承揽合同关系，双方签订的协议约定工伤事故由雇主承担，因此鑫达铸造公司不再承担赔偿责任。法院重新按照农村居民标准计算死者损失金额，最终判决某保险公司赔偿原告损失66万元。一审判决后保险公司提出上诉，主要理由为：①一审认定某铸造公司和原告孔某之间是加工承揽关系是错误的。②适用法律错误，应当适用《电力法》。二审法院判决：驳回上诉，维持原判。

三、法理分析

本案涉及的主要问题是：

1. 法院判决某铸造公司不承担本次事故的责任是否恰当？

首先，生效判决认为：原告承包某铸造公司沙子车间安装工程，工程形式为钢结构成品库库房，根据原告与某铸造公司的协议，原告承揽的工程属于库房，需要具备相应资质才能承揽，在原告与某铸造公司签订的"协议书"中，多处有"工程""工程款"等字样，说明原告和某铸造公司均认为，原告承揽的是工程，建筑工程承揽适用《建筑法》的相关规定，该协议书属于无效协议。法院认为原告和某铸造公司属于加工承揽关系没有依据。《建设工程安全生产管理条例》第二条第二款规定："本条例所称建设工程，是指土木工程、建筑工程、线路管道和设备安装工程及装修工程。"《建筑业企业资质管理规定》第二条第二款规定："本规定所称建筑业企业，是指从事土木工程、建筑工程、线路管道设备安装工程、装修工程的新建、扩建、改建等活动的企业。"从上述规定可以看出：建设工程包括土木建筑工程、安装工程和装修工程三类工程，三类工程的共同点就是：工程施工完成后，均构成了不动产物，包括完全不动产物和类不动产物。本案库房属于不动产，是建筑施工合同，不是加工承揽合同，原告与某铸造公司之间不是加工承揽关系，法院认定的法律关系错误。

其次，原告与某铸造公司签订协议书中关于工伤事故由原告负责的约定无效。原告是个人不是单位，不具有承担工伤事故的主体资格，某铸造公司与原告的约定因违反法律的禁止性规定而无效。

再次，本案是一起典型的安全生产事故。生产安全事故，是指生产经营单位在生产经营活动中发生的造成人身伤亡或者直接经济损失的事故。而死者推行脚手架的行为是建造车间的需要，属于生产的一部分，因此发生的事故属于安全生产事故。《最高人民法院关于审理人身损害赔偿案件适用法律若干问题的解释》第十一条规定："雇员在从事雇佣活动中遭受人身损害，雇主应当承担赔偿责任。雇佣关系以外的第三人造成雇员人身损害的，赔偿权利人可以请求第三人承担赔偿责任，也可以请求雇主承担赔偿责任。雇主承担赔偿责任后，可以向第三人追偿。雇员在从事雇佣活动中因安全生产事故遭受人身损害，发包人、分包人知道或者应当知道接受发包或者分包业务的雇主没有相应资质或者安全生产条件的，应当与雇主承担连带赔偿责任。"法院在认定原告具有主体资格时选择性地引用了第一款，对第二款视而不见，根据第二款的规定，某铸造公司在发包工程时就知道原告没有资质以及安全的生产条件，应当与原告承担连带责任，因此生效判决未判决某铸造公司承担责任是错误的。

2.如果认定被侵权人的过失，是否减轻高压用电经营者的责任？

《侵权责任法》第七十三条（现《民法典》第一千二百四十条）："从事高空、高压、地下挖掘活动或者使用高速轨道运输工具造成他人损害的，经营者应当承担侵权责任，但能够证明损害是因受害人故意或者不可抗力造成的，不承担责任。被侵权人对损害的发生有过失的，可以减轻经营者的责任。"

在针对被侵权人过失的认定上法律没有具体的规定，是一般过失还是重大过失，一般过失与重大过失在减轻经营者责任上是否一样等均没有明确规定，我们认为，被侵权人存在一般过失就可以减轻经营者的责任，理由如下：

首先，民法上的过失，就是行为人对受害人应负注意义务的疏忽和懈怠。分为一般过失和重大过失，一般过失是指行为人应当履行普通人的注意，这种注意义务是按照一般人在通常情况下能够注意到作为标准，对于一般人能够在一般情况下注意到却没有注意，为有过失。重大过失是指行为人因疏忽或过于自信不仅没有遵守法律对他较高的注意之要求，甚至连人们一般应该注意并能够注意的要求都未达到，以致造成某种损害后果。一般情况下，行为人因重大过失造成损害后果的，均需承担责任，在保险公司企财险免责条款中一般都约定，投保人、被保险人以及其代表人故意或者重大过失行为造成的损失，保险公司不承担赔偿责任。本条并未规定必须重大过失才承担责任，一般过失也需减轻经营者的责任。其次，《侵权责任法》第七十三条（现《民法典》第一千二百四十条）规定经营者承担的是无过错责任，即无论经营者是否存在过错，只要发生损害后果，经营者就需承担责任，该责任是法律强加给经营者的，因此，在对待被侵权人过失方面，也不能对经营者过于苛责要求，只有重大过失才允许减轻经营者责任，被侵权人只需存在一般过失就应该减轻经营者责任。

再次，本案中，原告承建的库房距离高压线水平距离为 2.2 米，库房已经基本建成，在建设安装过程中并未发生任何事故，死者在施工过程中也已了解高压线的位置以及高度，死者推着高度超过高压线的脚手架在高压线下通行，存在重大过失，因此应当更多减轻经营者的责任。

最后，《最高人民法院关于审理触电人身损害赔偿案件若干问题的解释》第二条规定："因高压电造成人身损害的案件，由电力设施产权人依照《民法通则》第一百二十三条（现《民法典》第一千二百三十六条）的规定承担民事责任。但对因高压电引起的人身损害是由多个原因造成的，按照致害人的行为与损害结果之间的原因力确定各自的责任。致害人的行为是损害后果发生的主要原因，应当承担主要责任；致害人的行为是损害后果发生的非主要原因，则承担相应的责任。"第三条规定："因高压电造成他人人身损害有下列情形之一的，电力设施产权人不承担民事责任……（四）受害人在电力设施保护区从事法律、行政法规所禁止的行为。"根据上述规定，高压供电企业虽然承担无过错责任，但是，在被侵权人存在过错或者从事法律法规禁止行为时，减轻或者免除高压供电企业的责任。因此，从立法本意来看，被侵权人无过错的，法律规定由高压送电经营者承担无过错责任；当被侵害人存在过错时，更倾向于大幅减轻经营者责任，尤其是当被侵害人从事法律法规禁止性活动时。本案中，某铸造公司在高压线下建造车间并未获得批准，属于违法行为，应当大幅减轻供电公司责任，生效判决判定供电公司承担70%的责任，属于过度夸大供电公司责任。

四、本案启示

企业在进行建筑施工或者其他生产过程中，需要与有资质的单位签订合同，并依法规避自己的责任，当责任无法避免时，企业可以通过购买责任保险规避自己的责任，目前适用企业的保险主要公众责任险。所有企业应当在事故发生前规避自己的风险，而不是在事故发生后通过保险合同的漏洞使用司法手段来维护权益。

保险法不利解释原则的"使用说明"

李同建

要点提示：在司法实践中，人们常说《保险法》第十七条"提示告知义务"和《保险法》第三十条"不利解释原则"是保险公司的两个大坑，很多时候在诉讼过程中，对方都选择在这两个坑上来做文章。其实，更多的时候往往并不是法律出现了问题，而是这些法律条款被人恶意利用，歪曲了立法初衷。下面我们根据一个案例来剖析一下，《保险法》第三十条"不利解释原则"在实务中是如何被利用的，作为法律人应当如何正确运用这个条款来维护当事人的合法权益

一、案情简介

某人民医院于 2014 年 8 月发生了医疗事故，导致受害者王某死亡，受害者家属提起诉讼，法院受理后判决某人民医院赔偿死者家属各项损失共计354789 元。该医院在某保险公司承保医疗责任险一份，责任总限额 100 万元，每人每次赔偿限额为 20 万元，绝对免赔额 1 万。事故发生在保险期间内，故该医院在支付了赔偿金以后，向法院提起诉讼，要求保险公司在总限额 100万元内，对其支付的 354789 元全额进行赔偿。

原告诉称，受害者家属诉某人民医院关于王某某医疗事故纠纷，经某人民法院和市中级人民法院做出判决后判定原告向死者家属赔偿各项损失

354789元,法院依法从医院划扣了此款,原告向保险公司申请对该损失的理赔,但是被告拒绝按照判决书的金额予以赔付,故请求法院依法判令被告按照判决书认定的损失354789元承担赔偿责任。

被告辩称:①原告在被告投保医疗责任保险一份,原告的医疗事故发生在保险追诉期间内。②原告与被告之间订立的医疗责任保险明确约定,每人每次限额为人民币20万元,每次事故的免赔率为5%,而原告起诉的金额远远高于其投保金额。③死者王某的死亡系其原有疾病发展的过程,是自身内在因素导致,故该事故不属于医疗责任险承保范围。

上诉人某保险公司诉称:①一审法院适用法律存在错误。被上诉人在上诉人处投保的医疗责任保险事实清楚,并不存在一审法院所称的条款约定不明确,双方存在歧义的情形。因为保险合同中约定的"累计限额100万元"是指的保险期间或者追诉期内发生医疗事故的总共累计限额,不管保险期间发生多少次医疗事故,上诉方总共累加赔付不超过100万元。"每次事故责任限额20万元"是指在保险期间或者追诉期内,每一次发生的医疗事故保险人应该承担的保险限额为20万元。两者约定的内容不相同,不存在理解上的误区,本案中被上诉人一次医疗事故产生了354789元,因此应当适用合同条款中的"每次事故限额20万元"的约定,一审法院以《保险法》第三十条作为裁判依据,显然是错误的。②一审判决认定事实不清,加重了保险人的保险责任。上诉人作为保险人,按照保险人与被保险人双方保险合同约定收取相应保费,并在承保范围内承担相应的保险责任。而按照"每次事故责任限额为20万元""每次事故免赔率为5%"的保险合同约定,上诉人只需在上述赔偿限额和免赔率范围内承担保险责任,而一审法院判决上诉人承担354789元,显然高于上诉人的承保范围。而按照约定,上诉人应承担赔偿的金额为:200000元 −(200000元 ×5%)=190000元。

被上诉人辩称:①保险公司自己也承认累计限额100万元是合同期内发生事故的总共累计限额,即无论发生多少次事故,保险公司累加赔付不超过100万,而实际上被上诉人在合同期间内实际理赔也并未超出累计限额。②按保险公司对每次20万元限额的理解,显然错误。从逻辑上等于保险公司限定了一个医院一个合同期内最多不能超过5起医疗事故,显然不符合生活规律;合同期内1

年可能只发生一个医疗事故，赔偿就可能超过100万元，难道只给医院理赔20万元吗？这样理解显然不公平，所以，保险公司主张在20万元内支付理赔款不成立。

二、法院判决

一审法院审理查明以下事实： 受害者家属因医疗责任纠纷将本案原告某人民医院诉至本院，本院做出民事判决，判决本案原告一次性赔偿上述当事人各项损失共计354789元，判决后双方均提起上诉，某市中级人民法院做出判决，驳回上诉维持原判。判决生效后，受害者家属申请执行，本案从某人民医院依法划拨了上述款项。本案原告在本案被告处投有医疗责任保险一份，事故发生在保险追溯期间内。

二审法院审理查明： 被上诉人对上诉人提交的投保单真实性认可，但不认可上诉人保险公司的观点，故对投保单的真实性予以确认，其他的基本事实与一审查明的事实一致。

一审法院认为： 本案焦点系被告是否应当赔偿原告因医疗责任支付的赔偿款 354789元。双方保险合同约定保障内容：按照《医疗责任保险条款》保障项目，医疗责任（2011）版，保险金额1000000元，法律费用累计责任限额 2 万元，累计责任限额 100 万元，每次事故免赔额 1000 元，每次事故责任限额 20 万元，每人责任限额 20 万元，每次事故免赔率 5%，精神损害每人责任限额 6 万元。被告主张，该保险条款约定了每人每次责任限额为 20 万元，每次事故免赔率为5%，原告主张的数额高于其投保的限额，即使赔偿也应为 19 万元。本院认为，双方关于保险金额为 100 万元无争议，关于每次限额，保险合同即约定了累计责任限额为 100 万元，又约定了每人每次的限额，即约定了每次免赔数额为 1万元又约定了每次事故的免赔率为5%，应属约定不明确，但却明确约定了累计责任限额为 100 万元。因该条款约定不明确，双方存在歧义。根据《保险法》第三十条规定，对保险人提供的格式条款订立的保险合同，被保险人或者受益人对合同条款有争议的应当按照通常理解予以解释，对合同条款有两个以上解释的，人民法院或者仲裁机构应当做出有利于被保险人和受益人的解释。因此应做出有利于原告某人民医院的解释、原告主张被告应赔偿的数额为 354789 元小于累计责任限额 100 万元，故保险公司应在不超过累计金额 100 万元的限额内赔偿，故原告主张应予支持，被告之辩不予采信。

二审法院认为：被上诉人某人民医院在一审提交的涉案保险单保障内容载明：累计责任限额 100 万元，每次事故免赔额 1000 元；每次事故责任限额 20 万元，每次索赔免赔额 1 万元； 每人责任限额 20 万元，每次事故免赔率 5%， 精神损害每人责任限额 6 万元。根据以上保单内容，累计责任限额 100 万元应为保险期内或追溯期内发生医疗事故的累计赔偿限额。上诉人保险公司提交的涉案投保单中的"医疗责任赔偿限额"栏对此也进行了明确记载："每人赔偿限额 20 万""累计赔偿限额 100 万"， 与"医疗责任赔偿限额"对应栏载明"每次索赔免赔额 / 率：5% 或 1000 元二者以高者为准"。基此，涉案医疗事故为保险期间或追溯期内的发生的医疗事故，上诉人保险公司应当就涉案医疗事故向被上诉人某人民医院支付保险金：20 万元—（20 万元 ×5%）=19 万元，故一审法院认定事实有误，本院予以纠正。

裁判结果：

1.一审法院裁判结果：被告某保险股份公司于本判决生效后 10 日内赔偿原告某人民医院损失 354789 元

2.二审法院裁判结果：上诉某保险公司的上诉请求成立，予以支持，依照《中华人民共和国民事诉讼法》第一百七十条第一款第二项规定判决如下：

（1）撤销某人民法院一审民事判决；上诉人某保险公司于判决生效后 10 日内支付被上诉人某人民医院保金人民币 19 万元。

（2）驳回被上诉人某人民医院的其他诉讼请求。

三、法理分析

本案是非常典型的医疗责任险保险合同纠纷，案件事实简单，法律关系明确。保险公司并不存在拒赔的情形。但是，保险公司需要赔偿并不代表被保险人可以对超出保险限额部分予以索赔。就本案而言，一审法院做出了错误的判决。下面我们就对本案一审法院的错误进行一个全面的分析：

本案一审判决的法律依据是《保险法》第三十条。该法条规定："采用保险人提供的格式条款订立的保险合同，保险人与投保人、被保险人或者受益人对合同条款有争议的，应当按照通常理解予以解释。对合同条款有两种以上解释的，人民法院或者仲裁机构应当做出有利于被保险人和受益人的解释。"本规定归纳出来3个关键词"格式条款""通常理解""有利于被保险人和受益人"。可以看出《保险法》第三十条的规定是一个逐层递进的过程，该规定适用的前提是格式条款，当格式条款有争议的时候应当优先选择用通常理解予以解释，如果用了通常理解仍然产生了两个以上的解释，那么这个时候才会触发不利解释原则。

什么是格式条款？《合同法》第三十九条第二款已经对格式条款做了一个明确的定义："格式条款是当事人为了重复使用而预先拟定，并在订立合同时未与对方协商的条款。"根据该定义结合本案来看，本案中原被告之间诉争的"每人每次赔偿额20万元"和"总限额100万元"的内容是约定于被告在投保时填写的投保单和保险单之中。那么投保单和保险单否属于《合同法》第三十九条所说的格式条款呢？众所周知，保险合同是由投保单、保险单、保险条款和保险批单等保险凭证共同构成的。这里面是否所有的保险凭证都是格式条款呢？显然不是的，构成保险合同的这些凭证中只有保险条款是重复使用、预先拟定并在订立合同时未协商的条款，也只有保险条款满足格式条款的法律定义。而其他的凭证比如投保单是在签订保险合同时双方协商拟定的并非提前拟制，被保险人根据拟定内容缴纳保费，投保单和保险单均不能重复使用，每个被保险人对应不同的投保单和保险单。故此，投保单和保险单均不属于格式条款。而一审法院将约定在投保单和记载于保险单中的内容视为格式条款，从而适用《保险法》第三十条予以认定显然是错误的。

适用《保险法》第三十条的第二个前提是在格式条款产生争议后首先要用"通常理解"去解释。《合同法》第一百二十五条规定："当事人对合同条款的理解有争议的，应当按照合同所使用的词句、合同的有关条款、合同的目的、交易习惯以及诚实信用原则，确定该条款的真实意思。合同文本采用两种以上文字订立并约定具有同等效力的，对各文本使用的词句推定具有相同含义。各文本使用的词句不一致的，应当根据合同的目的予以解释。"也就是说，当格式条款产生争议后，还不能马上适用不利解释原则，应当按照上述规定结合合同的目的、交易习惯以及诚实信用原则以及运用各种法理文义等方法对争议的内容进行解释。而本案中的争议内容"保险总额100万元"和"每人每次限额20万元"二者使用的语句和合同的目的都不存在理解上的误区，即使从字面意思来解释"累计限额100万元"也是指的保险期间或者追溯期内发生医疗事故的总共累计限额，不管保险期间发生多少次医疗事故，上诉方总共累加赔付不超过100万元。"每次事故责任限额20万元"也是指在保险期间或者追溯期内，每一次发生的医疗事故保险人应该承担的保险限额为20万元。也就是说不管被保险人保险期间内一次事故造成多少损失，保险公司一次最多赔偿20万元。不管保险期间被保险人发生多少次事故，累计赔偿额最多100万元。二者内容不同，目的不同，通常理解不存在任何困难。

当通常解释都不存在任何困难的时候，更不可能产生两个以上的解释，没有两个以上的解释，那自然不利解释原则不能适用。

本案的争议的关键点在于保险合同中约定了发生医疗事故之后，医疗责任险范围内约定了总限额和每人每次事故的配险限额的情况下，发生了医疗事故应当如何理赔。该约定是否属于《保险法》第三十条不利解释原则的适用范围。本案经历了一审和二审两次开庭审理，一审法院认为每人每次事故的保险赔偿约定和总限额的约定属于约定不明，故此按照《保险法》第三十条的规定，应当做出不利于格式条款提供者一方的解释。二审法院则认为，每人每次事故的约定和总限额的约定并不存在理解上的障碍，不属于两个以上解释的情形。故此，二审法院在查明事实的基础上，对一审法院的判决进行了改判。

四、本案启示

格式条款是指由一方当事人拟定的可以重复使用的合同条款，该条款不与对方当事人进行协商，为了防止合同一方利用优势地位和格式条款侵害另一方当事人的利益，法律规定了不利解释原则。但是，前提是使用其他解释原则无法解释清楚的情况下，才适用不利解释原则，如果其他解释原则可以解释清楚，就不得适用不利解释原则。另外，不利解释原则的适用对象是格式条款，对于非格式条款，不适用不利解释原则，格式条款和非格式条款发生不一致理解时也不应当适用不利解释原则。根据对保险法司法解释的理解，当格式条款与非格式条款不一致时，应当优先适用非格式条款。只有当格式条款有不同解释或者各条款内容不一致时，才适用不利解释原则。

员工过错行为属于公众责任险
保险责任范围

李同建

要点提示：《中华人民共和国道路交通安全法》第六十七条："行人、非机动车、拖拉机、轮式专用机械车、铰接式客车、全挂拖斗车以及其他设计最高时速低于七十千米的机动车，不得进入高速公路。"根据该法条规定，低速车辆不得在高速公路上通行，由于高速公路收费站工作人员的疏忽，允许低速车辆上高速公路通行，该低速车辆发生道路交通事故的，高速公路管理处是否应当承担事故责任。如果管理处应该承担责任，承担责任的比例该如何确定？

一、案情简介

2017 年 9 月 30 日，李某驾驶自己所有的低速普通货车在 A 收费站领卡上高速，高速公路收费员并未发现该汽车属于不允许上路的低速货车。李某驾驶车辆刚进入隧道，张某驾驶的普通小客车与李某驾驶的车辆追尾相撞，事故造成后车驾驶人张某以及张某妻子苏某当场死亡、张某儿子受伤的交通事故，发生事故时苏某怀有身孕，孕期 6 个月。事发路段限速 80 千米 / 小时，张某驾驶的车辆经鉴定速度为 113 千米 / 小时。高速交警认为，张某的行为违反了《中华人民共和国道路交通安全法》第四十二条第一款第一项"机动车在道路上行驶不得超过限速标志标明的最高时速"和第四十三条第一款第一项"同车道行驶的机动车，后车应当与前车保持足以采取紧急制动措施的安全距离"的规定；李某的行为违反了《中华人民共和国道路交通安全法》第二十一条"驾驶人驾驶机动车上道路行驶前，应当对机动车的安全技术性能进行认真检查；不得驾驶安全设施不全或者机件不符合技术标准等具有安全隐患的机动车"和六十七条"行人、非机动车、拖拉机、轮式专用机械车、铰接式客车、全挂拖斗车以及其他设计最高时速低于七十千米的机动车，不得进入高速公路"的规定，因此认定张某承担事故的主要责任，李某承担事故的次要责任。李某的车辆投保有交强险（承保交强险的保险公司事发后进行了理赔），高速公路投保有公众责任险，每人每次事故赔偿限额50万元。张某和苏某近亲属作为原告起诉李某以及高速公路管理处和承保公众责任险的保险公司承担赔偿责任。

二、法院判决

一审法院经审理认为：本案所涉交通事故经高速交警出具的事故认定书确认，被告李某承担本次事故次要责任，死者张某承担本次事故主要责任，该认定书客观真实，法院予以采信。对于交通事故责任比例李某承担20%，死者张某承担80%。综合考虑本次交通事故发生的原因，其中一个关键因素是李某驾驶的车辆属于低速普通货车，按照规定不允许在高速公路上行驶，高速公路管理处有责任和义务禁止该类车辆上路行驶。被告高速公路管理处在明知肇事车辆属于禁止进入高速公路的车辆的情况下，非但没有阻拦，反而在收费后允许其进入，属于放任危险的发生，存在明显的故意。虽然交通事故认定书认定死者张某承担事故主要责任，但该认定书仅认定肇事车辆双方的责任，并未基于侵权责任考虑存在的其他侵权方。本案基于生命权、健康权、身体权纠纷进行审理，应考虑造成事故发生的全部原因，确定侵权方以及责任比例。根据以上认定，高速公路管理处放任不允许上高速通行的危险车辆上路行驶，对本次事故的发生存在明显的放任行为，属于间接故意，应当认定高速公路管理处在此起交通事故中为侵权方，应对损害后果承担赔偿责任，因死者张某有过错，综合考虑本案情况，法院认为，高速公路管理处在死者张某应承担责任范围内承担80%的责任，据此一审做出判决。判决后高速公路管理处和保险公司均提出上诉。

高速公路管理处上诉理由为：①一审法院将员工的过失认定为单位的故意缺乏依据。②高速公路管理处没有侵权，最大的过失就是放李某车辆上高速，即使承担责任也应该与李某一起承担次要责任，不应当对张某的过错承担责任。

保险公司上诉理由为：①一审法院认定道路交通事故责任认定书的效力，又在没有任何新证据的情况下随意改变责任承担主体，故意混淆概念，枉法裁判。②本案案由应定为道路交通事故纠纷，保险公司以及高速公路管理处不是适格主体。

二审法院认为：本案中，虽然道路交通事故责任认定书并未认定高速公路管理处在本次交通事故中承担责任，但是高速公路管理处收费员因疏忽将李某的低速车放行，后与张某驾驶的车辆相撞，造成交通事故，导致二人死亡，虽然现有证据不能证明高速公路管理处在该次收费、放行行为中存在违法行为，但是高速公路管理处收费员系其工作人员，该收费员实施的行为对高速公路管理处发生法律效力，故此，高速公路管理处应当承担事故责任。二审法院做出判决：驳回上诉，维持原判。

三、法理分析

1.员工过错造成的损失是否属于保险责任？

本案涉及法律：

公众责任险保险责任条款第三条约定："在保险期间内，被保险人在列明的场所范围内，在从事经营活动或自身业务过程中因过失导致意外事故发生，造成第三者人身伤害或财产损失并且受害方在保险期间内首次提出赔偿请求，依照中华人民共和国法律应由被保险人承担的经济赔偿责任，保险人按照合同约定负责赔偿。"其中免责条款约定："下列原因造成的损失、费用或责任，保险人不负责赔偿：（一）被保险人或其雇员或其代表的故意或重大过失行为、犯罪行为或重大过失。"本案中一审法院认定高速公路管理处故意违反相关法律规定，放任危险的发生，存在明显的故意。

如果按照一审法院的认定，就不应该判决保险公司承担保险责任。我们认为，高速公路管理处收费员属于一般过错，保险公司应当承担保险责任，一审法院认为高速公路管理处存在故意而认定保险公司承担责任，二审法院对高速公路管理处责任认定比较客观，认为现有证据不足以证实高速公路管理处存在过错，但是二审法院并没有更改责任的承担，也是一种遗憾。高速公路管理处收费员失误放行不允许上高速公路的车辆上路造成的损失属于保险责任范围内的事故，保险公司应当承担保险责任，理由如下：

首先，收费员的身份属于高速公路管理处员工，根据《民法总则》第一百七十条（现《民法典》第一百七十一条）："执行法人或者非法人组织工作任务的人员，就其职权范围内的事项，以法人或者非法人组织的名义实施民事法律行为，对法人或者非法人组织发生效力。"《民法通则》第四十三条（现《民法典》第一百七十一条）："企业法人对它的法定代表人和其他工作人员的经营活动，承担民事责任。"收费员的行为应当由高速公路管理处承担民事责任。其次，收费员收费放行的行为属于从事经营活动的行为，其场所也属于保险合同列明的工作场所。再次，收费员放行不允许上高速公路的车辆属于一般过错，不属于重大过失，所谓重大过失是指当法律对某种行为人于某种情况下应当注意和能够注意的程度有较高要求时，行为人不但没有遵守法律对其较高的要求，甚至连人们都应注意并能注意的一般标准也未达到的过失状态。一般人与工作人员不能比较，"不允许低速上路"这应该是工作人员必备的常识。因此，总体上判断，收费员上岗时间较短，不具备识别低速汽车的能力，属于一般过失放行低速车辆，并不属于故意或者重大过失放行低速车辆，本案收费员的行为应由高速公路管理处承担责任，也属于保险责任范围。

2.法院判定高速公路管理处代替死者张某承担责任的依据是否合适？

关于法院判定高速公路管理处代替死者张某承担责任问题，我们认为法院的判决是错误的，主要理由如下：首先，法院认定道路交通事故认定书的效力，根据该认定书，死者张某超速行驶、未保持安全车距是造成事故的主要原因，张某应当对自己的行为承担相应的责任，在张某的行为过程中并没有高速公路管理处的任何过错体现，高速公路管理处不应当代替张某承担责任。其次，李某车辆上路行驶并不必然导致事故的发生，李某车辆速度低于70千米或者因故障停在高速公路上，也不必然导致张某直接追尾。如果张某安全驾驶，追尾事故也不会发生，如果张某不超速行驶，事故损失也不会这么大，事故的损失虽和李某有关联，但是主要还是张某的违规行为造成的，张某应当对自己的行为承担相应的责任。再次，本案中高速公路管理处没有直接侵权，管理处承担的是安全保障义务。本案中，高速公路管理处放行的车辆只承担 20% 的责任，高速公路管理处却要承担事故总损失 64% 的责任，明显不符合公平原则。

四、办案启示

公众责任险是责任保险的一种，是被保险人在提供公共服务过程中需要承担赔偿责任时，转由保险公司代替承担责任的一种保险，虽然有保险公司的存在，但是在确定责任比例时，还是应当依据被保险人应承担的责任来进行判决本案中高速公路管理处购买保险是为了保障自己的利益，当自己承担责任时由保险公司来代替自己承担责任。保险公司的责任也仅仅是保障被保险人应承担的责任。被保险人自己的过错造成的损失，应由保险公司承担赔偿责任，保险公司只应当承担员工过错造成的责任。本案中，被过错员工释放上高速公路的低速载货汽车承担事故次要责任，即使放低速货车上高速的责任全部由高速公路管理处承担，高速公路管理处也仅应承担次要责任，而不是主要责任。

在有明确第三人侵权的案件中，安全保障义务人的过错认定和责任承担

王立强

要点提示：安全保障义务，是一种法律在综合考虑了在调整商业活动的秩序中，设立这种义务的社会经济价值及道德需要后，依据诚信及公平原则确立的法定义务。《最高人民法院关于审理人身损害赔偿案件适用法律若干问题的解释》第六条规定了安全保障义务，安全保障义务人在"未尽'合理限度范围内'的安全保障义务致使他人遭受损害"时承担责任。《侵权责任法》第三十七条（现《民法典》第一千一百九十八条）删除了上述"合理限度范围内"的规定。上述两部法律规定安全保障义务人违反义务时承担"补充赔偿责任"或者"补充责任"。如果损失是由第三人造成的，《最高人民法院关于审理人身损害赔偿案件适用法律若干问题的解释》第六条规定了安全保障义务人在赔偿损失以后的追偿权，《侵权责任法》（现《民法典》）没有规定安全保障义务人承担补充责任以后可以享有追偿权，《侵权责任法》第三十四条、第三十七条、第四十条（现《民法典》第一千一百九十一条、第一千一百九十八条、第一千一百九十九条、第一千二百条）均规定了"补充责任"，没有规定安全保障义务人在承担补充责任以后可以向实际侵权人追偿。

一、案情简介

原告周某某随被告沧州某某旅行社有限公司所带旅行团在临沂费县云瀑洞天指动石景区游玩，下午三点多，原告在该景区内一个叫"网红桥"的设施上游玩时，被同行团员宋某某（即被告，当时原告与其并不认识，后经派出所核实确认身份）拽下桥摔到水里受伤。原告受伤后，在景区工作人员的协助下被送至当地上冶镇医院治疗，经诊断为右外踝骨骨折，后原告转至沧州市人民医院继续治疗，同时原告向费县公安局南张庄派出所报警。经费县公安局南张庄派出所调查核实，被告宋某某承认将原告强行拽下水并且造成原告受伤的事实。

被告宋某某答辩称，原告受伤和损失是在被告沧州某某旅行社有限公司组织的旅游项目中产生的，旅行社已经在甲保险公司处为原告投保意外险，原告的受伤发生在保险期间，原告的损失应当由甲保险公司在保险限额内承担相应的保险责任，超出保险范围的由法院依法认定。

被告沧州某某旅行社有限公司答辩称，游玩中有安全提示，原告的受伤是由第三人宋某某故意拉下水，故对原告受伤，旅行社不应承担责任。旅行社在乙保险公司投保旅行社责任保险，保险期间自2018年3月23日0时至2018年12月31日24时止，每次事故每人死亡伤残责任限额50万元，如果判决旅行社承担责任，应由保险公司承担。

被告乙保险公司答辩称，如果法庭认为旅行社在事故中有责任由保险公司承担的话，应当在扣除甲保险公司应当承担的部分后，按照旅行社在事故中的比例承担责任。

二、法院判决

一审法院经审理认为，公民的生命健康受法律保护，被告沧州某某旅行社有限公司作为旅游活动的组织者，未尽到安全保障义务，对原告损失应当承担赔偿责任。因被告沧州某某旅行社有限公司在被告乙保险公司投保旅行社责任保险，每次事故每人死亡伤残责任限额为人民币 50 万元，故甲保险公司应当在保险限额内对原告损失进行赔偿，超出限额部分的损失由被告沧州某某旅行社有限公司赔偿。

"网红桥"项目，本身就具有一定的危险性，被告宋某某不具有主观恶意，原告周某某落水受伤属于意外事件。遂判决保险公司承担全部赔偿责任。

一审判决后，保险公司提出上诉，保险公司上诉理由为：

1.宋某某的侵权行为是造成周某某损害的唯一和直接原因，故宋某某应当承担赔偿责任。一审法院做出的"被告宋某某不具有主观恶意，原告周某某落水受伤属于意外事件"的认定，是根本错误的。

2.被告沧州某某旅行社有限公司已尽到安全保障义务，不应当对周某某承担赔偿责任。首先，根据一审中被告沧州某某旅行社有限公司提交的"网红桥"现场"玩耍须知"（警告、提示语）现场照片，足以证明该旅行社为周某某等游客提供的是安全警示用语完善的旅游娱乐设施，该景点已在现场对该旅游娱乐设施可能存在的人身安全风险予以明确告知、警示，提示各位游客谨慎选择，旅行社已尽到安全保障义务。

二审法院经审理认为，《侵权责任法》第六条（现《民法典》第一千一百六十五条）第一款规定：行为人因过错侵害他人民事权益，应当承担侵权责任。《最高人民法院关于审理旅游纠纷案件适用法律若干问题的规定》第七条第一款规定：旅游经营者、旅游辅助服务者未尽到安全保障义务，造成旅游者人身损害、财产损失，旅游者请求旅游经营者、旅游辅助服务者承担责任的，人民法院应予支持。被上诉人宋某某将周某某拽入水中，对于损害的发生具有过错，应当承担相应的责任。"网红桥"项目本身亦有一定危险性，被告沧州某某旅行社有限公司作为旅游经营者，应当进行必要的安全警示，履行安全保障义务。该景点对于安全风险的告知不能免除被告沧州某某旅行社有限公司的提示义务及保障义务，故被告沧州某某旅行社有限公司亦应承担相应的责任。《侵权责任法》第十二条（现《民法典》第一千一百六十八条）规定：二人以上分别实施侵权行为造成同一损害，能够确定责任大小的，各自承担相应的责任；难以确定责任大小的，平均承担赔偿责任。结合宋某某与被告沧州某某旅行社有限公司的过错程度，双方应各自承担50%。遂根据该比例判决双方赔偿原告损失。

三、法理分析

本案法院按照各50%的比例判决旅行社承担责任是否恰当？旅行社应该承担赔偿责任还是补充责任？

我们认为，法院终审判决被告沧州某某旅行社有限公司承担50%赔偿责任属于适用法律错误，主要理由如下：

1.法院认为被告沧州某某旅行社有限公司未尽到安全保障义务是错误的。根据本案查明的事实，旅游景点已经对"网红桥"项目的危险性进行告知，二审法院认为旅游景点的告知不能等同于旅行社的告知，也不能免除旅行社的告知义务。但是，根据《最高人民法院关于审理旅游纠纷案件适用法律若干问题的规定》第八条第二款："旅游者未按旅游经营者、旅游辅助服务者的要求提供与旅游活动相关的个人健康信息并履行如实告知义务，或者不听从旅游经营者、旅游辅助服务者的告知、警示，参加不适合自身条件的旅游活动，导致旅游过程中出现人身损害、财产损失，旅游者请求旅游经营者、旅游辅助服务者承担责任的，人民法院不予支持。"该法条将旅游经营者（即旅行社）和旅游辅助者（即景点经营者）纳入同一告知义务范围，即只要其中一个履行了告知、警示义务即可，该司法解释也没有规定旅行社要和旅游辅助服务者同时履行告知和警示义务，因此，二审法院认为的"该景点对于安全风险的告知不能免除被告沧州某某旅行社有限公司的提示义务及保障义务"的认定没有法律依据。

安全保障义务，是指从事住宿、餐饮、娱乐等经营活动或者其他社会活动的自然人、法人、其他组织应尽的在合理范围内的使他人免受人身、财产损害的义务。在认定旅行社是否尽到安全保障义务时，要根据合同履行情况以及案发情况综合认定，要有确实的证据指证旅行社未履行什么义务，而不是根据结果倒推旅行社的责任。如果一味强调，只要有人受伤，就是旅行社未尽到安全保障义务，只要没有人受伤，就是旅行社尽到了安全保障义务，这样判案就会形成结果论。就本案而言，法院并未指出旅行社未尽到的义务是什么。"网红桥"是自费项目，游客可以根据自己的需要选择，并不是旅行社为游客选定的游玩项目，在选择项目前，导游告知游客该项目危险，建议老人小孩不参加，作为一个成年人，知道该游玩项目需要桥上的所有人最终都要掉落水中，无一幸免，因此，对该项目的危险性也是知晓的，"网红桥"项目的举办方也对项目的危险性做出了警示，旅行社和"网红桥"项目的举办方按照法律的规定履行了义务，没有证据证明旅行社未履行安全保障义务或者履行的义务不符合法律规定和合同约定。

2.本案事故是由于第三人的故意行为引起的，判决旅行社承担侵权的赔偿责任，属于适用法律错误。《最高人民法院关于审理旅游纠纷案件适用法律若干问题的规定》第七条第二款："因第三人的行为造成旅游者人身损害、财产损失，由第三人承担责任；旅游经营者、旅游辅助服务者未尽安全保障义务，旅游者请求其承担相应补充责任的，人民法院应予支持。"本案是由于宋某某故意拽周某某造成的事故，无论宋某某主观目的是什么，客观上是他造成了周某某人身损害的后果，根据该条规定，应由宋某某承担全部的赔偿责任。

即使法院认为旅行社未尽到告知、警示的安全保障义务，但是，旅行社承担的应是和其过错相适应的补充责任，而不应是赔偿责任。《〈中华人民共和国侵权责任法〉条文理解与适用》指出："安全保障义务人有过错的，应当在其能够防止或者制止损害的范围内承担相应的补充赔偿责任，之所以规定补充赔偿责任，主要是考虑直接加害的第三人与安全保障义务人并不构成共同侵权……安全保障义务人虽有过错但其与该第三人没有任何形式意思联络，即不具有共同的主观过错。"根据该意见，二审法院认为宋某某与旅行社共同侵权，但这种看法是错误的。二审法院引用《侵权责任法》第十二条（现《民法典》第一千一百七十二条）作为分配责任的依据，认为是宋某某和旅行社共同侵权行为造成的周某某的人身损害，属于适用法律错误，应当根据《最高人民法院关于审理旅游纠纷案件适用法律若干问题的规定》第七条第二款确定责任。

《侵权责任法》第三十七条（现《民法典》第一千一百九十八条）规定："管理人或者组织者未尽到安全保障义务的，承担相应的补充责任。"所谓"相应的"补充责任应该是和安全保障义务人的过错相应，根据《侵权责任法》第三十七条的规定未尽到安全保障义务是一种消极责任，法院在考虑安全保障义务人承担责任的范围时，应当与安全保障义务人未尽到的义务相应。要做到与安全保障义务人未尽到的义务相应，首先要明确安全保障义务的范围，如果没有明确安全保障义务的范围，未尽到义务也就无从谈起。本案中，法院并未明确旅行社应当履行的安全保障义务范围是什么，直接根据宋某某的伤害结果认定旅行社未尽到安全保障义务没有法律依据。

综上，如果要确定安全保障义务人的责任，则首先应当确定其安保义务的范围，可以是法律规定的或者一般常识认为的范围，然后对于违反该义务的安保义务人，则应当判令其承担相应的责任。本案中，周某某的损伤后果，是宋某某的过错行为造成的，宋某某应当承担全部的责任，而旅行社已经尽到了安全保障义务，或者说没有违反安保义务，则不应当承担责任。

四、本案启示

在旅游经营活动中，旅行社应对游客进行充分的风险告知，还应当从设施、制度等各方面保障游客的安全。法律对安全保障义务的范围并未明确规定，旅游合同或者其他文件也未明确安全保障义务的范围，法院在判决时往往以损害后果确定旅行社是否尽到安全保障义务。如本案，法院最终判决认为旅行社未尽到安全保障义务，应承担赔偿责任。旅行社应投保责任险，利用保险合同的保障作用转移自己的赔偿责任。

车上人员责任险赔偿后
保险公司是否可以追偿

王玉婷

要点提示： 保险公司承保车辆在高速公路上发生单方事故，被保险人认为事故是因高速公路路面存在遗留轮胎所致。保险公司与被保险人协商确定损失金额，保险公司向高速公路追偿时只提交定损单能否作为赔偿的依据？保险公司根据车上人员责任险赔偿伤者损失以后，是否可以向具有保障公共安全义务的主体进行追偿？《保险法》第四十六条规定："被保险人因第三者的行为而发生死亡、伤残或者疾病等保险事故的，保险人向被保险人或者受益人给付保险金后，不享有向第三者追偿的权利，但被保险人或者受益人仍有权向第三者请求赔偿。"该法条如何理解适用？

一、案情简介

原告 A 保险公司诉称，2018 年 12 月 24 日 16 时许，张某某驾驶小型客车碾压高速公路上散落的轮胎发生车辆侧翻，造成驾驶人张某某和乘车人成某某不同程度受伤、车辆损坏的道路交通事故。事故发生后，高速交警做出道路交通事故认定书，认定张某某负此次事故全部责任。由于事故客车在原告处投保商业保险，其中包括不计免赔商业第三者责任险 50 万元、不计免赔机动车损失险 263550 元、不计免赔车上人员责任险（司机）1 万元、不计免赔车上人员责任险（乘客）1 万元、玻璃单独破碎险。故原告向被保险人支付赔偿款 26 万元整。

根据《最高人民法院关于审理道路交通事故损害赔偿案件适用法律若干问题的解释》第九条规定："因道路管理维护缺陷导致机动车发生交通事故造成损害，当事人请求道路管理者承担相应赔偿责任的，人民法院应予支持。"此次事故的发生是由于高速路面散落大量轮胎，道路管理者未尽到安全保障义务，应当由被告承担赔偿责任，故被告应当返还原告垫付的赔偿款 26 万元。原告向法庭提供甲方 B 保险公司、乙方投保人某某警卫处、丙方某某汽车修理厂签订的《一次性定损协议书》一份。协议书载明：经甲、乙、丙三方共同协商并达成协议，本次事故造成标的车整体修复费用最终确定为 24 万元，不再提供发票；经乙方、丙方一致要求，甲方将赔款 24 万元直接支付于丙方维修厂账户；甲方将上述赔偿款支付给丙方后，乙方及丙方不再以任何形式向甲方提出任何赔偿要求，甲方就此事不再承担任何赔偿责任。原告提供投保人某某警卫处《权益转让书》一份，该转让书载明事故车辆赔偿款 26 万元已收到，立书人同意将已取得赔偿部分保险标的一切权益转让给某某保险公司，并授权其向责任方追偿。另原告还提供商业险保险单、人伤勘查报告、医疗费票据、诊断证明、病历以及银行电子回单，证明原告已经按照保险责任对事故车辆和受伤人员进行了理赔，共计赔偿车上人员赔偿款 2 万元。

被告某某高速公路有限公司（以下简称"某某高速"）辩称，本案案由为追偿权纠纷，追偿权的行使需要有法律的明确规定，而原告在本案中与被告没有直接的法律关系，也不是本案交通事故的当事人，因此原告对被告并不享有追偿权，不符合《民事诉讼法》第一百一十九条规定的起诉条件。被告作为高速公路的管理者已经尽到了安全保障义务，根据被告提交的《某某高速公路养护巡查日志》记载，被告当日履行了日常的巡察、养护义务，不存在原告所称的未尽到安全保障义务的情形，对于原告主张的各项损失，被告不应承担赔偿责任。原告主张的各项损失系由本案案外人张某某违法驾驶机动车发生交通事故所致，高速交警交通事故认定书证实"张某某负事故全部责任"，由此可见事故发生以及因此产生的损失与被告无关。被告在 B 保险公司投保有公众责任险，如果认定被告有责任，那么根据保险合同的约定，应由 B 保险公司在保险限额内对事故的损失进行赔付。被告某某高速提供《某某高速公路养护巡查日志》，证明 2018 年 12 月 14 日的记录中可以显示在事故案发当日，被告对高速公路散落物进行了清理，清理时间为 14：50 至 15：44。上述路段涵盖事故发生时的路段，涉案车辆通行上述路段时散落物已被清理，被告已经尽到了管理义务。

被告 B 保险公司辩称，某某高速在我司承保公众责任险，赔偿限额累计2000 万，每次事故最高限额 2000 万，人身伤亡每人每次最高 100 万，保险责任期间自 2018 年 11 月 18 日 0 时至 2019 年 11 月 17 日 24 时。诉争事故为单方交通事故，驾驶人张某某负此次事故的全部责任。某某高速已尽到养护巡察义务，不存在因未尽安保义务导致发生交通事故情况，某某高速不承担赔偿责任，我司更不承担保险赔偿责任。《保险法》第六十条规定"原告有权向实际侵权人追偿"，而实际侵权人为张某某和遗落轮胎主体，本案存在遗漏当事人情况，安保义务只是在侵权责任范围内承担补充责任，且补充责任范围不超过 10％。

为查明案件事实，被告 B 保险公司申请法院调取交警卷宗资料，高速交警出具的《情况说明》证实事故卷宗内只有事故认定书，无现场照片。

二、法院判决

一审法院经审理认为，结合本案原告 A 保险公司的诉讼请求及事实理由，本案应为保险代位求偿权纠纷。《保险法》第六十条规定，因第三人对保险标的的损害而造成保险事故的，保险人自向被保险人赔偿保险金之日起，在赔偿金额范围内代位行使被保险人对第三者请求赔偿的权利。因此，原告 A 保险公司作为保险人在向被保险人履行了赔偿义务后，有权在赔偿金额范围内代位行使被保险人对第三者请求赔偿的权利。《侵权责任法》第三十七条

（现《民法典》第一千一百九十八条）规定，因第三人的行为造成他人损害的，由第三人承担侵权责任；管理人或者组织者未尽到安全保障义务的，承担相应的补充责任。

虽然本案交通事故系因事故车辆驾驶者碾压障碍物发生侧翻引起，但被告某某高速作为高速公路的经营管理者，负有保证高速公路畅通的义务，有保障公路完好、安全、通畅的义务。本案中，被告某某高速虽然尽到了一定的巡查清扫义务，但仍未能全面及时发现和清除路上障碍物，致本案事故车辆因碾压障碍物而造成侧翻事故，未能在合理范围内尽到安全保障义务，对涉案事故的发生存在相应过错，故某某高速应对事故造成的损失承担补充赔偿责任。此外，该事故车辆的驾驶员驾驶机动车在高速公路上行驶，在天气及气象条件正常的状态下应当对驾驶安全尽到应尽的注意义务，未能及时躲避障碍物也是导致本案事故发生的重要原因。在不能明确障碍物散落人的情况下，因被告某某高速在本案中承担补充赔偿责任，而非连带赔偿责任，故轮胎散落者、驾驶员不是本案必要共同诉讼当事人。

因此，结合被告某某高速在本次事故的过错程度，其承担的补充赔偿责任应以10％计算较为适宜。原告A保险公司主张此次事故应当由被告某某高速承担全部赔偿责任的法律依据不足，本院不予支持。另因被告某某高速在被告B保险公司投保有公众责任险，依据保险合同的约定，上述应由被告某某高速承担的补充赔偿责任，由B保险公司在保险限额内承担保险赔偿责任。

在本案审理过程中，原告A保险公司主张其在机动车损失保险限额内支付赔偿款24万元，只提交了保险人、被保险人、维修单位之间的《一次性定损协议书》，并未提交事故车辆的维修清单和维修费用票据予以佐证，事故车辆损失也没有第三方评估机构的评估。在被告对车辆损失金额提出异议的情况下，经本院释明，原告最终未书面申请进行车辆损失鉴定。原告不能仅以《一次性定损协议书》作为主张赔偿的依据，因此不能明确事故车辆实际损失金额的责任在于原告，原告应承担举证不能的不利后果。

此外，本案中原告A保险公司提供对事故伤者进行赔偿的相关票据、诊断证明、病历等，证明事故伤者因伤住院治疗产生医疗费用等损失，原告主张其某已经在车上人员责任险限额内向伤者赔付保险金2万元，认为应当由被告返还原告垫付的上述伤者损失。《保险法》第四十六条规定："被保险人因第三者的行为而发生死亡、伤残或者疾病等保险事故的，保险人向被保险人或者受益人给付保险金后，不享有向第三者追偿的权利，但被保险人或者受益人仍有权向第三者请求赔偿。"因此，原告因人身保险向伤者支付保险金后向被告进行代位求偿，本院不予支持。法院判决：驳回原告A保险公司的诉讼请求。

三、法理分析

本案的主要问题是，法院判决驳回A保险公司诉讼请求适用法律是否合理？我们认为，一审法院适用法律错误，但是判决驳回诉讼请求的结果是正确的，主要理由如下：

1. 一审判决不支持原告要求赔偿汽车修理费的主张合理、合法。

关于车辆损失，原告未提供修车发票，也未申请第三方机构的鉴定，直接以三方赔偿协议的形式约定赔偿损失的金额，原告作为一家专业的保险公司，竟然在协议中约定不需维修方提供发票，这也是超出常识的，三方协议的真实性值得怀疑。

原告未提供修车发票、更换配件明细，也未申请对车辆进行鉴定，经法院示明以后仍然不申请鉴定，不预交鉴定费用，视为放弃鉴定的权利。《最高人民法院关于民事诉讼证据的若干规定》第三十一条规定："当事人申请鉴定，应当在人民法院指定期间内提出，并预交鉴定费用。逾期不提出申请或者不预交鉴定费用的，视为放弃申请。对需要鉴定的待证事实负有举证责任的当事人，在人民法院指定期间内无正当理由不提出鉴定申请或者不预交鉴定费用，或者拒不提供相关材料，致使待证事实无法查明的，应当承担举证不能的法律后果。"所以，一审判决驳回原告要求赔偿修车损失的主张合理、合法。

2.一审法院判决驳回原告主张赔偿其支付车上人员责任险2万元适用的法律不正确。2002年《保险法》第六十八条规定："人身保险的被保险人因第三者的行为而发生死亡、伤残或者疾病等保险事故的，保险人向被保险人或者受益人给付保险金后，不得享有向第三者追偿的权利。但被保险人或者受益人仍有权向第三者请求赔偿。"该条规定的追偿权禁止是指人身保险合同，而不是指财产保险合同或者责任险的追偿禁止，2009年修订《保险法》是将该条款调整为第四十六条，将其中的"人身保险的被保险人"更改为"被保险人"。《中华人民共和国保险法条文理解与适用》载明："由于该条款（指2009年修订《保险法》四十六条）规定与人身保险部分，自仅适用于人身保险，无须赘述为'人身保险的被保险人'，修改后的条款在文字上更加简练。"因此，该条款只适用于人身保险，本案中原告理赔的根据是车上人员责任险，责任险属于财产险范畴，不能用调整人身保险的法律来进行调整，故此，一审法院适用法律错误。

责任保险不适用追偿制度，实践中，可以追偿的责任险其追偿权一般来自法律的直接规定，比如交强险、旅行社责任险等，法律没有规定合同也没有约定责任险可以追偿时，保险公司在赔偿责任险以后不可以向直接侵权人追偿，但司法实践中，很多法院支持承保责任险的保险公司在赔偿第三者以后向直接责任人追偿，我们认为这种追偿没有法律基础。

首先，《保险法》第六十条规定："因第三者对保险标的的损害而造成保险事故的，保险人自向被保险人赔偿保险金之日起，在赔偿金额范围内代位行使被保险人对第三者请求赔偿的权利。"其中"对保险标的的损害"因侵权或者合同对保险标的物的直接损害，责任险承保的不是实际标的物，是一种责任，第三人无法对责任做出损害。其次，责任险责任免除条款中均约定"当被保险人基于合同承担的责任不在此限，但当没有合同存在时依然承担的责任除外"。合同责任不属于责任保险的赔偿范围，只有侵权责任才属于责任保险的赔偿范围。比如乘坐投保承运人责任险的出租车出行发生道路交通事故，出租车司机与对方承担同等责任，如果乘客根据承运合同向出租车一方主张合同责任，根据保险合同条款，合同责任属于免责条款，保险公司应当只承担没有合同时也要承担的责任赔偿。但是司法实践中，一般保险公司都是在赔偿以后再向责任方追偿，这种追偿没有法律依据，本质上属于债权转让，针对出租车一方的追偿，一般的法院也都会支持。

车上人员责任险属于财产保险的性质，根据保险合同条款的约定，当驾驶人由于意外事故造成车上人员人身损害时，保险公司根据驾驶人应承担的责任向车上人员承担赔偿责任，无论是《保险法》还是保险合同条款均没有规定保险公司在根据保险合同赔偿以后可以向第三人追偿。本案中，保险公司赔偿车上人员的损失完全属于保险公司范围，不能追偿。

四、本案启示

高速公路管理处承担补充责任，保险公司赔偿后能否进行追偿？本案事故认定书是否因为存在遗漏事故当事人（遗散轮胎车辆），而变为无效的事故认定书呢？

1. 交通事故是指道路交通事故，是指车辆在道路上行驶途中因过错或者意外造成的人身伤亡或者财产损失的事件。因此，交通事故的构成要件应当有车辆，本案事故认定书只认定了发生事故侧翻的车辆责任，没有调查造成侧翻事故的车辆，应当属于遗漏事故当事人，查处该车辆应当是交通队的责任。

2. 高速管理处对于道路的养护责任是"及时"清扫障碍物，而不是"随时"清扫障碍物。因此，法院对高速公路管理处的养护责任的判决应当更加明确。

3. 高速公路管理处承担的是补充责任，而不是侵权责任，基于《保险法》

第六十条规定，该事故责任应由实际侵权人承担，故可以追偿。但是，保险公司承保的却是公众责任险，理赔属于责任险范畴。因此，为避免出现本应属于保险责任承担的追偿权混乱，在司法实践中，责任险的追偿的权利，应当有统一且明确的规定。

保险人履行明确说明义务的标准

王玉婷

  要点提示： 保险人如何按照《保险法》第十七条的规定履行明确说明义务，或者说履行明确说明义务的标准到底如何掌握，在法律中没有规定标准。在司法实践中，法官根据自己的意思认定保险人履行明确说明义务的标准，《〈保险法〉解释（二）》第十一条第二款规定："保险人对保险合同中有关免除保险人责任条款的概念、内容及其法律后果以书面或者口头形式向投保人做出常人能够理解的解释说明的，人民法院应当认定保险人履行了《保险法》第十七条第二款规定的明确说明义务。"常人能够理解的解释说明也是一个宽泛的标准。保险人的明确说明义务存在"实质说"和"程序说"两种意见，《〈保险法〉解释（二）》实际上采用的是"实质说"，但是，在判断常人能够理解的标准上也存在不同。《〈保险法〉解释（二）》并不以实际投保人是否理解免责条款为标准，而是以常人能否理解为标准。如果要求保险公司在每一份保险合同中，证明保险人员已履行明确说明义务且投保人已理解免责条款，对保险人负担较重，不利于保险事业发展。

一、案情简介

遵义某工程公司将自己所有的一辆吊车在A保险公司投保工程机械设备

综合保险及附加第三者责任保险（100万），该工程公司在A保险公司工程机械设备综合保险投保单投保人声明一栏加盖公章，投保人声明内容为："保险人已向本人提供并详细介绍了工程机械设备综合保险条款及其附加险条款（若投保附加险）内容，并对其中免除保险人责任的条款（包括但不限于责任免除、投保人被保险人义务、赔偿处理、其他事项等），以及本保险合同中付费约定和特别约定的内容向本人做出了明确说明，本人已充分理解并接受上述内容，同意以此作为订立保险合同的依据，自愿投保本保险。"投保时间为2018年12月3日，保险期间自2018年12月4日零时至2019年12月3日24时。附加第三者责任保险免责条款约定："被保险人造成的下列人身伤亡和财产损失，不论在法律上是否应当由被保险人承担赔偿责任，保险人均不负赔偿责任；（一）被保险人、被保险人的雇员及被保险人家庭成员的人身伤亡、所有或代管的财产损失……"保险合同特别约定清单第16条约定："公估人特别约定：发生保险事故后，报损金额在20万元以上或者双方对事故的责任/或损失金额的认定不能达成一致时，经双方同意由保险公估有限公司认定责任或损失金额，聘请公估人所发生的公估费用由保险人承担。"

余某、娄某系该工程公司员工，2018年12月10日21时许，娄某驾驶被保险车辆在某小区工地进行吊装作业，吊装作业完成后，吊车配重滑落将余某砸伤，余某经医院抢救无效于当日死亡。该吊车同时还投保了机动车道路交通事故强制责任保险。事故发生后，被保险人遵义某工程公司向保险公司提出索赔，要求A保险公司按照第三者责任保险的约定赔偿损失，A保险公司经调查发现死者系被保险人的雇员，根据责任免除条款，本次事故属于责任免除的范围，A保险公司依法不承担赔偿责任，A保险公司将上述意见通知了被保险人。随后，死者家属以被保险人、承保吊车交强险的B保险公司以及承保工程机械设备综合保险及附加第三者责任保险的A保险公司起诉到法院，要求赔偿损失。

一审法院经审理认为：遵义某工程公司在A保险公司投保有《工程机械设备综合保险》，该保险合同中包含有附加第三者保险，其中"附加第三者责任保险条款"中对"保险人不负责赔偿被保险人的雇员人身伤亡"的约定系格式条款，保险公司所提交的证据并不能证明其已经向被保险人明确说明该约定的内容，结合原告诉讼请求的数额并未超过保险的赔偿限额，因此，A保险公司对原告的损失承担全部赔偿责任。本次事故不属于道路交通事故，承保道路交通事故强制保险的B保险公司不承担赔偿责任。一审判决后，A保险公司提出上诉，主要上诉理由为：①A保险公司不是适格被告。②本次事故不属于保险责任，根据保险合同约定，如果因为责任问题发生争议，需要由保险公估公司对责任进行认定，本案需要公估公司对责任进行认定。③被保险人在投保人声明一栏加盖公章，说明A保险公司尽到了明确说明义务。

二审法院经审理认为：投保人声明一栏的内容系笼统性、概述性内容，该声明并未就案涉附加第三者责任保险中免除保险人责任条款的概念、内容及其法律后果进行明确，并以书面或者口头形式向被保险人做出常人能够理解的解释说明，所以不能证明保险公司对免责条款已尽到明确说明义务，同时A保险公司也未提交其他证据证明尽到了明确说明义务，故案涉附加第三者责任保险中的免责条款并未生效，不能免除A保险公司的赔偿责任。同时，二审法院认为，原告主张的损失无需评估就可确定，A保险公司要求进行公估的主张依据不足。二审法院做出驳回上诉维持原判的判决。

二、法理分析

本案涉及的法律问题：

1.如何才能证明保险公司履行了明确说明义务？

《保险法》十七条中的规定是保险人明确说明义务的履行标准以及证明标准。《保险法》十七条第二款规定："对保险合同中免除保险人责任的条款，保险人在订立合同时应当在投保单、保险单或者其他保险凭证上做出足以引起投保人注意的提示，并对该条款的内容以书面或者口头形式向投保人做出明确说明；未做提示或者明确说明的，该条款不产生效力。"该条款规定，对于免除保险人责任的条款需要向投保人做出提示或者明确说明，保险人将法律、行政法规中的禁止性规定情形作为保险合同免责条款的免责事由的，对该条款做出提示即可。《〈保险法〉解释（二）》第十一条规定："保险合同订立时，保险人在投保单或者保险单等其他保险凭证上，对保险合同中免除保险人责任的条款，以足以引起投保人注意的文字、字体、符号或者其他明显标志做出提示的，人民法院应当认定其履行了《保险法》第十七条第二款规定的提示义务。"保险人的提示和明确说明义务需要在保险合同订立前履行，根据保险合同的订立顺序，投保人签署投保单，保险公司审查后认为可以承保的，向投保人签发保险单。因此，在投保单上签字或者做出足以引起投保人注意的文字、字体、符号或者其他明显标志的，视为保险人履行了提示义务，但是，当保险人在保险单或者保险条款上做出的足以引起投保人注意的文字、字体、符号或者其他明显标志时，需要证明在签署保险单以前就已经告知投保人。对于其他免责条款需要向投保人做出明确说明，关于明确说明义务的履行标准，实践中有"程序说"和"实质说"判断标准，"程序说"认为，只要保险人履行了明确说明义务，无论被保险人是否理解免责条款的内容，即视为保险人履行了明确说明义务。"实质说"认为，保险人明确说明必须是的投保人对免责条款的概念、内容及其法律后果有充分了解，如果投保人不了解免责条款的真实意思，即使保险人履行了明确说明义务，也不能认为保险人尽到了明确说明义务。

2000 年最高人民法院做出的《关于对〈保险法〉第十七条规定的"明确说明"应如何理解问题的批复》明确采用"实质"判断标准，要求保险人对免责条款的概念、内容以及法律后果等，以书面或者口头形式向投保人或者其代理人做出解释，以使投保人明了该条款的真实含义和法律后果，现在，一直沿用此标准，《〈保险法〉解释（二）》第十一条规定："保险人对保险合同中有关免除保险人责任条款的概念、内容及其法律后果以书面或者口头形式向投保人做出常人能够理解的解释说明的，人民法院应当认定保险人履行了《保险法》第十七条第二款规定的明确说明义务。"常人能够理解是一个判断标准，实践中无法掌握和确定，保险公司一般采用让投保人在投保人声明一栏签字盖章的形式确认保险人履行了明确说明义务，也同时确认投保人对免责条款的概念、内容以及法律后果理解，该确认是对保险人履行了明确说明义务以及投保人理解免责条款内容的确认。《〈保险法〉解释（二）》第十三条第二款："投保人对保险人履行了符合本解释第十一条第二款要求的明确说明义务在相关文书上签字、盖章或者以其他形式予以确认的，应当认定保险人履行了该项义务。但另有证据证明保险人未履行明确说明义务的除外。"该种确认方式符合法律的规定，本案中法院要求在投保人声明一栏必须有免责条款的具体内容，没有的就认为保险人没有尽到明确说明义务，与事实和法律规定不符。根据该条解释的规定，保险人对自己履行了明确说明义务应当承担举证责任，保险人在提交投保单以后就完成了举证的义务。如果投保人认为免责条款不生效，根据法律规定投保人需要举证证明保险人实际未履行明确说明义务，投保人未举证，法院认可投保人在投保人声明一栏的盖章行为同时不认定其效力，有悖法律。我们认为，本案中法院认定保险人没有履行明确说明义务，从而认定免责条款不生效是错误的。

2.特别约定条款中关于事故责任不能形成一致意见时，委托公估公司进行认定的条款是否有效？

《保险合同特别约定清单》第16条约定："公估人特别约定：发生保险事故后，报损金额在20万元以上或者双方对事故的责任或损失金额的认定不能达成一致时，经双方同意由北京大陆保险公估有限公司认定责任或损失金额，聘请公估人所发生的公估费用由保险人承担。"

本案保险人和投保人的约定是否有效？发生争议后是否应当由公估公司对保险责任进行认定？我们认为，该条款是合法有效条款，理由如下：首先，在商事行为中，法无禁止即可为，没有法律禁止保险人与投保人做出类似约定。其次，商事行为可以选择处理纠纷的方式，例如仲裁法约定了发生争议后由第三方裁决的规定，在合同中约定仲裁条款或者事后达成仲裁协议就排除了法院的管辖，本案保险人与被保险人关于保险责任的认定约定了由公估机构确定等于排除了法院的管辖。最后，二审法院认为本案损失不需鉴定就可以确定，实际上剥夺了公估公司对责任认定的权力，根据《保险法》的规定，对保险事故是否属于保险责任事故进行认定是公估公司的经营范围，也是法律赋予公估公司的权力，法院在没有法律规定的情况下不得任意剥夺。

三、本案启示

《保险法》第十七条规定的解释说明的对象是什么？

在很多保险案件中，但凡是对被保险人不利的，常被问到的就是：是否尽到了《保险法》的解释说明义务？那么什么内容是需要保险人解释说明的呢？

根据《保险法》第十七条规定，保险人对提供的"格式条款""对免除保险人责任的条款"具有提示说明义务。

在一份保险合同的材料中我们常常会见到"某某保险条款""特别约定""保险责任""符合以下情况的保险人不负责赔偿"。这些条款及约定都是以"格式"的方式呈现给被保险人，但是其中"特别约定""保险责任"却不应是《保险法》第十七条需要解释说明的内容。

1."特别约定"是经投保人与保险公司共同约定，附加在保单上的特殊协议或条款。其成立的过程是在双方基于某保险的保险条款之上进行协商而达成对保险条款的变更。因此，"特别约定"不属于"格式条款"，无需保险人举证证明自己尽到保险人的提示说明义务。

2."保险责任"是指保险合同规定的责任范围。是区分此保险与彼保险的关键，是投保人在确定自己投保的是什么保险。

一个事故是否由保险人承担责任，首先需要看该事故是否属于保险责任，在是保险责任的前提下，才会考虑是否属于保险免责事由。因此，保险责任是区分保险人是否需要承担责任的界限，而不是免除保险人责任的内容，在实践中不应被列为需要保险人解释说明的内容。

安全保障义务范围的认定

王立强

要点提示：《最高人民法院关于审理人身损害赔偿案件适用法律若干问题的解释》第六条以及《侵权责任法》第三十七条（现《民法典》第一千一百九十八条）规定了从事住宿、餐饮、娱乐等经营活动或者其他社会活动组织者应当承担安全保障义务，活动组织者未尽到安全保障义务的，承担和过错相适应的补充责任。在实践中，很多法院往往不去考量活动组织者应当承担的义务范围，而是根据受害人的损害后果确定，认为如果安全保障义务的主体履行了安全保障义务就不会发生损害后果，故此认为，只要有损害后果的发生，安全保障义务人就是没有履行安全保障义务或者没有完全履行安全保障义务。

一、案情简介

2018 年 1 月 28 日 7 时 9 分，高某某（女）与女儿董某某乘坐被告某轨道公司运营的地铁，在某某站 B 出口乘坐地铁站内电动扶梯时不慎摔倒受伤。董某某将母亲高某某送到医院门诊就诊，医学影像学诊断报告书显示高某某伤情为"左侧第 4 前肋骨骨折、左膝退行性骨关节病、骨盆骨质疏松、胸腰椎骨质疏松、退变伴多发椎体变扁"。后高某某先后到某西医诊所、某县医院就诊。高某某于 2018 年 2 月 22 日 19 时 41 分死亡，《居民死亡医学证明（推断）书》

载明：高某某死亡原因为呼吸、心跳停止。高某某死后其女儿董某某认为高某某的死亡和2018年1月28日高某某的摔伤有关，董某某以及高某某的其他继承人一起将被告某轨道公司和保险公司起诉到法院，要求轨道公司和保险公司承担赔偿责任。

董某某要求轨道公司和保险公司承担责任的理由为：被告轨道公司作为公共出行管理服务部门，应当承担无过错赔偿责任。被告理应提供安全到位的设施设备及安全保障义务。但被告在发生问题的情况下，既没有及时停运电梯，又没有发出警告标示及时采取防范措施。同时在高某某乘坐电梯过程中，董某某尽到了陪护义务，被告轨道公司未采取合理措施保障老人的出行安全，进而导致了高某某被摔伤并最终死亡的严重损害后果。被告轨道公司应承担全部责任，因被告轨道公司投保保险，保险公司在保险责任范围内承担责任。

被告轨道公司辩称：原告没有证据可以证实轨道公司存在过错，高某某死亡与受伤之间没有因果关系，拒绝赔偿，恳请驳回原告的诉讼请求。

被告保险公司辩称：①高某某的死亡与其自2018年1月28日从电梯摔倒没有因果关系，被告轨道公司不应当承担责任，保险公司更不应当承担责任。②被告轨道公司已经尽到安保义务，不应当承担赔偿责任。③本案原告主张被告轨道公司承担无过错责任没有法律依据，其主张适用的侵权责任法对本案并不适用。④被告轨道公司在保险公司处投保了公众责任保险，保险期间从2017年6月26日零时至2018年6月25日24时。

二、法院判决

一审法院经审理认为，公民享有生命健康权。被侵权人死亡的，其近亲属有权请求侵权人承担侵权责任。原告董某某等人系高某某子女，高某某去世后，原告作为高某某子女有权向责任人主张相关权利。《侵权责任法》第三十七条（现《民法典》第一千一百九十八条）规定："宾馆、商场、银行、车站、娱乐场所等公共场所的管理人或者群众性活动的组织者，未尽到安全保障义务造成他人损害的应当承担责任。因第三人的行为造成他人损害的，由第三人承担侵权责任；管理人或者组织者未尽到安全保障义务的，承担相应的补充责任。"公共场所的管理人所负的安全保障义务主要包括三方面：一是场所安全方面的义务，即提供必要的设施、设备，且这些设施、设备符合相应的安全标准，并对提供的设施、设备进行维护和保养，及时消除不安全因素，确保其运行良好；二是采取必要的措施防范来自第三人的侵害，并在侵害行为发生时采取及时、恰当的措施，有效阻止或减轻损害后果的发生；三是说明、通知、协助、照顾等附随义务，即对于潜在或已经存在的危险因素予以通知、说明，在受害人遭受损害或突发疾病后，及时给予必要的帮助，如报警、送医等。本案中，高某某受伤地点系地铁站内电动扶梯亦属于被告轨道公司管理范围，被告轨道公司在高某某摔倒受伤后未尽到必要的帮助义务，故被告轨道公司对事故的发生具有过错；原告董某某在高某某乘坐电动扶梯时未尽到必要的搀扶义务，也具有一定过错。综合全案事实，法院认定被告轨道公司对事故的发生承担主要责任，对高某某摔倒受伤产生的损失承担 70％ 的赔偿责任，原告负次要责任，自行负担 30％ 的损失。被告保险公司系承保公众责任险的承保公司，高某某摔倒受伤地点系在保险公司承保范围内，故被告轨道公司承担的责任应首先由保险公司在保险范围内承担赔偿责任，不足部分由被告轨道公司负担。关于损失的具体数额。高某某受伤后，在某西医诊所、某县医院就诊，共产生医药费 2685.04 元，该损失的 70％ 即1879.53 元由被告保险公司承担赔偿责任。关于原告主张的死亡赔偿金、丧葬费、精神抚慰金。因果关系指侵权行为与损害事实之间存在必然的联系。因果关系是构成侵权的基础要件，因果关系不成立，则不能要求行为人对损害后果承担侵权责任。本案中，高某某伤情为"左侧第 4 前肋骨骨折"，根据其伤情，不能认定其在地铁站扶梯内摔倒受伤与死亡之间具有因果关系，原告董某某等六人亦未提交其他证据以证实其主张，故原告董某某等六人主张的死亡赔偿金、丧葬费、精神抚慰金，法院不予支持。法院最后做出判决：保险公司赔偿原告损失 1879.53 元。

三、法理分析

1. 法院认定轨道公司承担 70% 责任，明显属于加重轨道公司责任。就本案而言，高某某在被告轨道公司管理的范围内受伤，本案原告不能证明轨道公司设施存在不合格的情况，轨道公司对事故的发生并无过错，在高某某受伤以后，轨道公司并未立即发现高某某受伤的突发情况，未停止机器的运行也未及时对高某某实施救助，存在一定过错，但是，法院判决轨道公司承担 70% 的责任是否有依据？我们认为，法院判决轨道公司承担 70% 责任，依据不足。首先，法院判决对事故发生的原因表述不清，判决书中"被告轨道公司在高某某摔倒受伤后未尽到必要的帮助义务，故被告轨道公司对事故的发生具有过错"，一方面认定轨道公司未尽到必要的帮助义务，而该帮助义务是在高某某摔倒之后才产生的，轨道公司是否履行帮助义务和事故的发生没有因果关系。法院判决书上载明，轨道公司对事故的发生具有过错，该说法明显错误，判决书先说轨道公司未尽到高某某摔倒之后的帮助义务，后面转换概念，认为轨道公司对事故的发生具有过错，这属于逻辑关系混乱。其次，高某某虽然年事已高，但是其为完全民事行为能力人，自己在乘坐电梯不慎摔倒，高某某本身也存在一定过错，法院在确定各方过错时忽略了高某某本人这一重要主体，只是分析认定了董某某和轨道公司的责任，对高某某自身的责任只字未提，属于遗漏责任主体。再次，一审法院认为，"综合全案事实，本院认定被告轨道公司对事故的发生承担主要责任，对高某某摔倒受伤产生的损失承担 70% 的赔偿责任"。该认定也是错误的，没有证据证实轨道公司对事故的发生存在过错，法院认定的事实也是轨道公司未尽到救助义务，而该救助义务和事故发生没有因果关系，法院在分析责任时又认定轨道公司对事故的发生承担主要责任，该认定没有依据。本案责任方有 3 个：高某某自己、董某某和轨道公司，责任最小的应当为轨道公司。我国法律在相互责任划分上没有明确具体的标准，但是，一般的原则是，首先找到所有的责任主体，然后根据各责任主体的过错程度以及过错与损失之间的因果关系，按照全部责任、主要责任、同等责任的比例来划分。本案中法院未能确定全部责任主体，未分析各自过错程度。

2.原告无法证明高某某的死亡和摔伤事故存在因果关系，法院不支持其主张的死亡赔偿金、丧葬费、精神抚慰金是正确的。一般侵权责任的构成要件，是指构成一般侵权责任所必须具备的条件。具备构成要件，则构成一般侵权责任；欠缺任何一个构成要件，都可能会导致一般侵权责任的不构成。无论在哪种归责原则下，都需要有行为、损害事实以及二者之间的因果关系这3个构成要件。其中，过错行为与损害后果之间的因果关系对本案而言十分重要，高某某摔倒后造成"左侧第4前肋骨骨折"，该骨折不足以致命。高某某于摔伤后24天死亡，不能证明高某某的死亡和摔伤肋骨存在因果关系。高某某的死亡原因为"呼吸、心跳停止"，也和肋骨骨折没有因果关系，因此法院认为高某某的死亡和事故没有因果关系，故此，驳回董某某等人诉讼请求。

四、本案启示

法院在根据《侵权责任法》第三十七条（现《民法典》第一千一百九十八条）处理涉及公共安全事故的案件时，正确的方法是，首先确定各自应当履行的义务，看履行义务的主体是否完全履行义务，如果没有完全履行义务或者存在违法行为，则根据未履行义务的情况以及违法行为情况与损害事实发生的因果关系确定各方责任，而不应该根据损害后果来推定各方的责任。

保险人与被保险人协商委托公估公司
做出的公估报告是否有效

李同建

要点提示：发生保险事故以后，保险人委托公估公司进行损失保险理算，被保险人声明同意该委托行为。当公估公司做出公估结论以后，被保险人不服，又自行委托其他公估机构对损失进行鉴定，根据自行委托的公估报告起诉到给法院。法院经审查后，又委托公估公司对损失进行评估，最终法院认可由法院委托的公估机构做出的报告。由于公估公司之间没有隶属关系，不存在公估报告效力高低问题，审查公估报告时应当根据案件事实综合判断。

一、案情简介

2015 年 5 月 27 日，原告郝某某就其经营的某某服装商城在某保险公司投保"致富保"个体工商户定额保险 433 份，每份保险的房屋保险金额为 1000 元，存货保险金额为 10000 元，存货每次事故免赔 500 元或 5%，二者以高者为准；附加盗窃、抢劫保险存货保险金额为 5000 元，每次事故免赔 500 元或损失金额的 5%，二者以高者为准。保险期限自 2015 年 5 月 29 日零时至 2016 年 5 月 28 日 24 时止。保险单特别约定：本保单承保固定资产保额 926960 元；存货保额 3395066 元。2016 年 2 月 24 日，原告经营的商城发生火灾，造成商城二楼西南侧服装、货架、电闸等部分物品烧毁，无人员伤亡。公安消防大队出具〔2016〕第0001号《火灾事故认定书》，认定：起火时间为2016年2月24日01时50分许；起火部位为二楼西南侧，起火点为二楼西南侧电闸处，起火原因可以排除外来火源、遗留火灾、自然性物品以及雷击等引发火灾的可能，不能排除电气线路故障引起火灾的可能。火灾后，原告向保险公司提出保险索赔金额计1280282.07元。2016年4月13日，保险双方共同委托，A公估公司对本次火灾事故所致损失进行评估，其公估定损金额共计321993.32元。由于原告不同意该定损金额，公估公司迟迟没有向原告以及某保险公司交付公估报告。后原告自行委托B公估公司对损失进行评估，B公估公司做出公估报告，原告根据该报告向法院提起诉讼，要求按照该公估报告赔偿损失。保险公司在接到法院传票以后向A公估公司索要了公估报告并提交到法院，截至第一次庭审A公估公司未向原告送达公估报告书。原告对某保险公司提交的A公估公司的公估报告不认可，称A公估公司接受委托后迟迟不出具公估报告，且核查的公估师李某某说保险公司和其公估公司商定关于本次事故的定损金额不超过30万元，故对公估的公正性提出质疑，且B公估公司公估报告书出具时间早于A公估公司的公估报告。保险公司对原告提交的B公估公司保险公估报告书不予认可，因系原告单方委托，程序不合法，并认为公估内容不严谨、不准确等。某保险公司以及原告郝某某各自提交的公估报告书中关于固定资产及房屋定损金额基本一致，庭审质证后，原告与某保险公司对本次火灾事故所造成的固定资产定损及房屋定损的金额达成共识。但对存货损失定损金额未达成一致。后经原告申请，一审法院委托C公估公司对本次火灾事故所造成的存货损失重新进行评估，公估结论：存货定损金额为569863元（取整数）；一审法院组织原告与某保险公司双方对C公估公司的公估报告书进行质证，原告无异议，某保险公司提出异议，该院通知C公估公司人员出庭接受双方质询，该公司法定代表人出庭接受质询，参与鉴定人员并未出庭接受质询。某保险公司申请重新鉴定未获准许。

二、法院判决

一审法院经审理认为，原告郝某某与某保险公司签订的"致富保"个体工商户定额保险合同系双方真实意思表示，不违反相关法律规定，应为合法有效；保险合同签订后，原告依约缴纳了保费，已履行了合同所约定的义务，现发生保险事故，保险公司应当按照保险合同约定对保险标的的损失承担给付保险金义务。原告与保险公司双方对本次事故所致房屋及固定资产的定损金额均无异议，予以确认。关于双方争议存货损失定损，经原告申请依法委托评估，C公估公司出具评估报告书，存货定损为569863元（取整数），且该评估公司法定代表人出庭接受质询。保险公司虽认为C公估公司做出的鉴定报告不真实、鉴定人未出庭，但其主张缺乏相关依据，故对其提出的重新评估申请不予准许；按照C公估公司评估报告，法院判决：支持原告诉讼请求。某保险公司在一审判决后提出上诉，上诉理由为：

1. 一审法院违法鉴定，在双方已经存在共同委托公估的情况下，一审法院仍坚持违法鉴定，且鉴定程序和鉴定材料存在明显的违反法律规定和程序违法的情形。

2. C公估公司出具的《资产评估报告书》评估依据已经失效，鉴定人经合法通知，没有出庭作证，鉴定意见缺乏科学依据。①公估报告所依据《资产评估报告书》第三页中第七项评估依据显示，国资办发（1996）23号关于转发《资产评估操作规定意见（试行）》的通知，该规定早已在2011年2月21日被财政部下发的财政部令第62号决定废止，并公布在废止和失效的财政部规章和规范文件目录中，C公估公司引用失效的规章作为其评估依据，根本无法保证评估内容合法。②C公估公司公估报告中对于评估办法的描述为"本次评估依据的材料是B公估有限公司确认的损失范围和申请人提供的出入库单及库存台账资料进行定损"，C公估公司依据的材料全部是被上诉人自己单方提供的材料且 B 公估公司的公估报告早已被一审法院予以否定，出入库单据及库存台账资料没有经过上诉人有效质证，不能作为鉴定材料。③上诉人书面申请鉴定人员出庭质证，但出具该报告的两位鉴定人员不出庭作证，依据《民事诉讼法》第七十八条的规定，该鉴定意见不能作为认定事实的依据。④因 C 公估公司报告有漏洞，上诉人申请重新鉴定，一审以上诉人申请缺乏相关依据为由不予准许，违反禁止反言原则。⑤C 公估公司的法定代表人出庭接受质询时，明确表示鉴定人员没有到过现场，完全通过电话询问的方式来核对数目，甚至内容照抄 B 公估公司报告，该鉴定报告不能作为认定案件事实的依据。⑥A 公估公司在出具公估报告时，根据现场储存货物的空间，随机抽取货物计算体积，对烧毁部分进行测算得出烧毁货物多少结论。而 C 公估公司的报告根据的是被上诉人提交的库存表认定烧毁损失，是不科学的。首先，库存表未经法庭质证，不能作为鉴定意见。其次，即使该库存表是真实的，也只是被上诉人进货的记录，不是卖场存货记录，其货物可能储存在仓库。再次，C 公估公司的结果是按仓储条件测算的。而事实上，卖场是展示衣服的，不是仓库。因此，C 公估公司的评估结论不具有科学性。因此一审法院认定 C 公估公司鉴定意见是错误的。

二审法院认为，本案争议焦点为：C 公估公司出具的评估报告能否作为认定货损的依据。A 公估公司对火灾的损失公估，系由上诉人某保险公司委托，经被上诉人郝某某声明同意所做出的，虽委托程序合法，但对存货损失中烟熏服装公估按清洗费计算损失，未考虑服装经烟熏后影响再次出售情况，明显有违公正，被上诉人郝某某申请重新鉴定理由正当。被上诉人郝某某申请鉴定，经上诉人某保险公司同意，共同委托法院选定 C 公估公司对火灾损失进行评估，C 公估公司做出的评估报告，系经过法院按照法定程序委托，该鉴定机构具有评估资质，鉴定人员具备鉴定资格，鉴定所依据的材料系通过法院途径，上诉人称 B 公估公司单方接收被上诉人提供的资料证据不足，且公估结论未超过保险金额，上诉人主张 C 公估公司出具的评估报告不能作为认定火灾损失依据的理据不足，法院不予支持。判决：驳回上诉，维持原判。

三、法理分析

本案的关键问题是法院委托的 C 公估公司做出的公估报告能否作为认定损失的依据。

法院委托鉴定机构做出鉴定意见以后，当一方不服鉴定结论提出重新鉴定时，法院一般不会准许重新鉴定的申请，因为根据《最高人民法院关于民事诉讼证据的若干规定》第四十条规定："重新鉴定的，原鉴定意见不得作为认定案件事实的根据。"因此，申请重新鉴定时，必须有足以推翻原鉴定意见的理由或者证据，《最高人民法院关于民事诉讼证据的若干规定》第四十条规定："当事人申请重新鉴定，存在下列情形之一的，人民法院应当准许：（一）鉴定人不具备相应资格的；（二）鉴定程序严重违法的；（三）鉴定意见明显依据不足的；（四）鉴定意见不能作为证据使用的其他情形。"该条规定了启动重新鉴定的几种情况。关于第一项（鉴定人不具备相应资格的）和第四项（鉴定意见不能作为证据使用的其他情形）一般情况下很难因为此两种原因启动重新鉴定，法院委托的鉴定一般都经过了严格的程序，很少存在鉴定人不具备相应资格的情况。但是有一点需要注意，鉴定机构和鉴定人员又分别具有相应的资格，如果鉴定机构具有相应的资格而参加鉴定的人员不具有相应的资格，做出的鉴定意见违法而不能被采纳。就本案而言，法院应当同意保险公司的重新鉴定申请，理由如下：首先，法院委托的鉴定机构 C 公估公司鉴定依据的材料未经法院质证，本案发生在 2016 年，当时的《最高人民法院关于民事诉讼证据的若干规定》没有关于鉴定证据如何移交的规定，本案的证据未经质证，直接由原告交到法庭，由法庭转交给鉴定机构。修订的《最高人民法院关于民事诉讼证据的若干规定》第三十四条规定："人民法院应当组织当事人对鉴定材料进行质证。未经质证的材料，不得作为鉴定的根据。"虽然，当时证据规定没有明确，但是，河北省高级人民法院也有关于证据需要质证等规定。因此，未经质证的材料直接作为鉴定依据违背鉴定程序，应当进行重新鉴定。其次，针对烟熏的服装如何计算损失问题，C 公估公司计算的为全损，主要理由为，服装本身价值不高，清洗后无法出售，因此计算全损，而事实上，被烟熏的服装具有重新利用的价值，至少应当计算残值，而鉴定意见没有计算残值，鉴定项目有遗漏。最后，某保险公司申请鉴定人员出庭接受质询，参与鉴定的人员没有出庭，C公估公司法定代表人出庭，其出庭后没有当庭回答任何问题，事实上等同于没有出庭，应当参照鉴定人不出庭来处理，设置鉴定人出庭的目的就是让鉴定人接受各方质询，拒绝回答任何问题的出庭没有实质意义。

四、本案启示

在保险事故发生以后，如果需要委托保险公估公司对损失进行评估，最好是保险人和被保险人双方共同委托，最好在委托协议中设置愿意受公估结论约束的条款。保险公司和公估公司不能对理算金额达成一致意见时，要及时向被保险人送达公估报告，本案中一审庭审时被保险人还未收到公估报告，法院不可能将其作为认定案件事实的依据，如果公估报告在诉讼前送达被保险人，一审开庭时就有理由阻止原告鉴定申请，法院能否采纳诉讼前双方委托鉴定机构做出的鉴定意见，主要看鉴定机构资质、鉴定材料是否经过质证、鉴定报告是否送达、鉴定机论是否有依据等。

旅行社责任险追偿

武书红

要点提示：所有旅行社根据国家旅游管理局的规定，在保险公司投保旅行社责任保险。当游客在旅行社组织的旅游合同中受到伤害，游客一般会要求旅行社根据旅游合同的约定履行合同义务，旅行社一般会追加承保旅行社责任险的保险公司最为第三人参加诉讼，法院判决保险公司承担保险责任以后，保险公司可以向责任方追偿，但是在旅游者起诉旅行社的案件中，一般不追加其他旅游经营者参加诉讼，以免造成在保险公司追偿时，无法查明游客受伤的具体原因，造成追偿不成功。

一、案情简介

2014 年 7 月 23 日，原告李某某与被告承德某某旅游公司签订了《承德市国内旅游合同》及其补充协议书，合同主要约定了旅游费用支付方式和时间。该旅行社委托大连当地地接社负责本次旅程。2014 年 7 月 25 日，原告李某某等人按照旅游合同约定去大连旅游。7 月 26 日下午 5 时许，原告李某某在大连旅游景区乘船观海，在靠岸离船准备上岸过程中，游船员工拉原告李某某上岸时，将原告李某某右胳膊拉伤。事故发生后，地接社员工将原告李某某送到医院检查治疗，经初步诊断为："右肩关节损伤，韧带损伤。"原告李某某于 2014 年 8 月 1 日经医院诊断为："右肱骨大结节撕；肱骨头骨挫伤。冈上肌、冈下肌肌腱损伤，关节腔内少量积液。"被告承德某某公司在某保险公司投保旅行社责任保险,保险期间为2014年1月1日至2014年12月31日,每次事故每人人身伤亡责任赔偿40万元,每人精神损害责任赔偿限额1万元,本次事故发生在保险期间内。原告李某某向法院起诉被告承德某某旅游公司以及某保险公司,要求赔偿损失。

二、法院判决

一审法院经审理认为:根据《中华人民共和国旅游法》第七十一条规定,由于地接社、履行辅助人的原因造成旅游者人身损害的,旅游者可以要求地接社、履行辅助人承担赔偿责任,也可以要求组团社承担赔偿责任;组团社承担责任后可以向地接社、履行辅助人追偿。在本案中,原告李某某与被告承德某某旅游公司之间签订并履行的承德市国内旅游合同及其补充协议书,真实合法有效,本院予以确认,被告承德某某旅游公司作为组团社应当按照合同约定及法律规定全面履行自己的义务。原告李某某在大连旅游景区乘船观海,在靠岸准备上岸过程中,游船员工拉原告李某某上岸时,原告李某某右胳膊被拉伤造成右肩关节损伤及右肱骨大结节撕脱骨折。被告承德某某旅游公司作为旅游经营者的组团社依法应当对造成原告李某某人身损害承担赔偿责任。但被告承德某某旅游公司已投保责任险,其应当承担的赔偿责任,根据保险条款依法应当由某保险公司赔偿。遂判决保险公司承担责任。

判决后,某保险公司不服一审判决提出上诉,其主要上诉理由为:①一审法院对上诉人李某某受伤的损害事实应进行责任划分,被上诉人对胳膊受伤的损害后果应承担一定责任。本案中,在无法查清双方责任的情况下,应根据公平原则,双方各承担50%的过错责任,一审法院判决上诉人承担全部责任错误。②一审法院在开庭后,被上诉人提出申请伤残鉴定,属于程序错误。一审法院有在被上诉人李某某未治疗终结的情况下受理伤残鉴定申请,并委托鉴定机构进行伤残鉴定属程序错误。

二审法院认为,被上诉人李某某与原审被告承德某某旅游公司之间签订并履行的承德市国内旅游合同及其补充协议书,真实合法有效。被上诉人李某某在原审被告承德某某旅游公司作为组团社按旅游合同约定组织去大连旅游过程中，在大连旅游景区乘船观海时，在靠岸离船准备上岸过程中，游船员工拉被上诉人李某某上岸时，被上诉人李某某右胳膊被拉伤，造成右肩关节损伤及右肱骨大结节撕脱骨折。原审被告承德某某旅游公司作为旅游经营者的组团社依法应当对造成被上诉人李某某人身损害承担赔偿责任。但因原审被告承德某某旅游公司已投责任险，据此，一审法院根据保险条款的规定，依法判决由上诉人某保险公司承担赔偿责任并无不当。上诉人主张按50%承担赔偿责任无事实和法律依据，法院不予支持。遂做出判决：驳回上诉，维持原判。

判决生效后，保险公司履行了义务，保险公司向旅游经营者大连某娱乐有限公司进行追偿，要求其承担赔偿责任。大连某娱乐有限公司辩称：我方在接到原告起诉状时才知晓原告主张的事实。因赔偿责任的基础是损害事实的发生，原告提供了两份判决书，我方未参加该次庭审，且该判决未提到我方任何信息，故该判决对案外人李某某受伤事实并未查清。现我方已向省高级人民法院对该案提交再审申请。原告并没有任何证据证实其主张的损害事实，故应驳回原告的诉讼请求。

法院审理后认为，本案争议焦点为是否系大连某娱乐有限公司造成案外人李某某受伤及原告是否享有追偿权。首先，关于是否系大连某娱乐有限公司造成案外人李某某受伤一节。我国法律规定，当事人对自己提出的主张，有责任提供证据。本案中，原告主张大连某娱乐有限公司雇佣的游船员工致其承保旅游公司的合同相对方案外李某某受伤，但其提交的两份已生效民事判决书中均并未认定系大连某娱乐有限公司致案外人李某某受伤。原告亦未能提交其他证据证实其主张的事实，应承担举证不能的法律后果。其次，关于原告是否享有追偿权一节。我国《保险法》第四十六条规定，被保险人因第三者的行为而发生死亡、伤残或者疾病等保险事故的，保险人向被保险人或者受益人给付保险金后，不享有向第三者追偿的权利。本案中，原告系针对案外人李某某的人身损害，在人身伤亡责任限额及精神损害责任限额内对其进行了赔偿。故原告在给付保险金后，不享有向第三者的追偿权。综上所述，原告的诉讼请求，无事实及法律依据，本院不予支持。遂判决：驳回某保险公司的诉讼请求。本案判决后，保险公司未提出上诉。

三、法理分析

本案主要争议问题为：

1.大连某娱乐有限公司是否造成案外人受伤？

我们认为，法院的判决是正确的，首先，在一审法院审理案外人李某某与旅游公司旅游和纠纷一案中，各方并未提供证据证明李某某如何受伤，由于各方对该事实认可，法院也未详细查明李某某受伤经过。其次，法院也未通知大连某娱乐有限公司，造成该公司对李某某在其景区受伤的事实不知情。再次，根据谁主张谁举证的原则，某保险公司没有举证大连某娱乐有限公司对案外人李某某造成伤害，保险公司应承担不利的后果。因此，法院认定保险公司承担举证不能的后果符合法律规定。

2.保险公司是否享有追偿权？

我们认为法院的认定是错误的，法院认为，《保险法》第四十六条规定，被保险人因第三者的行为而发生死亡、伤残或者疾病等保险事故的，保险人向被保险人或者受益人给付保险金后，不享有向第三者追偿的权利。这是对《保险法》的曲解，我们认为在责任保险中不存在追偿问题，根据《保险法》六十五条第四款的规定："责任保险是指以被保险人对第三者依法应负的赔偿责任为保险标的的保险。"根据该规定，责任保险中被保险人应付的赔偿责任是保险公司承担责任的限额，保险公司承担责任以后不得追偿，但是两款特殊的责任保险在保险公司承担责任以后可以追偿，即道路交通事故强制保险和旅行社责任险，该两款保险保险公司按照责任险赔偿以后可以有条件追偿，关于该两款保险的追偿条件法律规定得都比较清楚，在此不做赘述。《保险法》第四十六条是关于人身保险的规定，该规定不能适用于责任保险，只能适用于人身保险，其本意是，人的生命是无价的，如果被保险人投保人身保险，由于其他人的原因造成被保险人死亡或者伤残的，保险公司在赔偿被保险人以后不得向侵权人追偿，由被保险人自己向实际侵权人追偿。再次，本案是责任保险，《旅游法》和《最高人民法院关于审理旅游合同纠纷案件适用法律若干问题的规定》明确规定了保险公司或者旅游公司的追偿权，该权利是法定的。因此，保险公司根据旅行社责任险赔偿旅游者损失以后，可以向有责任的地接社或者旅游辅助人追偿。

四、本案启示

由于在办理前期旅游合同纠纷案件时，各方对旅游者在旅游过程中受到伤害的事实均认可，法院未对该部分事实进行查明并确认，造成在最后确定侵权责任人或者划分侵权责任时，保险公司处于举证不能的境地。因此，在前期处理旅游合同纠纷案件时应对旅游者受伤的事实进行调查，追加实际侵权人为第三人，有的法院认为不属于同一法律关系，不同意追加，当法院不同意追加时，可以申请法院到事故发生地调查取证，在庭审中对旅游者受到伤害的事实进行审理查明，以备追偿之用。

诉讼保全责任保险
引起的损害赔偿案件归责原则

史妍妍

要点提示： 诉讼财产保全责任保险，简称诉责险，但其本质是保函还是保险，存在一定争议，《中华人民共和国民事诉讼案法》设立了诉讼保全制度，在原告申请诉讼保全的同时要求原告提供相应的担保，有的原告由于资金缺乏，无法提供足额担保，法院就无法采取相应的财产保全措施，由于诉讼时间较长，有的原告看着被告转移财产而没有办法，等到自己胜诉以后，被告已无财产可供执行。诉责险的出现基本上解决了保全担保问题，但是，如果原告用自己的财产为诉讼保全提供担保，原告提出保全申请会极其慎重，害怕保全错误自己需承担赔偿责任，因此，错误保全案件极其少见。现在，保全错误的风险通过诉责险转嫁给保险公司，原告不再顾虑保全错误带来的法律后果，会最大限度地保全被告财产。但也许会有人恶意保全，给诉责险带来一定的风险。由于诉责险的理赔需要通过诉讼确定，因此，恶意保全和恶意诉讼会增加，本文从一起法院保全程序瑕疵引起的诉责险诉讼案件来讨论诉责险理赔问题。

一、案情简介

2016年9月30日22时5分许，雷某某驾驶涉案车辆冀T×××××重型半挂牵引车沿正港线由东向西行驶时将行人崔某某撞倒在路面上，后崔某某又被由东向西行驶的何某某驾驶的冀A×××××重型半挂牵引车碾压，造成崔某某死亡。公安交通警察大队于2016年12月日做出事故认定，认定雷某某和何某某共同负此事故的全部责任，崔某某对此事故不负责任。崔某某的3个女儿即本案被告为了防止肇事车辆被放行（交警部门出具事故认定书后5日后放车）而得不到赔偿，遂作为原告于2016年12月21日向人民法院起诉雷某某，要求其赔偿死亡赔偿金50000元，并提出财产保全申请，申请查封雷某某驾驶的冀T×××××重型半挂牵引车（该车价值约50000元），同时在本案被告在某保险公司投保诉讼财产保全责任险，责任限额50000元。法院于2016年12月23日做出查封裁定，将雷某某停放在交警大队交通事故停车场的冀T×××××重型半挂牵引车予以查封。2016年12月26日通过法院特快专递向雷某某送达了查封裁定，但其一直未到庭。2017年3月2日由雷某某与崔某某女儿协商达成赔偿协议。2017年5月17日，崔某某女儿向法院提出交通事故案的撤诉申请，本院当日裁定准许，并裁定解除冀T×××××重型半挂牵引车的查封。交警部门于2017年6月15日对该车放行。

原告衡水某某货物运输有限公司于2017年6月21日向法院提起诉讼，原告认为诉争车辆租赁给王某某使用，王某某雇佣司机雷某某，道路交通事故发生以后，王某某就与原告衡水某某货物运输有限公司解除了租赁合同，在道路交通事故案件中，法院并未判决原告衡水某某货物运输有限公司承担任何赔偿责任，原告刚刚买的新车因扣押导致报废，保全行为给原告财产造成损失，因此起诉。法院认为，在查封期间是否造成诉争车辆的损失，应由王某某提出，原告作为本案的诉讼主体不适格，裁定驳回其起诉。原告提出上诉，中级人民法院裁定撤销民事裁定书，要求对本案进行实体审理。重审中，经原告申请，法院依法追加承保诉责险的某保险公司作为本案被告。

二、法院判决

一审法院经审理认为，《中华人民共和国民事诉讼法》第一百零五条规定："申请有错误的，申请人应当赔偿被申请人因保全所遭受的损失。"该法律的规定，应当适用侵权责任法的过错责任归责原则。即申请是否有错误，应以申请人对保全错误存在故意或重大过失为判断标准。本案中，被告在作为原告起诉雷某某机动车交通事故赔偿案件中，其依法起诉雷某某，并申请本院查封雷某某驾驶的冀T×××××重型半挂牵引车。作为普通老百姓而言，可以简单地认为谁肇事谁赔偿。对肇事司机是谁由交警部门出具的事故认定书而得知，但对于肇事车辆的实际车主是谁，其可能不能获知。因动产物权的公示方法是交付，享有占有、使用、收益和处分的权利人为所有权人。我国车辆登记制度并非车辆所有权的登记。故车辆登记的所有权人不一定是车辆的实际所有权人。雷某某为肇事车辆的驾驶人，受害者以此可以认为雷某某为车辆的所有权人。如果雷某某不是车主，其完全有义务将车辆已被法院查封的情况通知实际车主。三被告作为受害者基于交通事故的赔偿而起诉雷某某，为防止转移财产造成以后生效裁判的执行障碍，而依法申请查封肇事车辆是其诉讼权利的正当的合法的行使。而且在车辆查封期间，无论是雷某某还是其他所谓的车主，均未向法院申请提供反担保而解除查封。故本案被告申请法院查封肇事车辆主观上不存在故意或重大过失，不符合侵权责任的构成要件。因此造成的损失不应承担赔偿责任。遂判决：驳回原告的诉讼请求。

一审判决后衡水某某货物运输有限公司提出上诉请求，主要理由为：2016年9月30日，上诉人名下的涉案车辆发生交通事故后，因被扣押，无法实现租赁目的，王某某与上诉人解除了租赁合同，后上诉人公司员工多次到事故科要求提车未果（直至2017年6月15日放车当天，上诉人才得知法院扣押了车辆），因车辆扣押给上诉人造成了一定的经济损失，上诉人有权依法要求被上诉人赔偿。被上诉人在保全中均有过错，一审法院同样具有过错。崔某某女儿未将上诉人列为被告，直接申请查封扣押了上诉人的车辆，有明显过错；保险公司在申请人申请保全数额 5 万元、涉案车辆不属于被申请人雷某某的情况下，出具保单写明被保全信息为被申请人冀 T×××××的重型半挂牵引车，具有明显过错；人民法院的人民法官负有坚守法律最后底线的神圣职责，就应当审查申请人的申请是否合法，所查封、扣押车辆所有权的归属，营运车辆查封的必要性和可行性，查封裁定如何送达权利人等等事项，这不仅是法律法规所规定的法律义务，也是作为一个法官基本的职业要求。

二审法院认为，因保全引起的损害赔偿案件，应当适用侵权责任法规定的过错责任归责原则。申请是否有错误，应以申请人对出现保全错误存在故意或重大过失作为认定过错的标准。本案所涉交通事故发生后，被上诉人崔某某子女作为受害人家属基于交通事故起诉雷某某损害赔偿，为保证生效裁判的执行而申请法院查封肇事车辆，符合法律规定。作为受害人家属未能取得事故车辆的行使证件，并不知晓车辆的实际所有权人，其根据事故认定书载明的内容将肇事司机列为被申请人并无不妥，故上述事实不能证明被害人家属申请保全主观上存在故意或重大过失，其申请保全不存在过错，不符合侵权责任的构成要件，上诉人以被害人家属申请保全错误为由要求其赔偿损失理据不足，原审判决驳回上诉人的诉讼请求并无不妥。遂判决：驳回上诉，维持原判。

三、法理分析

诉责险案件中，保全申请人承担责任的法律要件：

1. 根据《中华人民共和国民事诉讼法》第一百条规定："人民法院对于可能因当事人一方的行为或者其他原因，使判决难以执行或者造成当事人其他损害的案件，根据对方当事人的申请，可以裁定对其财产进行保全、责令其做出一定行为或者禁止其做出一定行为；当事人没有提出申请的，人民法院在必要时也可以裁定采取保全措施。 人民法院采取保全措施，可以责令申请人提供担保，申请人不提供担保的，裁定驳回申请。"本条规定了诉讼保全制度，诉讼保全的目的是防止判决难以执行，申请人需要提供一定的担保，拒不提供担保的，人民法院会驳回保全申请。同时，《民事诉讼法》第一百零五条规定："申请有错误的，申请人应当赔偿被申请人因保全所遭受的损失。"现在，诉讼保全申请人通过诉责险将赔偿责任转嫁给保险公司承担，根据诉责险合同条款，诉责险无免责条款，不论发生何种情况，只要是法院判决保全申请人保全错误，并判决保全申请人赔偿被申请人因诉讼保全造成的损失的，承保该诉责险的保险公司就应当承担保险责任。这样就会有很多出于其他目的采取的保全措施，该种类型的保全目的不是为了将来胜诉以后判决难以执行，而是为了其他目的。比如，为了防止其他债权人查封财产，先伪造一起债务，然后让债权人提起诉讼查封财产，防止其他债权人的查封，将来法院拍卖财产时，由于伪造的债权查封顺序在先，可以获得优先权。但是在承保诉责险风控审查时，当事人的主观目的无法察觉，只有通过严格证据的审查来防止此类案件的发生。

2. 并不是所有的保全申请人全部败诉或者部分败诉的案件都属于保全错误的案件，也并不是该类案件中，保全申请人都需要承担赔偿责任。本案而言，保全申请人的保全目的是为了防止判决难以执行，其申请保全肇事车辆并无任何过错，本案原告以自己不知情为由提起诉讼理由不充分，法院最终是否判决本案原告承担赔偿责任和保全申请是否错误没有因果关系，即使本案原告投保了交强险和各种商业保险，是否存在保险公司拒赔情况作为保全申请人也不清楚，保全申请人从最简单的思维出发，直接保全肇事车辆，主管不存在恶意，不存在过错，保全行为给本案原告造成财产损失，该财产损失主要是本案原告原因造成，法院未通知本案原告保全情况和保全申请人是否应承担责任不存在因果关系。

主流观点认为，《民事诉讼法》第一百零五条所规定的申请保全错误赔偿责任属于侵权责任性质，适用一般侵权责任构成，即以过错为构成要件，并在过错的程度上要求故意或重大过失。一般侵权的四个要件：①行为人主观上有过错；②行为具有违法性；③存在损害后果；④行为与损害后果之间有因果关系。所以，由于申请保全错误而产生侵权损害赔偿的案件，不仅应当具备保全申请人败诉或者部分败诉，还应包括行为与损害结果间存在因果关系、申请人主观上存在故意或重大过失等要件。当事人基于一定的事实和理由提起诉讼，为获得最终的权利救济，使得法院判决得到有效和圆满的执行而申请财产保全。通常情况下，申请人在提起财产保全时，仅能基于现有证据和其对于法律的理解，在尽到合理谨慎的注意义务后提出。在申请人提出财产保全时，其并不知晓也无从知晓案件的最终判决结果。因为案件最终的判决结果是法院对双方当事人争议事实进行审查后做出的，这也是申请人提出财产保全申请的金额与实际判决结果存在差异的现象相当普遍的原因，只要申请人在提出财产保全时已经尽到了合理谨慎的注意义务，就不应认定申请人主观上存在过错。相反，只有申请人恶意保全对方当事人的财产，才能认定其主观上存在过错。

四、本案启示

法律赋予当事人享有对侵权人造成的损失进行财产保全的权利，当事人应合法合理地运用这一权利，切不能恶意保全。经法院查明当事人存在恶意的，就会被认定为主观上存在过错。法律对于存在过错保全承担责任的适用《民法典》的过错责任原则，一旦存在侵权的构成要件，那么就面临承担因保全错误造成他人损害的赔偿责任，因此在实务中提起保全程序时要特别注意。但是，并不是法院未判决被保全的当事人承担责任，都属于保全错误，应根据实际情况分别对待。

医疗责任险保险期间的认定

李同建

要点提示：保险责任期间是保险公司承担保险责任的时间限制，保险责任期间以外时间发生的保险事故，保险公司不承担保险责任。但是，有部分医疗责任保险，保险事故发生在保险期间，而受害的第三者发现事故的时间在数年以后，此时，保险公司是否还应当承担保险责任？医疗责任保险除了约定保险责任期间以外，还约定了追溯期，即在追溯期发生的保险事故在保险责任期间提出理赔申请的，保险公司承担保险责任，当患者在保险责任期间10年后提出理赔申请是否超过保险责任期间？

一、案情简介

2008年11月14日，原告某医院与被告某保险公司签订了医疗责任保险合同一份。保险合同约定：医疗责任赔偿限额为每人10万元，其中精神损害赔偿限额为3万元，每年累计赔偿限额为100万元；保险期限自2008年11月15日零时起至2009年11月14日24时止；医疗责任免赔按每人每次赔偿金额5%或1000元计算，二者以高者为准。2009年7月，杜某某在原告某医院进行剖宫产手术，2018年5月，杜某某因身体不适，在其他医院检查，检查结果为"盆腔占位"，遂进行手术，手术中发现盆腔内遗留陈旧性纱布。

杜某某认为原告存在医疗过错，要求原告赔偿损失，经所在县卫生和计划生育局调解，原告与杜某某于 2018 年 7 月 23 日签订了《医疗纠纷调解协议书》，约定由原告某医院给付杜某某一次性经济补偿（包括精神损失费和其他列支的费用）55000 元，签订协议后，原告某医院支付了补偿款。后原告某医院认为当年医院投保了医疗责任险，因此要求保险公司承担保险责任。保险公司认为，根据保险条款的约定：在本保险期限内，由患者或其近亲属首次向被保险人提出的索赔申请，才属于保险责任，本案患者提出索赔申请时已超过保险责任期间 10 年，虽然事故发生在保险责任期间，但是当时大家都不知道事故的存在，患者也未向原告某医院提出索赔，因此，本案不属于保险事故，保险公司不承担赔偿责任。原告遂将某保险公司起诉到法院。

二、法院判决

一审法院经审理认为，原告向被告投保医疗责任保险，被告签发了保单，保险合同成立并生效，应受法律保护，医疗责任保险条款对双方均有约束力。关于被告是否应承担保险责任的问题，本案保险期间为 2008 年 11 月 15 日零时起至 2009 年 11 月 14 日 24 时止，本案涉及的医疗责任事故发生在 2009 年 7 月，属于保险期限内。根据医疗责任保险条款中第二十八条"被保险人向保险人请求赔偿诉讼时效期间为两年，自其知道或者应当知道保险事故发生之日起计算"的规定，因原告与杜某某达成调解协议是在 2018 年 7 月，原告向某保险公司请求赔偿的时间及向本院起诉的时间亦未超两年，均符合上述第二十八条之规定，故法院认为被告应承担保险责任。关于补偿款的问题，本案原告与杜某某在县卫生和计划生育局调解下达成的调解协议并不违反法律规定，补偿的数额亦未超出保险单约定的赔偿范围，故被告对赔偿金额不认可的主张，法院不予采信。因在保险单明细表中约定了医疗责任免赔按每人赔偿金额的 5% 或者 1000 元计算，二者以高者为准，故原告要求被告给付应扣除免赔额。遂判决保险公司承担赔偿责任。一审判决后，保险公司提出上诉。上诉理由为：①一审法院适用诉讼时效期间判令上诉人承担保险责任，存在认定错误,根据双方签订的保险合同其中医疗责任保险条款第二条(保险责任)的约定:"在本保险期限内,由患者或其近亲属首次向被保险人提出索赔申请,依法应由被保险人承担民事赔偿责任时,保险人根据本保险合同的约定负责赔偿。"本案中,被上诉人投保的医疗责任保险期限为自2008年11月15日0时起至2009年11月14日24时止,在该期间内患者或其近亲属、被上诉人从未提出,被上诉人是在2018年7月份与案外人签订了医疗纠纷调解协议书,该时间已经远远超过了双方约定的保险合同约定的保险期限和追溯期限,故上诉人不应该承担保险责任。②诉讼时效条款的内容也是法律规定的内容,诉讼时效仅仅针对是在属于保险责任的情况下,如果不主张就丧失了被法律保护的权利,但是诉讼时效并不等于保险期限,双方既然约定了首次提出时间为准,那么就应该尊重合同约定,"约定大于法定"这是民商事审理一贯坚持的原则。被上诉人辩称:被上诉人依据保险合同赔偿处理第二十八条的规定(被保险人向保险人请求赔偿诉讼时效期间为两年,自其知道或者应当知道保险事故发生之日起计算),知道事故发生后,被上诉人第一时间要求上诉人某保险公司一起处理,某保险公司以超过时效为由不予理睬,故被上诉人未超过诉讼时效;保险合同第二条完全不符合实际,患者及家属既没有找保险公司看病,又互不相识,遇医疗事故怎么能直接找保险公司提出索赔申请?

二审法院经审理认为,上诉人与被上诉人所签订的《医疗责任保险合同》系双方真实意思表示,且不违反法律、行政法规的强制性规定,合法有效,双方应依约履行。保险合同对保险期间和保险责任进行了明确约定,本案中由于医疗事故的危害具有隐蔽性,进而导致损害结果迟延。但这并不能否定医疗事故的发生时间处于保险期间的事实。而且保险合同中亦明确约定"被保险人对保险人请求赔偿的权利,自其知道保险事故发生起二年不行使而消灭",被上诉人在知道保险事故发生后两年内向上诉人提出索赔申请,符合保险合同约定的内容。因此,上诉人所称被保险人索赔超出保险期间的主张不能成立。遂判决:驳回上诉,维持原判。

三、法理分析

被保险人的索赔是否超过保险责任期间是本案的争议焦点。我们认为本案已经超过了保险责任期间，保险合同条款如此规定保险责任："在本保险单明细表列明的保险期限或追溯期及承保区域范围内，被保险人的投保医务人员在诊疗护理活动中，因执业过失造成患者人身损害，在本保险期限内，由患者或其近亲属首次向被保险人提出索赔申请，依法应由被保险人承担民事赔偿责任时，保险人根据本保险合同的约定负责赔偿。"医疗责任保险比较其他责任保险是有区别的，其他责任保险知识规定在保险责任期间发生的意外事故，该意外事故是明显的，而医疗事故对身体的伤害可能是不明显的，不能及时发现。为此，该保险规定了追溯期，一般为一年，即投保前追溯期内发生的事故，在保险责任期间患者提出索赔申请，保险公司也承担保险责任，之所以约定追溯期，就是为了解决患者身体受到伤害不能及时发现的问题，基于此，我们认为本案已经超过追溯期以及保险责任期间，主要理由如下：

首先，医疗事故对患者的伤害隐蔽性较强，有的需要很长时间才会发现，保险公司在设计该保险条款时约定了追溯期。其次，保险公司确定承担责任的条件是，患者向被保险人首次提出索赔的时间发生在保险责任期间，但是事故必须发生在追溯期或者保险责任期间，这是双方的约定，也是保险公司根据大数据测算保险费的依据，如果随意延长该期限，无疑加大保险公司责任。再次，保险合同条款二十八条（被保险人向保险人请求赔偿诉讼时效期间为两年，自其知道或者应当知道保险事故发生之日起计算）完全是关于诉讼时效的约定，并不是保险责任期间的延长，法院根据此条款认定没有超过保险责任期间没有意义。最后，本案的事故虽然发生在保险责任期间，但是基于医疗责任险的特殊性，保险公司在设计条款时就做出了明确约定，该保险条款是经过保监会审批和备案的。保险公司在计算保险责任范围时对大数据进行分析，考虑了各种风险因素，然后根据精算结果确定保险费率，如果要求保险公司承担超过保险责任以外的事故，无疑会增加保险公司的风险，这样会造成保险公司数据长期处于不确定状态，无法对费率进行修正，也违背保险的一般原则。综上，契约约定大于法定，在约定不违背法律时，应当尊重当事人的约定，而不是采用法律的强制力随意修改当事人之间的约定，更应当根据合同条款的特殊性探求订立合同的本意，采用保险公司格式条款订立的保险合同，也应当考虑条款设计者的本意。

四、本案启示

保险公司在承保时都约定保险责任的范围和保险责任期间，对超出保险责任期间的事故，保险公司不承担保险责任。一般保险合同保险责任起止时间精确到小时。由于医疗事故责任保险的特殊性，规定了一年的追溯期，即在投保前一年内发生的医疗事故，也属于保险责任，超出投保前一年发生的医疗事故不属于保险责任范围。法院对医疗事故的发生有不同的理解，这就需要保险公司在订立保险合同或者设定保险条款时尽量减少歧义，防止出现不同的理解而导致纠纷。

最高人民法院指导案例

▲ 指导案例 19 号

赵春明等诉烟台市福山区汽车运输公司、
卫德平等机动车交通事故责任纠纷案

（最高人民法院审判委员会讨论通过 2013 年 11 月 8 日发布）

一、裁判要点

机动车所有人或者管理人将机动车号牌出借他人套牌使用，或者明知他人套牌使用其机动车号牌不予制止，套牌机动车发生交通事故造成他人损害的，机动车所有人或者管理人应当与套牌机动车所有人或者管理人承担连带责任。

二、相关法条

《中华人民共和国侵权责任法》第八条。
《中华人民共和国道路交通安全法》第十六条。

三、基本案情

2008 年 11 月 25 日 5 时 30 分许，被告林则东驾驶套牌的鲁 F41703 货车在同三高速公路某段行驶时，与同向行驶的被告周亚平驾驶的客车相撞，两车冲下路基，客车翻滚致车内乘客冯永菊当场死亡。经交警部门认定，货车司机林则东负主要责任，客车司机周亚平负次要责任，冯永菊不负事故责任。

原告赵春明、赵某某、冯某某、侯某某分别系死者冯永菊的丈夫、儿子、父亲和母亲。

鲁 F41703 号牌在车辆管理部门登记的货车并非肇事货车，该号牌登记货车的所有人系被告烟台市福山区汽车运输公司（以下简称福山公司），实际所有人系被告卫德平，该货车在被告永安财产保险股份有限公司烟台中心支公司（以下简称永安保险公司）投保机动车第三者责任强制保险。

套牌使用鲁 F41703 号牌的货车（肇事货车）实际所有人为被告卫广辉，林则东系卫广辉雇佣的司机。据车辆管理部门登记信息反映，鲁 F41703 号牌登记货车自 2004 年 4 月 26 日至 2008 年 7 月 2 日，先后 15 次被以损坏或灭失为由申请补领号牌和行驶证。2007 年 8 月 23 日卫广辉申请补领行驶证的申请表上有福山公司的签章。事发后，福山公司曾派人到交警部门处理相关事宜。审理中，卫广辉表示，卫德平对套牌事宜知情并收取套牌费，事发后卫广辉还向卫德平借用鲁 F41703 号牌登记货车的保单去处理事故，保单仍在卫广辉处。

发生事故的客车的登记所有人系被告朱荣明，但该车辆几经转手，现实际所有人系周亚平，朱荣明对该客车既不支配也未从该车运营中获益。被告上海腾飞建设工程有限公司（以下简称腾飞公司）系周亚平的雇主，但事发时周亚平并非履行职务。该客车在中国人民财产保险股份有限公司上海市分公司（以下简称某保险公司）投保了机动车第三者责任强制保险。

四、裁判结果

上海市宝山区人民法院于 2010 年 5 月 18 日做出（2009）宝民一（民）初字第 1128 号民事判决：一、被告卫广辉、林则东赔偿四原告丧葬费、精神损害抚慰金、死亡赔偿金、交通费、误工费、住宿费、被扶养人生活费和律师费共计 396863 元；二、被告周亚平赔偿四原告丧葬费、精神损害抚慰金、死亡赔偿金、交通费、误工费、住宿费、被扶养人生活费和律师费共计 170084 元；三、被告福山公司、卫德平对上述判决主文第一项的赔偿义务承担连带责任；被告卫广辉、林则东、周亚平对上述判决主文第一、二项的赔偿义务互负连带责任；四、驳回四原告的其余诉讼请求。宣判后，卫德平提起上诉。上海市第二中级人民法院于 2010 年 8 月 5 日做出（2010）沪二中民一（民）终字第 1353 号民事判决：驳回上诉，维持原判。

五、裁判理由

法院生效裁判认为：根据本案交通事故责任认定，肇事货车司机林则东负事故主要责任，而卫广辉是肇事货车的实际所有人，也是林则东的雇主，故卫广辉和林则东应就本案事故损失连带承担主要赔偿责任。永安保险公司承保的鲁 F41703 货车并非实际肇事货车，其也不知道鲁 F41703 机动车号牌被肇事货车套牌，故永安保险公司对本案事故不承担赔偿责任。根据交通事故责任认定，本案客车司机周亚平对事故负次要责任，周亚平也是该客车的实际所有人，故周亚平应对本案事故损失承担次要赔偿责任。朱荣明虽系该客车的登记所有人，但该客车已几经转手，朱荣明既不支配该车，也未从该车运营中获益，故其对本案事故不承担责任。周亚平虽受雇于腾飞公司，但本案事发时周亚平并非在为腾飞公司履行职务，故腾飞公司对本案亦不承担责任。至于承保该客车的某保险公司，因死者冯永菊系车内人员，依法不适用机动车交通事故责任强制保险，故某保险公司对本案不承担责任。另，卫广辉和林则东一方、周亚平一方虽各自应承担的责任比例有所不同，但车祸的发生系两方的共同侵权行为所致，故卫广辉、林则东对于周亚平的应负责任份额、周亚平对于卫广辉、林则东的应负责任份额，均应互负连带责任。

鲁 F41703 货车的登记所有人福山公司和实际所有人卫德平，明知卫广辉等人套用自己的机动车号牌而不予阻止，且提供方便，纵容套牌货车在公路上行驶，福山公司与卫德平的行为已属于出借机动车号牌给他人使用的情形，该行为违反了《中华人民共和国道路交通安全法》等有关机动车管理的法律规定。将机动车号牌出借他人套牌使用，将会纵容不符合安全技术标准的机动车通过套牌在道路上行驶，增加道路交通的危险性，危及公共安全。套牌机动车发生交通事故造成损害，号牌出借人同样存在过错，对于肇事的套牌车一方应负的赔偿责任，号牌出借人应当承担连带责任。故福山公司和卫德平应对卫广辉与林则东一方的赔偿责任份额承担连带责任。

指导案例 24 号

荣宝英诉王阳、永诚财产保险股份有限公司江阴支公司机动车交通事故责任纠纷案

（最高人民法院审判委员会讨论通过 2014 年 1 月 26 日发布）

一、裁判要点

交通事故的受害人没有过错，其体质状况对损害后果的影响不属于可以减轻侵权人责任的法定情形。

二、相关法条

《中华人民共和国侵权责任法》第二十六条。
《中华人民共和国道路交通安全法》第七十六条第一款第（二）项。

三、基本案情

原告荣宝英诉称：被告王阳驾驶轿车与其发生刮擦，致其受伤。该事故经江苏省无锡市公安局交通巡逻警察支队滨湖大队（简称滨湖交警大队）认定：王阳负事故的全部责任，荣宝英无责。原告要求下述两被告赔偿医疗费用 30006 元、住院伙食补助费 414 元、营养费 1620 元、残疾赔偿金 27658.05 元、护理费 6000 元、交通费 800 元、精神损害抚慰金 10500 元，并承担本案诉讼费用及鉴定费用。

被告永诚财产保险股份有限公司江阴支公司（简称永诚保险公司）辩称：对于事故经过及责任认定没有异议，其愿意在交强险限额范围内予以赔偿；对于医疗费用 30006 元、住院伙食补助费 414 元没有异议；因鉴定意见结论

中载明"损伤参与度评定为75%，其个人体质的因素占25%"，故确定残疾赔偿金应当乘以损伤参与度系数0.75，认可20743.54元；对于营养费认可1350元，护理费认可3300元，交通费认可400元，鉴定费用不予承担。

被告王阳辩称：对于事故经过及责任认定没有异议，原告的损失应当由永诚保险公司在交强险限额范围内优先予以赔偿；鉴定费用请求法院依法判决，其余各项费用同意保险公司意见；其已向原告赔偿20000元。

法院经审理查明：2012年2月10日14时45分许，王阳驾驶号牌为苏MT1888的轿车，沿江苏省无锡市滨湖区蠡湖大道由北往南行驶至蠡湖大道大通路口人行横道线时，碰擦行人荣宝英致其受伤。2月11日，滨湖交警大队做出《道路交通事故认定书》，认定王阳负事故的全部责任，荣宝英无责。事故发生当天，荣宝英即被送往医院治疗，发生医疗费用30006元，王阳垫付20000元。荣宝英治疗恢复期间，以每月2200元聘请一名家政服务人员。号牌苏MT1888轿车在永诚保险公司投保了机动车交通事故责任强制保险，保险期间为2011年8月17日0时起至2012年8月16日24时止。原、被告一致确认荣宝英的医疗费用为30006元、住院伙食补助费为414元、精神损害抚慰金为10500元。

荣宝英申请并经无锡市中西医结合医院司法鉴定所鉴定，结论为：①荣宝英左桡骨远端骨折的伤残等级评定为十级；左下肢损伤的伤残等级评定为九级。损伤参与度评定为75%，其个人体质的因素占25%。②荣宝英的误工期评定为150日，护理期评定为60日，营养期评定为90日。一审法院据此确认残疾赔偿金27658.05元扣减25%为20743.54元。

四、裁判结果

江苏省无锡市滨湖区人民法院于2013年2月8日做出（2012）锡滨民初字第1138号判决："一、被告永诚保险公司于本判决生效后十日内赔偿荣宝英医疗费用、住院伙食补助费、营养费、残疾赔偿金、护理费、交通费、精神损害抚慰金共计45343.54元。二、被告王阳于本判决生效后十日内赔偿荣宝英医疗费用、住院伙食补助费、营养费、鉴定费共计 4040 元。三、驳回原告荣宝英的其他诉讼请求。"宣判后，荣宝英向江苏省无锡市中级人民法院提出上诉。无锡市中级人民法院经审理于 2013 年 6 月 21 日以原审适用法律错误为由做出（2013）锡民终字第 497 号民事判决：一、撤销无锡市滨湖区人民法院（2012）锡滨民初字第 1138 号民事判决；二、被告永诚保险公司于本判决生效后十日内赔偿荣宝英 52258.05 元。三、被告王阳于本判决生效后十日内赔偿荣宝英 4040 元。四、驳回原告荣宝英的其他诉讼请求。

五、裁判理由

法院生效裁判认为：《中华人民共和国侵权责任法》第二十六条规定："被侵权人对损害的发生也有过错的，可以减轻侵权人的责任。"《中华人民共和国道路交通安全法》第七十六条第一款第（二）项规定，机动车与非机动车驾驶人、行人之间发生交通事故，非机动车驾驶人、行人没有过错的，由机动车一方承担赔偿责任；有证据证明非机动车驾驶人、行人有过错的，根据过错程度适当减轻机动车一方的赔偿责任。因此，交通事故中在计算残疾赔偿金是否应当扣减时应当根据受害人对损失的发生或扩大是否存在过错进行分析。本案中，虽然原告荣宝英的个人体质状况对损害后果的发生具有一定的影响，但这不是侵权责任法等法律规定的过错，荣宝英不应因个人体质状况对交通事故导致的伤残存在一定影响而自负相应责任，原审判决以伤残等级鉴定结论中将荣宝英个人体质状况"损伤参与度评定为 75%"为由，在计算残疾赔偿金时作相应扣减属适用法律错误，应予纠正。

从交通事故受害人发生损伤及造成损害后果的因果关系看，本起交通事故的引发系肇事者王阳驾驶机动车穿越人行横道线时，未尽到安全注意义务碰擦行人荣宝英所致；本起交通事故造成的损害后果系受害人荣宝英被机动车碰撞、跌倒发生骨折所致，事故责任认定荣宝英对本起事故不负责任，其对事故的发生及损害后果的造成均无过错。虽然荣宝英年事已高，但其年老骨质疏松仅是事故造成后果的客观因素，并无法律上的因果关系。因此，受害人荣宝英对于损害的发生或者扩大没有过错，不存在减轻或者免除加害人赔偿责任的法定情形。同时，机动车应当遵守文明行车、礼让行人的一般交通规则和社会公德。本案所涉事故发生在人行横道线上，正常行走的荣宝英对将被机动车碰撞这一事件无法预见，而王阳驾驶机动车在路经人行横道线时未依法减速慢行、避让行人，导致事故发生。因此，依法应当由机动车一方承担事故引发的全部赔偿责任。

根据我国道路交通安全法的相关规定，机动车发生交通事故造成人身伤亡、财产损失的，由保险公司在机动车第三者责任强制保险责任限额范围内予以赔偿。而我国交强险立法并未规定在确定交强险责任时应依据受害人体质状况对损害后果的影响作相应扣减，保险公司的免责事由也仅限于受害人故意造成交通事故的情形，即便是投保机动车无责，保险公司也应在交强险无责限额内予以赔偿。因此，对于受害人符合法律规定的赔偿项目和标准的损失，均属交强险的赔偿范围，参照"损伤参与度"确定损害赔偿责任和交强险责任均没有法律依据。

指导案例 25 号

华泰财产保险有限公司北京分公司诉李志贵、天安财产保险股份有限公司河北省分公司张家口支公司保险人代位求偿权纠纷案

（最高人民法院审判委员会讨论通过 2014 年 1 月 26 日发布）

一、裁判要点

因第三者对保险标的的损害造成保险事故，保险人向被保险人赔偿保险金后，代位行使被保险人对第三者请求赔偿的权利而提起诉讼的，应当根据保险人所代位的被保险人与第三者之间的法律关系，而不应当根据保险合同法律关系确定管辖法院。第三者侵害被保险人合法权益的，由侵权行为地或者被告住所地法院管辖。

二、相关法条

《中华人民共和国民事诉讼法》第二十八条。
《中华人民共和国保险法》第六十条第一款。

三、基本案情

2011 年 6 月 1 日，华泰财产保险有限公司北京分公司（简称华泰保险公司）与北京亚大锦都餐饮管理有限公司（简称亚大锦都餐饮公司）签订机动车辆保险合同，被保险车辆的车牌号为京 A82368，保险期间自 2011 年 6 月 5 日 0 时起至 2012 年 6 月 4 日 24 时止。2011 年 11 月 18 日，陈某某驾驶被保险车辆行驶至北京市朝阳区机场高速公路上时，与李志贵驾驶的车牌号为冀 GA9120 的车辆发生交通事故，造成被保险车辆受损。经交管部门认定，李

志贵负事故全部责任。事故发生后，华泰保险公司依照保险合同的约定，向被保险人亚大锦都餐饮公司赔偿保险金 83878 元，并依法取得代位求偿权。基于肇事车辆系在天安财产保险股份有限公司河北省分公司张家口支公司（简称天安保险公司）投保了机动车交通事故责任强制保险，华泰保险公司于 2012 年 10 月诉至北京市东城区人民法院，请求判令被告肇事司机李志贵和天安保险公司赔偿 83878 元，并承担诉讼费用。

被告李志贵的住所地为河北省张家口市怀来县沙城镇，被告天安保险公司的住所地为张家口市怀来县沙城镇燕京路东 108 号，保险事故发生地为北京市朝阳区机场高速公路上，被保险车辆行驶证记载所有人的住址为北京市东城区工体北路新中西街 8 号。

四、裁判结果

北京市东城区人民法院于 2012 年 12 月 17 日做出（2012）东民初字第 13663 号民事裁定：对华泰保险公司的起诉不予受理。宣判后，当事人未上诉，裁定已发生法律效力。

五、裁判理由

法院生效裁判认为：根据《中华人民共和国保险法》第六十条的规定，保险人的代位求偿权是指保险人依法享有的，代位行使被保险人向造成保险标的损害负有赔偿责任的第三者请求赔偿的权利。保险人代位求偿权源于法律的直接规定，属于保险人的法定权利，并非基于保险合同而产生的约定权利。因第三者对保险标的的损害造成保险事故，保险人向被保险人赔偿保险金后，代位行使被保险人对第三者请求赔偿的权利而提起诉讼的，应根据保险人所代位的被保险人与第三者之间的法律关系确定管辖法院。第三者侵害被保险人合法权益，因侵权行为提起的诉讼，依据《中华人民共和国民事诉讼法》第二十八条的规定，由侵权行为地或者被告住所地法院管辖，而不适用财产保险合同纠纷管辖的规定，不应以保险标的物所在地作为管辖依据。本案中，第三者实施了道路交通侵权行为，造成保险事故，被保险人对第三者有侵权损害赔偿请求权；保险人行使代位权起诉第三者的，应当由侵权行为地或者被告住所地法院管辖。现二被告的住所地及侵权行为地均不在北京市东城区，故北京市东城区人民法院对该起诉没有管辖权，应裁定不予受理。

▲ 指导案例 52 号

海南丰海粮油工业有限公司诉中国人民财产保险股份有限公司海南省分公司海上货物运输保险合同纠纷案

（最高人民法院审判委员会讨论通过 2015 年 4 月 15 日发布）

一、裁判要点

海上货物运输保险合同中的"一切险"，除包括平安险和水渍险的各项责任外，还包括被保险货物在运输途中由于外来原因所致的全部或部分损失。在被保险人不存在故意或者过失的情况下，由于相关保险合同中除外责任条款所列明情形之外的其他原因，造成被保险货物损失的，可以认定属于导致被保险货物损失的"外来原因"，保险人应当承担运输途中由该外来原因所致的一切损失。

二、相关法条

《中华人民共和国保险法》第三十条。

三、基本案情

1995 年 11 月 28 日，海南丰海粮油工业有限公司（以下简称丰海公司）在中国人民财产保险股份有限公司海南省分公司（以下简称海南人保）投保了由印度尼西亚籍"哈卡"轮（HAGAAG）所运载的自印度尼西亚杜迈港至中国洋浦港的 4999.85 吨桶装棕榈油，投保险别为一切险，货价为 3574892.75 美元，保险金额为 3951258 美元，保险费为 18966 美元。投保后，丰海公司依约向海南人保支付了保险费，海南人保向丰海公司发出了起运通知，签发了海洋货物运输保险单，并将海洋货物运输保险条款附于保单之后。根据保险条款规定，一切险的承保范围除包括平安险和水渍险的各项责任外，海南人保还"负责被保险货物在运输途中由于外来原因所致的全部或部分损失"。该条款还规定了 5 项除外责任。上述投保货物是由丰海公司以 CNF 价格向新加坡丰益私人有限公司（以下简称丰益公司）购买的。根据买卖合同约定，发货人丰益公司与船东代理梁国际代理有限公司（以下简称梁国际）签订一份租约。该租约约定由"哈卡"轮将丰海公司投保的货物 5000 吨棕榈油运至中国洋浦港，将另 1000 吨棕榈油运往香港。

1995 年 11 月 29 日，"哈卡"轮的期租船人、该批货物的实际承运人印度尼西亚 PT. SAMUDERA INDRA 公司（以下简称 PSI 公司）签发了编号为 DM/YPU/1490/95 的已装船提单。该提单载明船舶为"哈卡"轮，装货港为印度尼西亚杜迈港，卸货港为中国洋浦港，货物唛头为 BATCH NO.80211/95，装货数量为 4999.85 吨，清洁、运费已付。据查，发货人丰益公司将运费支付给梁国际，梁国际已将运费支付给 PSI 公司。1995 年 12 月 14 日，丰海公司向其开证银行付款赎单，取得了上述投保货物的全套（3 份）正本提单。1995 年 11 月 23 日至 29 日，"哈卡"轮在杜迈港装载 31623 桶、净重 5999.82 吨四海牌棕榈油启航后，由于"哈卡"轮船东印度尼西亚 PT.PERUSAHAAN PELAYARAN BAHTERA BINTANG SELATAN 公司（以下简称 BBS 公司）与该轮的期租船人 PSI 公司之间因船舶租金发生纠纷，"哈卡"轮中止了提单约定的航程并对外封锁了该轮的动态情况。

为避免投保货物的损失，丰益公司、丰海公司、海南人保多次派代表参加"哈卡"轮船东与期租船人之间的协商，但由于船东以未收到租金为由不肯透露"哈卡"轮行踪，多方会谈未果。此后，丰益公司、丰海公司通过多种渠道交涉并多方查找"哈卡"轮行踪，海南人保亦通过其驻外机构协助查找"哈卡"轮。直至 1996 年 4 月，"哈卡"轮走私至中国汕尾被我海警查获。根据广州市人民检察院穗检刑免字（1996）64 号《免予起诉决定书》的认定，1996 年 1 月至 3 月，"哈卡"轮船长埃里斯·伦巴克根据 BBS 公司指令，指挥船员将其中 11325 桶、2100 多吨棕榈油转载到属同一船公司的"依瓦那"

和"萨拉哈"货船上运走销售，又让船员将船名"哈卡"轮涂改为"伊莉莎2"号（ELIZA Ⅱ）。1996年4月，更改为"伊莉莎2"号的货船载剩余货物20298桶棕榈油走私至中国汕尾，4月16日被我海警查获。上述20298桶棕榈油已被广东省检察机关作为走私货物没收上缴国库。1996年6月6日丰海公司向海南人保递交索赔报告书，8月20日丰海公司再次向海南人保提出书面索赔申请，海南人保明确表示拒赔。丰海公司遂诉至海口海事法院。

丰海公司是海南丰源贸易发展有限公司和新加坡海源国际有限公司于1995年8月14日开办的中外合资经营企业。该公司成立后，就与海南人保建立了业务关系。1995年10月1日至同年11月28日（本案保险单签发前）就发生了4笔进口棕榈油保险业务，其中3笔投保的险别为一切险，另1笔为"一切险附加战争险"。该4笔保险均发生索赔，其中有因为一切险范围内的货物短少、破漏发生的赔付。

四、裁判结果

海口海事法院于1996年12月25日做出（1996）海商初字第096号民事判决：一、海南人保应赔偿丰海公司保险价值损失3593858.75美元；二、驳回丰海公司的其他诉讼请求。宣判后，海南人保提出上诉。海南省高级人民法院于1997年10月27日做出（1997）琼经终字第44号民事判决：撤销一审判决，驳回丰海公司的诉讼请求。丰海公司向最高人民法院申请再审。最高人民法院于2003年8月11日以（2003）民四监字第35号民事裁定，决定对本案进行提审，并于2004年7月13日做出（2003）民四提字第5号民事判决：一、撤销海南省高级人民法院（1997）琼经终字第44号民事判决；二、维持海口海事法院（1996）海商初字第096号民事判决。

五、裁判理由

最高人民法院认为：本案为国际海上货物运输保险合同纠纷，被保险人、保险货物的目的港等均在中华人民共和国境内，原审以中华人民共和国法律作为解决本案纠纷的准据法正确，双方当事人亦无异议。

丰海公司与海南人保之间订立的保险合同合法有效，双方的权利义务应受保险单及所附保险条款的约束。本案保险标的已经发生实际全损，对此发货人丰益公司没有过错，亦无证据证明被保险人丰海公司存在故意或过失。保险标的的损失是由于"哈卡"轮船东 BBS 公司与期租船人之间的租金纠纷，将船载货物运走销售和走私行为造成的。本案争议的焦点在于如何理解涉案保险条款中一切险的责任范围。

二审审理中，海南省高级人民法院认为，根据保险单所附的保险条款和保险行业惯例，一切险的责任范围包括平安险、水渍险和普通附加险（即偷窃提货不着险、淡水雨淋险、短量险、沾污险、渗漏险、碰损破碎险、串味险、受潮受热险、钩损险、包装破损险和锈损险），中国人民银行《关于〈海洋运输货物'一切险'条款解释的请示〉的复函》亦作了相同的明确规定。可见，丰海公司投保货物的损失不属于一切险的责任范围。此外，鉴于海南人保与丰海公司有长期的保险业务关系，在本案纠纷发生前，双方曾多次签订保险合同，并且海南人保还作过一切险范围内的赔付，所以丰海公司对本案保险合同的主要内容、免责条款及一切险的责任范围应该是清楚的，故认定一审判决适用法律错误。

根据涉案"海洋运输货物保险条款"的规定，一切险除了包括平安险、水渍险的各项责任外，还负责被保险货物在运输过程中由于各种外来原因所造成的损失。同时保险条款中还明确列明了五种除外责任，即：①被保险人的故意行为或过失所造成的损失；②属于发货人责任所引起的损失；③在保险责任开始前，被保险货物已存在的品质不良或数量短差所造成的损失；④被保险货物的自然损耗、本质缺陷、特性以及市价跌落、运输迟延所引起的损失；⑤本公司海洋运输货物战争险条款和货物运输罢工险条款规定的责任范围和除外责任。从上述保险条款的规定看，海洋运输货物保险条款中的一切险条款具有如下特点：

1.一切险并非列明风险，而是非列明风险。在海洋运输货物保险条款中，平安险、水渍险为列明的风险，而一切险则为平安险、水渍险再加上未列明的运输途中由于外来原因造成的保险标的的损失。

2.保险标的的损失必须是外来原因造成的。被保险人在向保险人要求保险赔偿时，必须证明保险标的的损失是因为运输途中外来原因引起的。外来原因可以是自然原因，亦可以是人为的意外事故。但是一切险承保的风险具有不确定性，要求是不能确定的、意外的、无法列举的承保风险。对于那些预期的、确定的、正常的危险，则不属于外来原因的责任范围。

3.外来原因应当限于运输途中发生的，排除了运输发生以前和运输结束后发生的事故。只要被保险人证明损失并非因其自身原因，而是由于运输途中的意外事故造成的，保险人就应当承担保险赔偿责任。

根据《保险法》的规定，保险合同中规定有关于保险人责任免除条款的，保险人在订立合同时应当向投保人明确说明，未明确说明的，该条款仍然不能产生效力。据此，保险条款中列明的除外责任虽然不在保险人赔偿之列，但是应当以签订保险合同时，保险人已将除外责任条款明确告知被保险人为前提。否则，该除外责任条款不能约束被保险人。

关于中国人民银行的复函意见。在保监委成立之前，中国人民银行系保险行业的行政主管机关。1997 年 5 月 1 日，中国人民银行致中国人民保险公司《关于〈海洋运输货物保险"一切险"条款解释的请示〉的复函》中，认为一切险承保的范围是平安险、水渍险及被保险货物在运输途中由于外来原因所致的全部或部分损失。并且进一步提出：外来原因仅指偷窃、提货不着、淡水雨淋等。1998 年 11 月 27 日，中国人民银行在对《中保财产保险有限公司关于海洋运输货物保险条款解释》的复函中，再次明确一切险的责任范围包括平安险、水渍险及被保险货物在运输途中由于外来原因所致的全部或部分损失。其中外来原因所致的全部或部分损失是指 11 种一般附加险。鉴于中国人民银行的上述复函不是法律法规，亦不属于行政规章。根据《中华人民共和国立法法》的规定，国务院各部、委员会、中国人民银行、审计署以及具有行政管理职能的直属机构，可以根据法律和国务院的行政法规、决定、命令，在本部门的权限范围内，制定规章；部门规章规定的事项应当属于执行法律或者国务院的行政法规、决定、命令的事项。因此，保险条款亦不在职能部门有权制定的规章范围之内，故中国人民银行对保险条款的解释不能作为约束被保险人的依据。另外，中国人民银行关于一切险的复函属于对保险合同条款的解释。而对于平等主体之间签订的保险合同，依法只有人民法院和仲裁机构才有权做出约束当事人的解释。为此，上述复函不能约束被保险人。要使该复函所做解释成为约束被保险人的合同条款，只能是将其作为保险合同的内容附在保险单中。之所以产生中国人民保险公司向主管机关请示一切险的责任范围，主管机关对此做出答复，恰恰说明对于一切险的理解存在争议。而依据《保险法》第31条的规定，对于保险合同的条款，保险人与投保人、被保险人或者受益人有争议时，人民法院或者仲裁机关应当做出有利于被保险人和受益人的解释。作为行业主管机关做出对本行业有利的解释，不能适用于非本行业的合同当事人。

综上，应认定本案保险事故属一切险的责任范围。二审法院认为丰海公司投保货物的损失不属一切险的责任范围错误，应予纠正。丰海公司的再审申请理由依据充分，应予支持。

▲ **指导案例 74 号**

中国平安财产保险股份有限公司江苏分公司
诉江苏镇江安装集团有限公司保险人代位求偿权纠纷案

（最高人民法院审判委员会讨论通过 2016 年 12 月 28 日发布）

一、裁判要点

因第三者的违约行为给被保险人的保险标的造成损害的，可以认定为属于《中华人民共和国保险法》第六十条第一款规定的"第三者对保险标的的损害"的情形。保险人由此依法向第三者行使代位求偿权的，人民法院应予支持。

二、相关法条

《中华人民共和国保险法》第 60 条第 1 款。

三、基本案情

2008 年 10 月 28 日，被保险人华东联合制罐有限公司（以下简称华东制罐公司）、华东联合制罐第二有限公司（以下简称华东制罐第二公司）与被告江苏镇江安装集团有限公司（以下简称镇江安装公司）签订《建设工程施工合同》，约定由镇江安装公司负责被保险人整厂机器设备迁建安装等工作。《建设工程施工合同》第二部分"通用条款"第 38 条约定："承包人按专用条款的约定分包所承包的部分工程，并与分包单位签订分包合同，未经发包人同意，承包人不得将承包工程的任何部分分包"；"工程分包不能解除承包人任何责任与义务。承包人应在分包场地派驻相应管理人员，保证本合同的履行。分包单位的任何违约行为或疏忽导致工程损害或给发包人造成其他损失，承包人承担连带责任"。《建设工程施工合同》第三部分"专用条款"第14条第（1）项约定"承包人不得将本工程进行分包施工"。"通用条款"第40条约定："工程开工前，发包人为建设工程和施工场地内的自有人员及第三人人员生命财产办理保险，支付保险费用"；"运至施工场地内用于工程的材料和待安装设备，由发包人办理保险，并支付保险费用"；"发包人可以将有关保险事项委托承包人办理，费用由发包人承担"；"承包人必须为从事危险作业的职工办理意外伤害保险，并为施工场地内自有人员生命财产和施工机械设备办理保险，支付保险费用"。

2008年11月16日，镇江安装公司与镇江亚民大件起重有限公司（以下简称亚民运输公司）公司签订《工程分包合同》，将前述合同中的设备吊装、运输分包给亚民运输公司。2008年11月20日，就上述整厂迁建设备安装工程，华东制罐公司、华东制罐第二公司向中国平安财产保险股份有限公司江苏分公司（以下简称平安财险公司）投保了安装工程一切险。投保单中记载被保险人为华东制罐公司及华东制罐第二公司，并明确记载承包人镇江安装公司不是被保险人。投保单"物质损失投保项目和投保金额"栏载明"安装项目投保金额为177465335.56元"。附加险中，还投保有"内陆运输扩展条款A"，约定每次事故财产损失赔偿限额为200万元。投保期限从2008年11月20日起至2009年7月31日止。投保单附有被安装机器设备的清单，其中包括：SEQUA彩印机2台，合计原值为29894340.88元。投保单所附保险条款中，对"内陆运输扩展条款A"做如下说明：经双方同意，鉴于被保险人已按约定交付了附加的保险费，保险公司负责赔偿被保险人的保险财产在中华人民共和国境内供货地点到保险单中列明的工地，除水运和空运以外的内陆运输途中因自然灾害或意外事故引起的损失，但被保险财产在运输时必须有合格的包装及装载。

2008年12月19日10时30分许，亚民运输公司驾驶员姜玉才驾驶苏L06069、苏L003挂重型半挂车，从旧厂区承运彩印机至新厂区的途中，在转弯时车上钢丝绳断裂，造成彩印机侧翻滑落地面损坏。平安财险公司接险后，对受损标的确定了清单。经镇江市公安局交通巡逻警察支队现场查勘，认定姜玉才负事故全部责任。后华东制罐公司、华东制罐第二公司、平安财险公司、镇江安装公司及亚民运输公司共同委托泛华保险公估有限公司（以下简称泛华公估公司）对出险事故损失进行公估，并均同意认可泛华公估公司的最终理算结果。2010 年 3 月 9 日，泛华公估公司出具了公估报告，结论：出险原因系设备运输途中翻落（意外事故）；保单责任成立；定损金额总损1518431.32 元、净损 1498431.32 元；理算金额 1498431.32 元。泛华公估公司收取了平安财险公司支付的 47900 元公估费用。

2009 年 12 月 2 日，华东制罐公司及华东制罐第二公司向镇江安装公司发出《索赔函》称，"该事故导致的全部损失应由贵司与亚民运输公司共同承担。我方已经向投保的中国平安财产保险股份有限公司镇江中心支公司报险。一旦损失金额确定，投保公司核实并先行赔付后，对赔付限额内的权益，将由我方让渡给投保公司行使。对赔付不足部分，我方将另行向贵司与亚民运输公司主张"。

2010 年 5 月 12 日，华东制罐公司、华东制罐第二公司向平安财险公司出具赔款收据及权益转让书，载明：已收到平安财险公司赔付的 1498431.32元。同意将上述赔款部分保险标的的一切权益转让给平安财险公司，同意平安财险公司以平安财险公司的名义向责任方追偿。后平安财险公司诉至法院，请求判令镇江安装公司支付赔偿款和公估费。

四、裁判结果

江苏省镇江市京口区人民法院于 2011 年 2 月 16 日做出（2010）京商初字第 1822 号民事判决：一、江苏镇江安装集团有限公司于判决生效后 10 日内给付中国平安财产保险股份有限公司江苏分公司 1498431.32 元；二、驳回中国平安财产保险股份有限公司江苏分公司关于给付 47900 元公估费的诉讼请求。一审宣判后，江苏镇江安装集团有限公司向江苏省镇江市中级人民法院提起上诉。江苏省镇江市中级人民法院于 2011 年 4 月 12 日做出（2011）

镇商终字第0133号民事判决：一、撤销镇江市京口区人民法院（2010）京商初字第1822号民事判决；二、驳回中国平安财产保险股份有限公司江苏分公司对江苏镇江安装集团有限公司的诉讼请求。二审宣判后，中国平安财产保险股份有限公司江苏分公司向江苏省高级人民法院申请再审。江苏省高级人民法院于2014年5月30日做出（2012）苏商再提字第0035号民事判决：一、撤销江苏省镇江市中级人民法院（2011）镇商终字第0133号民事判决；二、维持镇江市京口区人民法院（2010）京商初字第1822号民事判决。

五、裁判理由

法院生效裁判认为，本案的焦点问题是：①保险代位求偿权的适用范围是否限于侵权损害赔偿请求权；②镇江安装公司能否以华东制罐公司、华东制罐第二公司已购买相关财产损失险为由，拒绝保险人对其行使保险代位求偿权。

关于第一个争议焦点。《中华人民共和国保险法》（以下简称《保险法》）第六十条第一款规定："因第三者对保险标的的损害而造成保险事故的，保险人自向被保险人赔偿保险金之日起，在赔偿金额范围内代位行使被保险人对第三者请求赔偿的权利。"该款使用的是"因第三者对保险标的的损害而造成保险事故"的表述，并未限制规定为"因第三者对保险标的的侵权损害而造成保险事故"。将保险代位求偿权的权利范围理解为限于侵权损害赔偿请求权，没有法律依据。从立法目的看，规定保险代位求偿权制度，在于避免财产保险的被保险人因保险事故的发生，分别从保险人及第三者获得赔偿，取得超出实际损失的不当利益，并因此增加道德风险。将《保险法》第六十条第一款中的"损害"理解为仅指"侵权损害"，不符合保险代位求偿权制度设立的目的。故保险人行使代位求偿权，应以被保险人对第三者享有损害赔偿请求权为前提，这里的赔偿请求权既可因第三者对保险标的实施的侵权行为而产生，亦可基于第三者的违约行为等产生，不应仅限于侵权赔偿请求权。本案平安财险公司是基于镇江安装公司的违约行为而非侵权行为行使代位求偿权，镇江安装公司对保险事故的发生是否有过错，对案件的处理并无影响。并且，《建设工程施工合同》约定"承包人不得将本工程进行分包施工"。因此，镇江安装公司关于其对保险事故的发生没有过错因而不应承担责任的答辩意见，不能成立。平安财险公司向镇江安装公司主张权利，主体适格，并无不当。

关于第二个争议焦点。镇江安装公司提出，在发包人与其签订的建设工程施工合同通用条款第40条中约定，待安装设备由发包人办理保险，并支付保险费用。从该约定可以看出，就工厂搬迁及设备的拆解安装事项，发包人与镇江安装公司共同商定办理保险，虽然保险费用由发包人承担，但该约定在双方的合同条款中体现，即该费用系双方承担，或者说，镇江安装公司在总承包费用中已经就保险费用做出了让步。由发包人向平安财险公司投保的业务，承包人也应当是被保险人。关于镇江安装公司的上述抗辩意见，《保险法》第十二条第二款、第六款分别规定："财产保险的被保险人在保险事故发生时，对保险标的应当具有保险利益"；"保险利益是指投保人或者被保险人对保险标的具有的法律上承认的利益"。据此，不同主体对于同一保险标的可以具有不同的保险利益，可就同一保险标的的投保与其保险利益相对应的保险险种，成立不同的保险合同，并在各自的保险利益范围内获得保险保障，从而实现利用保险制度分散各自风险的目的。因发包人和承包人对保险标的具有不同的保险利益，只有分别投保与其保险利益相对应的财产保险类别，才能获得相应的保险保障，二者不能相互替代。发包人华东制罐公司和华东制罐第二公司作为保险标的的所有权人，其投保的安装工程一切险是基于对保险标的享有的所有权保险利益而投保的险种，旨在分散保险标的的损坏或灭失风险，性质上属于财产损失保险；附加险中投保的"内陆运输扩展条款A"约定"保险公司负责赔偿被保险人的保险财产在中华人民共和国境内供货地点到保险单中列明的工地，除水运和空运以外的内陆运输途中因自然灾害或意外事故引起的损失"，该项附加险在性质上亦属财产损失保险。镇江安装公司并非案涉保险标的的所有权人，不享有所有权保险利益，其作为承包人对案涉保险标的享有责任保险利益，欲将施工过程中可能产生的损害赔偿责任转由保险人承担，应当投保相关责任保险，而不能借由发包人投保的财产损失保险免除自己应负的赔偿责任。其次，发包人不认可承包人的被保险人地位，案涉《安装工程一切险投保单》中记载的被保险人为华东制罐公司及华东制罐第二公司，并明确记载承包人镇江安装公司不是被保险人。因此，镇江安装公司关于"由发包人向平安财险公司投保的业务，承包人也应当是被保险人"的答辩意见，不能成立。《建设工程施工合同》明确约定"运至施工场地内用于工程的材料和待安装设备，由发包人办理保险，并支付保险费用"及"工程分包不能解除承包人任何责任与义务，分包单位的任何违约行为或疏忽导致工程损害或给发包人造成其他损失，承包人承担连带责任"。由此可见，发包人从未做出在保险赔偿范围内免除承包人赔偿责任的意思表示，双方并未约定在保险赔偿范围内免除承包人的赔偿责任。再次，在保险事故发生后，被保险人积极向承包人索赔并向平安财险公司出具了权益转让书。根据以上情况，镇江安装公司以其对保险标的也具有保险利益，且保险标的所有权人华东制罐公司和华东制罐第二公司已投保财产损失保险为由，主张免除其依建设工程施工合同应对两制罐公司承担的违约损害赔偿责任，并进而拒绝平安财险公司行使代位求偿权，没有法律依据，不予支持。

综上理由做出如上判决。

▲ 指导案例 140 号

李秋月等诉广州市花都区梯面镇红山村村民委员会
违反安全保障义务责任纠纷案

（最高人民法院审判委员会讨论通过 2020 年 10 月 9 日发布）

一、裁判要点

公共场所经营管理者的安全保障义务，应限于合理限度范围内，与其管理和控制能力相适应。完全民事行为能力人因私自攀爬景区内果树采摘果实而不慎跌落致其自身损害，主张经营管理者承担赔偿责任的，人民法院不予支持。

二、相关法条

《中华人民共和国侵权责任法》第 37 条第 1 款。

三、基本案情

红山村景区为国家 AAA 级旅游景区，不设门票。广东省广州市花都区梯面镇红山村村民委员会（以下简称红山村村民委员会）系景区内情人堤河道旁杨梅树的所有人，其未向村民或游客提供免费采摘杨梅的活动。2017 年 5 月 19 日下午，吴某私自上树采摘杨梅不慎从树上跌落受伤。随后，有村民将吴某送红山村医务室，但当时医务室没有人员。有村民拨打 120 电话，但 120 救护车迟迟未到。后红山村村民李某 1 自行开车送吴某到广州市花都区梯面镇医院治疗。吴某于当天转至广州市中西医结合医院治疗，后因抢救无效于当天死亡。

红山村曾于 2014 年 1 月 26 日召开会议表决通过《红山村村规民约》，该村规民约第二条规定：每位村民要自觉维护村集体的各项财产利益，每个村民要督促自己的子女自觉维护村内的各项公共设施和绿化树木，如有村民故意破坏或损坏公共设施，要负责赔偿一切费用。

吴某系红山村村民，于 1957 年出生。李记坤系吴某的配偶，李秋月、李月如、李天托系吴某的子女。李秋月、李月如、李天托、李记坤向法院起诉，主张红山村村民委员会未尽到安全保障义务，在本案事故发生后，被告未采取及时和必要的救助措施，应对吴某的死亡承担责任。请求判令被告承担 70% 的人身损害赔偿责任 631346.31 元。

四、裁判结果

广东省广州市花都区人民法院于 2017 年 12 月 22 日做出（2017）粤 0114 民初 6921 号民事判决：一、被告广州市花都区梯面镇红山村村民委员会向原告李秋月、李月如、李天托、李记坤赔偿 45096.17 元，于本判决发生法律效力之日起 10 日内付清；二、驳回原告李秋月、李月如、李天托、李记坤的其他诉讼请求。宣判后，李秋月、李月如、李天托、李记坤与广州市花都区梯面镇红山村村民委员会均提出上诉。广东省广州市中级人民法院于 2018 年 4 月 16 日做出（2018）粤 01 民终 4942 号民事判决：驳回上诉，维持原判。二审判决生效后，广东省广州市中级人民法院于 2019 年 11 月 14 日做出（2019）粤 01 民监 4 号民事裁定，再审本案。广东省广州市中级人民法院于 2020 年 1 月 20 日做出（2019）粤 01 民再 273 号民事判决：一、撤销本院（2018）粤 01 民终 4942 号民事判决及广东省广州市花都区人民法院（2017）粤 0114 民初 6921 号民事判决；二、驳回李秋月、李月如、李天托、李记坤的诉讼请求。

五、裁判理由

法院生效裁判认为：本案的争议焦点是红山村村民委员会是否应对吴某

的损害后果承担赔偿责任。

首先，红山村村民委员会没有违反安全保障义务。红山村村民委员会作为红山村景区的管理人，虽负有保障游客免遭损害的安全保障义务，但安全保障义务内容的确定应限于景区管理人的管理和控制能力的合理范围之内。红山村景区属于开放式景区，未向村民或游客提供采摘杨梅的活动，杨梅树本身并无安全隐患，若要求红山村村民委员会对景区内的所有树木加以围蔽、设置警示标志或采取其他防护措施，显然超过善良管理人的注意标准。从爱护公物、文明出行的角度而言，村民或游客均不应私自爬树采摘杨梅。吴某作为具有完全民事行为能力的成年人，应当充分预见攀爬杨梅树采摘杨梅的危险性，并自觉规避此类危险行为。故李秋月、李月如、李天托、李记坤主张红山村村民委员会未尽安全保障义务，缺乏事实依据。

其次，吴某的坠亡系其私自爬树采摘杨梅所致，与红山村村民委员会不具有法律上的因果关系。《红山村村规民约》规定：村民要自觉维护村集体的各项财产利益，包括公共设施和绿化树木等。该村规民约是红山村村民的行为准则和道德规范，形成红山村的公序良俗。吴某作为红山村村民，私自爬树采摘杨梅，违反了村规民约和公序良俗，导致了损害后果的发生，该损害后果与红山村村民委员会不具有法律上的因果关系。

最后，红山村村民委员会对吴某私自爬树坠亡的后果不存在过错。吴某坠亡系其自身过失行为所致，红山村村民委员会难以预见和防止吴某私自爬树可能产生的后果。吴某跌落受伤后，红山村村民委员会主任李某2及时拨打120电话求救，在救护车到达前，另有村民驾车将吴某送往医院救治。因此，红山村村民委员会对吴某损害后果的发生不存在过错。

综上所述，吴某因私自爬树采摘杨梅不慎坠亡，后果令人痛惜。虽然红山村为事件的发生地，杨梅树为红山村村民委员会集体所有，但吴某的私自采摘行为有违村规民约，与公序良俗相悖，且红山村村民委员会并未违反安全保障义务，不应承担赔偿责任。

附录

中华人民共和国保险法 (2015 年修正)

法律修订

1995 年 6 月 30 日第八届全国人民代表大会常务委员会第十四次会议通过

2002 年 10 月 28 日第九届全国人民代表大会常务委员会第三十次

会议《关于修改〈中华人民共和国保险法〉的决定》修正

2009 年 2 月 28 日第十一届全国人民代表大会常务委员会第七次会议修订

2009 年 2 月 28 日中华人民共和国主席令（十一届）第十一号公布

自 2009 年 10 月 1 日起施行

根据 2014 年 8 月 31 日第十二届全国人民代表大会常务委员会《关于修

改〈保险法〉等五部法律的决定》修正

2015 年 4 月 24 日第十二届全国人民代表大会常务委员会第十四次会议

全国人民代表大会常务委员会《关于修改〈中华人民共和国计量法〉等五部

法律的决定》修正

正文

第一章　总则

第一条　为了规范保险活动，保护保险活动当事人的合法权益，加强对保险业的监督管理，维护社会经济秩序和社会公共利益，促进保险事业的健康发展，制定本法。

第二条　本法所称保险，是指投保人根据合同约定，向保险人支付保险费，保险人对于合同约定的可能发生的事故因其发生所造成的财产损失承担赔偿保险金责任，或者当被保险人死亡、伤残、疾病或者达到合同约定的年龄、期限等条件时承担给付保险金责任的商业保险行为。

第三条　在中华人民共和国境内从事保险活动，适用本法。

第四条　从事保险活动必须遵守法律、行政法规，尊重社会公德，不得损害社会公共利益。

第五条　保险活动当事人行使权利、履行义务应当遵循诚实信用原则。

第六条　保险业务由依照本法设立的保险公司以及法律、行政法规规定的其他保险组织经营，其他单位和个人不得经营保险业务。

第七条　在中华人民共和国境内的法人和其他组织需要办理境内保险的，应当向中华人民共和国境内的保险公司投保。

第八条　保险业和银行业、证券业、信托业实行分业经营、分业管理，保险公司与银行、证券、信托业务机构分别设立。国家另有规定的除外。

第九条　国务院保险监督管理机构依法对保险业实施监督管理。国务院保险监督管理机构根据履行职责的需要设立派出机构。派出机构按照国务院保险监督管理机构的授权履行监督管理职责。

第二章　保险合同

第十条　保险合同是投保人与保险人约定保险权利义务关系的协议。投保人是指与保险人订立保险合同，并按照合同约定负有支付保险费义务的人。保险人是指与投保人订立保险合同，并按照合同约定承担赔偿或者给付保险金责任的保险公司。

第十一条 订立保险合同，应当协商一致，遵循公平原则确定各方的权利和义务。除法律、行政法规规定必须保险的外，保险合同自愿订立。

第十二条 人身保险的投保人在保险合同订立时，对被保险人应当具有保险利益。财产保险的被保险人在保险事故发生时，对保险标的应当具有保险利益。人身保险是以人的寿命和身体为保险标的的保险。财产保险是以财产及其有关利益为保险标的的保险。被保险人是指其财产或者人身受保险合同保障，享有保险金请求权的人。投保人可以为被保险人。保险利益是指投保人或者被保险人对保险标的具有的法律上承认的利益。

第十三条 投保人提出保险要求，经保险人同意承保，保险合同成立。保险人应当及时向投保人签发保险单或者其他保险凭证。保险单或者其他保险凭证应当载明当事人双方约定的合同内容。当事人也可以约定采用其他书面形式载明合同内容。依法成立的保险合同，自成立时生效。投保人和保险人可以对合同的效力约定附条件或者附期限。

第十四条 保险合同成立后，投保人按照约定交付保险费，保险人按照约定的时间开始承担保险责任。

第十五条 除本法另有规定或者保险合同另有约定外，保险合同成立后，投保人可以解除合同，保险人不得解除合同。

第十六条 订立保险合同，保险人就保险标的或者被保险人的有关情况提出询问的，投保人应当如实告知。投保人故意或者因重大过失未履行前款规定的如实告知义务，足以影响保险人决定是否同意承保或者提高保险费率的，保险人有权解除合同。前款规定的合同解除权，自保险人知道有解除事由之日起，超过三十日不行使而消灭。自合同成立之日起超过二年的，保险人不得解除合同；发生保险事故的，保险人应当承担赔偿或者给付保险金的责任。投保人故意不履行如实告知义务的，保险人对于合同解除前发生的保险事故，不承担赔偿或者给付保险金的责任，并不退还保险费。投保人因重大过失未履行如实告知义务，对保险事故的发生有严重影响的，保险人对于合同解除前发生的保险事故，不承担赔偿或者给付保险金的责任，但应当退还保险费。保险人在合同订立时已经知道投保人未如实告知的情况的，保险人不得解除合同；发生保险事故的，保险人应当承担赔偿或者给付保险金的责任。保险事故是指保险合同约定的保险责任范围内的事故。

第十七条　订立保险合同，采用保险人提供的格式条款的，保险人向投保人提供的投保单应当附格式条款，保险人应当向投保人说明合同的内容。对保险合同中免除保险人责任的条款，保险人在订立合同时应当在投保单、保险单或者其他保险凭证上做出足以引起投保人注意的提示，并对该条款的内容以书面或者口头形式向投保人做出明确说明；未做提示或者明确说明的，该条款不产生效力。

第十八条　保险合同应当包括下列事项：（一）保险人的名称和住所；（二）投保人、被保险人的姓名或者名称、住所，以及人身保险的受益人的姓名或者名称、住所；（三）保险标的；（四）保险责任和责任免除；（五）保险期间和保险责任开始时间；（六）保险金额；（七）保险费以及支付办法；（八）保险金赔偿或者给付办法；（九）违约责任和争议处理；（十）订立合同的年、月、日。　投保人和保险人可以约定与保险有关的其他事项。受益人是指人身保险合同中由被保险人或者投保人指定的享有保险金请求权的人。投保人、被保险人可以为受益人。　保险金额是指保险人承担赔偿或者给付保险金责任的最高限额。

第十九条　采用保险人提供的格式条款订立的保险合同中的下列条款无效：（一）免除保险人依法应承担的义务或者加重投保人、被保险人责任的；（二）排除投保人、被保险人或者受益人依法享有的权利的。

第二十条　投保人和保险人可以协商变更合同内容。变更保险合同的，应当由保险人在保险单或者其他保险凭证上批注或者附贴批单，或者由投保人和保险人订立变更的书面协议。

第二十一条　投保人、被保险人或者受益人知道保险事故发生后，应当及时通知保险人。故意或者因重大过失未及时通知，致使保险事故的性质、原因、损失程度等难以确定的，保险人对无法确定的部分，不承担赔偿或者给付保险金的责任，但保险人通过其他途径已经及时知道或者应当及时知道保险事故发生的除外。

第二十二条 保险事故发生后，按照保险合同请求保险人赔偿或者给付保险金时，投保人、被保险人或者受益人应当向保险人提供其所能提供的与确认保险事故的性质、原因、损失程度等有关的证明和资料。保险人按照合同的约定，认为有关的证明和资料不完整的，应当及时一次性通知投保人、被保险人或者受益人补充提供。

第二十三条 保险人收到被保险人或者受益人的赔偿或者给付保险金的请求后，应当及时做出核定；情形复杂的，应当在三十日内做出核定，但合同另有约定的除外。保险人应当将核定结果通知被保险人或者受益人；对属于保险责任的，在与被保险人或者受益人达成赔偿或者给付保险金的协议后十日内，履行赔偿或者给付保险金义务。保险合同对赔偿或者给付保险金的期限有约定的，保险人应当按照约定履行赔偿或者给付保险金义务。保险人未及时履行前款规定义务的，除支付保险金外，应当赔偿被保险人或者受益人因此受到的损失。任何单位和个人不得非法干预保险人履行赔偿或者给付保险金的义务，也不得限制被保险人或者受益人取得保险金的权利。

第二十四条 保险人依照本法第二十三条的规定做出核定后，对不属于保险责任的，应当自做出核定之日起三日内向被保险人或者受益人发出拒绝赔偿或者拒绝给付保险金通知书，并说明理由。

第二十五条 保险人自收到赔偿或者给付保险金的请求和有关证明、资料之日起六十日内，对其赔偿或者给付保险金的数额不能确定的，应当根据已有证明和资料可以确定的数额先予支付；保险人最终确定赔偿或者给付保险金的数额后，应当支付相应的差额。

第二十六条 人寿保险以外的其他保险的被保险人或者受益人，向保险人请求赔偿或者给付保险金的诉讼时效期间为二年，自其知道或者应当知道保险事故发生之日起计算。人寿保险的被保险人或者受益人向保险人请求给付保险金的诉讼时效期间为五年，自其知道或者应当知道保险事故发生之日起计算。

第二十七条　未发生保险事故，被保险人或者受益人谎称发生了保险事故，向保险人提出赔偿或者给付保险金请求的，保险人有权解除合同，并不退还保险费。投保人、被保险人故意制造保险事故的，保险人有权解除合同，不承担赔偿或者给付保险金的责任；除本法第四十三条规定外，不退还保险费。　保险事故发生后，投保人、被保险人或者受益人以伪造、变造的有关证明、资料或者其他证据，编造虚假的事故原因或者夸大损失程度的，保险人对其虚报的部分不承担赔偿或者给付保险金的责任。投保人、被保险人或者受益人有前三款规定行为之一，致使保险人支付保险金或者支出费用的，应当退回或者赔偿。

第二十八条　保险人将其承担的保险业务，以分保形式部分转移给其他保险人的，为再保险。应再保险接受人的要求，再保险分出人应当将其自负责任及原保险的有关情况书面告知再保险接受人。

第二十九条　再保险接受人不得向原保险的投保人要求支付保险费。原保险的被保险人或者受益人不得向再保险接受人提出赔偿或者给付保险金的请求。再保险分出人不得以再保险接受人未履行再保险责任为由，拒绝履行或者迟延履行其原保险责任。

第三十条　采用保险人提供的格式条款订立的保险合同，保险人与投保人、被保险人或者受益人对合同条款有争议的，应当按照通常理解予以解释。对合同条款有两种以上解释的，人民法院或者仲裁机构应当做出有利于被保险人和受益人的解释。

第三十一条　投保人对下列人员具有保险利益：（一）本人；（二）配偶、子女、父母；（三）前项以外与投保人有抚养、赡养或者扶养关系的家庭其他成员、近亲属；（四）与投保人有劳动关系的劳动者。　除前款规定外，被保险人同意投保人为其订立合同的，视为投保人对被保险人具有保险利益。订立合同时，投保人对被保险人不具有保险利益的，合同无效。

第三十二条　投保人申报的被保险人年龄不真实，并且其真实年龄不符合合同约定的年龄限制的，保险人可以解除合同，并按照合同约定退还保险单的现金价值。保险人行使合同解除权，适用本法第十六条第三款、第六款的规定。投保人申报的被保险人年龄不真实，致使投保人支付的保险费少于应付保险费的，保险人有权更正并要求投保人补交保险费，或者在给付保险金时按照实付保险费与应付保险费的比例支付。投保人申报的被保险人年龄不真实，致使投保人支付的保险费多于应付保险费的，保险人应当将多收的保险费退还投保人。

第三十三条 投保人不得为无民事行为能力人投保以死亡为给付保险金条件的人身保险，保险人也不得承保。父母为其未成年子女投保的人身保险，不受前款规定限制。但是，因被保险人死亡给付的保险金总和不得超过国务院保险监督管理机构规定的限额。

第三十四条 以死亡为给付保险金条件的合同，未经被保险人同意并认可保险金额的，合同无效。按照以死亡为给付保险金条件的合同所签发的保险单，未经被保险人书面同意，不得转让或者质押。父母为其未成年子女投保的人身保险，不受本条第一款规定限制。

第三十五条 投保人可以按照合同约定向保险人一次支付全部保险费或者分期支付保险费。

第三十六条 合同约定分期支付保险费，投保人支付首期保险费后，除合同另有约定外，投保人自保险人催告之日起超过三十日未支付当期保险费，或者超过约定的期限六十日未支付当期保险费的，合同效力中止，或者由保险人按照合同约定的条件减少保险金额。被保险人在前款规定期限内发生保险事故的，保险人应当按照合同约定给付保险金，但可以扣减欠交的保险费。

第三十七条 合同效力依照本法第三十六条规定中止的，经保险人与投保人协商并达成协议，在投保人补交保险费后，合同效力恢复。但是，自合同效力中止之日起满二年双方未达成协议的，保险人有权解除合同。保险人依照前款规定解除合同的，应当按照合同约定退还保险单的现金价值。

第三十八条 保险人对人寿保险的保险费，不得用诉讼方式要求投保人支付。

第三十九条　人身保险的受益人由被保险人或者投保人指定。投保人指定受益人时须经被保险人同意。投保人为与其有劳动关系的劳动者投保人身保险，不得指定被保险人及其近亲属以外的人为受益人。被保险人为无民事行为能力人或者限制民事行为能力人的，可以由其监护人指定受益人。

第四十条　被保险人或者投保人可以指定一人或者数人为受益人。受益人为数人的，被保险人或者投保人可以确定受益顺序和受益份额；未确定受益份额的，受益人按照相等份额享有受益权。

第四十一条　被保险人或者投保人可以变更受益人并书面通知保险人。保险人收到变更受益人的书面通知后，应当在保险单或者其他保险凭证上批注或者附贴批单。投保人变更受益人时须经被保险人同意。

第四十二条　被保险人死亡后，有下列情形之一的，保险金作为被保险人的遗产，由保险人依照《中华人民共和国继承法》的规定履行给付保险金的义务：（一）没有指定受益人，或者受益人指定不明无法确定的；（二）受益人先于被保险人死亡，没有其他受益人的；（三）受益人依法丧失受益权或者放弃受益权，没有其他受益人的。受益人与被保险人在同一事件中死亡，且不能确定死亡先后顺序的，推定受益人死亡在先。

第四十三条　投保人故意造成被保险人死亡、伤残或者疾病的，保险人不承担给付保险金的责任。投保人已交足二年以上保险费的，保险人应当按照合同约定向其他权利人退还保险单的现金价值。受益人故意造成被保险人死亡、伤残、疾病的，或者故意杀害被保险人未遂的，该受益人丧失受益权。

第四十四条　以被保险人死亡为给付保险金条件的合同，自合同成立或者合同效力恢复之日起二年内，被保险人自杀的，保险人不承担给付保险金的责任，但被保险人自杀时为无民事行为能力人的除外。保险人依照前款规定不承担给付保险金责任的，应当按照合同约定退还保险单的现金价值。

第四十五条　因被保险人故意犯罪或者抗拒依法采取的刑事强制措施导致其伤残或者死亡的，保险人不承担给付保险金的责任。投保人已交足二年以上保险费的，保险人应当按照合同约定退还保险单的现金价值。

第四十六条　被保险人因第三者的行为而发生死亡、伤残或者疾病等保险事故的，保险人向被保险人或者受益人给付保险金后，不享有向第三者追偿的权利，但被保险人或者受益人仍有权向第三者请求赔偿。

第四十七条　投保人解除合同的，保险人应当自收到解除合同通知之日起三十日内，按照合同约定退还保险单的现金价值。

第四十八条　保险事故发生时，被保险人对保险标的不具有保险利益的，不得向保险人请求赔偿保险金。

第四十九条　保险标的转让的，保险标的的受让人承继被保险人的权利和义务。保险标的转让的，被保险人或者受让人应当及时通知保险人，但货物运输保险合同和另有约定的合同除外。因保险标的转让导致危险程度显著增加的，保险人自收到前款规定的通知之日起三十日内，可以按照合同约定增加保险费或者解除合同。保险人解除合同的，应当将已收取的保险费，按照合同约定扣除自保险责任开始之日起至合同解除之日止应收的部分后，退还投保人。被保险人、受让人未履行本条第二款规定的通知义务的，因转让导致保险标的危险程度显著增加而发生的保险事故，保险人不承担赔偿保险金的责任。

第五十条　货物运输保险合同和运输工具航程保险合同，保险责任开始后，合同当事人不得解除合同。

第五十一条　被保险人应当遵守国家有关消防、安全、生产操作、劳动保护等方面的规定，维护保险标的的安全。保险人可以按照合同约定对保险标的的安全状况进行检查，及时向投保人、被保险人提出消除不安全因素和隐患的书面建议。投保人、被保险人未按照约定履行其对保险标的的安全应尽责任的，保险人有权要求增加保险费或者解除合同。保险人为维护保险标的的安全，经被保险人同意，可以采取安全预防措施。

第五十二条　在合同有效期内，保险标的的危险程度显著增加的，被保险人应当按照合同约定及时通知保险人，保险人可以按照合同约定增加保险费或者解除合同。保险人解除合同的，应当将已收取的保险费，按照合同约定扣除自保险责任开始之日起至合同解除之日止应收的部分后，退还投保人。

被保险人未履行前款规定的通知义务的，因保险标的的危险程度显著增加而发生的保险事故，保险人不承担赔偿保险金的责任。

第五十三条　有下列情形之一的，除合同另有约定外，保险人应当降低保险费，并按日计算退还相应的保险费：（一）据以确定保险费率的有关情况发生变化，保险标的的危险程度明显减少的；（二）保险标的的保险价值明显减少的。

第五十四条　保险责任开始前，投保人要求解除合同的，应当按照合同约定向保险人支付手续费，保险人应当退还保险费。保险责任开始后，投保人要求解除合同的，保险人应当将已收取的保险费，按照合同约定扣除自保险责任开始之日起至合同解除之日止应收的部分后，退还投保人。

第五十五条　投保人和保险人约定保险标的的保险价值并在合同中载明的，保险标的发生损失时，以约定的保险价值为赔偿计算标准。投保人和保险人未约定保险标的的保险价值的，保险标的发生损失时，以保险事故发生时保险标的的实际价值为赔偿计算标准。保险金额不得超过保险价值。超过保险价值的，超过部分无效，保险人应当退还相应的保险费。保险金额低于保险价值的，除合同另有约定外，保险人按照保险金额与保险价值的比例承担赔偿保险金的责任。

第五十六条　重复保险的投保人应当将重复保险的有关情况通知各保险人。重复保险的各保险人赔偿保险金的总和不得超过保险价值。除合同另有约定外，各保险人按照其保险金额与保险金额总和的比例承担赔偿保险金的责任。重复保险的投保人可以就保险金额总和超过保险价值的部分，请求各保险人按比例返还保险费。重复保险是指投保人对同一保险标的、同一保险利益、同一保险事故分别与两个以上保险人订立保险合同，且保险金额总和超过保险价值的保险。

第五十七条　保险事故发生时，被保险人应当尽力采取必要的措施，防止或者减少损失。保险事故发生后，被保险人为防止或者减少保险标的的损失所支付的必要的、合理的费用，由保险人承担；保险人所承担的费用数额在保险标的的损失赔偿金额以外另行计算，最高不超过保险金额的数额。

第五十八条　保险标的发生部分损失的，自保险人赔偿之日起三十日内，投保人可以解除合同；除合同另有约定外，保险人也可以解除合同，但应当提前十五日通知投保人。合同解除的，保险人应当将保险标的未受损失部分的保险费，按照合同约定扣除自保险责任开始之日起至合同解除之日止应收的部分后，退还投保人。

第五十九条　保险事故发生后，保险人已支付了全部保险金额，并且保险金额等于保险价值的，受损保险标的的全部权利归于保险人；保险金额低于保险价值的，保险人按照保险金额与保险价值的比例取得受损保险标的的部分权利。

第六十条　因第三者对保险标的的损害而造成保险事故的，保险人自向被保险人赔偿保险金之日起，在赔偿金额范围内代位行使被保险人对第三者请求赔偿的权利。前款规定的保险事故发生后，被保险人已经从第三者取得损害赔偿的，保险人赔偿保险金时，可以相应扣减被保险人从第三者已取得的赔偿金额。保险人依照本条第一款规定行使代位请求赔偿的权利，不影响被保险人就未取得赔偿的部分向第三者请求赔偿的权利。

第六十一条　保险事故发生后，保险人未赔偿保险金之前，被保险人放弃对第三者请求赔偿的权利的，保险人不承担赔偿保险金的责任。保险人向被保险人赔偿保险金后，被保险人未经保险人同意放弃对第三者请求赔偿的权利的，该行为无效。被保险人故意或者因重大过失致使保险人不能行使代位请求赔偿的权利的，保险人可以扣减或者要求返还相应的保险金。

第六十二条　除被保险人的家庭成员或者其组成人员故意造成本法第六十条第一款规定的保险事故外，保险人不得对被保险人的家庭成员或者其组成人员行使代位请求赔偿的权利。

第六十三条　保险人向第三者行使代位请求赔偿的权利时，被保险人应当向保险人提供必要的文件和所知道的有关情况。沿革信息引用统计

第六十四条　保险人、被保险人为查明和确定保险事故的性质、原因和保险标的的损失程度所支付的必要的、合理的费用，由保险人承担。

第六十五条　保险人对责任保险的被保险人给第三者造成的损害，可以

依照法律的规定或者合同的约定，直接向该第三者赔偿保险金。责任保险的被保险人给第三者造成损害，被保险人对第三者应负的赔偿责任确定的，根据被保险人的请求，保险人应当直接向该第三者赔偿保险金。被保险人怠于请求的，第三者有权就其应获赔偿部分直接向保险人请求赔偿保险金。责任保险的被保险人给第三者造成损害，被保险人未向该第三者赔偿的，保险人不得向被保险人赔偿保险金。责任保险是指以被保险人对第三者依法应负的赔偿责任为保险标的的保险。

第六十六条 责任保险的被保险人因给第三者造成损害的保险事故而被提起仲裁或者诉讼的，被保险人支付的仲裁或者诉讼费用以及其他必要的、合理的费用，除合同另有约定外，由保险人承担。

第三章 保险公司

第六十七条 设立保险公司应当经国务院保险监督管理机构批准。国务院保险监督管理机构审查保险公司的设立申请时，应当考虑保险业的发展和公平竞争的需要。

第六十八条 设立保险公司应当具备下列条件：（一）主要股东具有持续盈利能力，信誉良好，最近三年内无重大违法违规记录，净资产不低于人民币二亿元；（二）有符合本法和《中华人民共和国公司法》规定的章程；（三）有符合本法规定的注册资本；（四）有具备任职专业知识和业务工作经验的董事、监事和高级管理人员；（五）有健全的组织机构和管理制度；（六）有符合要求的营业场所和与经营业务有关的其他设施；（七）法律、行政法规和国务院保险监督管理机构规定的其他条件。

第六十九条 设立保险公司，其注册资本的最低限额为人民币二亿元。国务院保险监督管理机构根据保险公司的业务范围、经营规模，可以调整其注册资本的最低限额，但不得低于本条第一款规定的限额。保险公司的注册资本必须为实缴货币资本。

第七十条 申请设立保险公司，应当向国务院保险监督管理机构提出书面申请，并提交下列材料：（一）设立申请书，申请书应当载明拟设立的保险公司的名称、注册资本、业务范围等；（二）可行性研究报告；（三）筹建方案；（四）投资人的营业执照或者其他背景资料，经会计师事务所审计的上一年度财务会计报告；（五）投资人认可的筹备组负责人和拟任董事长、经理名单及本人认可证明；（六）国务院保险监督管理机构规定的其他材料。

第七十一条 国务院保险监督管理机构应当对设立保险公司的申请进行审查，自受理之日起六个月内做出批准或者不批准筹建的决定，并书面通知申请人。决定不批准的，应当书面说明理由。

第七十二条 申请人应当自收到批准筹建通知之日起一年内完成筹建工作；筹建期间不得从事保险经营活动。

第七十三条 筹建工作完成后，申请人具备本法第六十八条规定的设立条件的，可以向国务院保险监督管理机构提出开业申请。国务院保险监督管理机构应当自受理开业申请之日起六十日内，做出批准或者不批准开业的决定。决定批准的，颁发经营保险业务许可证；决定不批准的，应当书面通知申请人并说明理由。

第七十四条 保险公司在中华人民共和国境内设立分支机构，应当经保险监督管理机构批准。保险公司分支机构不具有法人资格，其民事责任由保险公司承担。

第七十五条 保险公司申请设立分支机构，应当向保险监督管理机构提出书面申请，并提交下列材料：（一）设立申请书；（二）拟设机构三年业务发展规划和市场分析材料；（三）拟任高级管理人员的简历及相关证明材料；（四）国务院保险监督管理机构规定的其他材料。

第七十六条 保险监督管理机构应当对保险公司设立分支机构的申请进行审查，自受理之日起六十日内做出批准或者不批准的决定。决定批准的，颁发分支机构经营保险业务许可证；决定不批准的，应当书面通知申请人并说明理由。

第七十七条 经批准设立的保险公司及其分支机构，凭经营保险业务许

可证向工商行政管理机关办理登记，领取营业执照

第七十八条　保险公司及其分支机构自取得经营保险业务许可证之日起六个月内，无正当理由未向工商行政管理机关办理登记的，其经营保险业务许可证失效。

第七十九条　保险公司在中华人民共和国境外设立子公司、分支机构，应当经国务院保险监督管理机构批准。沿革信息引用统计

第八十条　外国保险机构在中华人民共和国境内设立代表机构，应当经国务院保险监督管理机构批准。代表机构不得从事保险经营活动。

第八十一条　保险公司的董事、监事和高级管理人员，应当品行良好，熟悉与保险相关的法律、行政法规，具有履行职责所需的经营管理能力，并在任职前取得保险监督管理机构核准的任职资格。保险公司高级管理人员的范围由国务院保险监督管理机构规定。

第八十二条　有《中华人民共和国公司法》第一百四十六条规定的情形或者下列情形之一的，不得担任保险公司的董事、监事、高级管理人员：（一）因违法行为或者违纪行为被金融监督管理机构取消任职资格的金融机构的董事、监事、高级管理人员，自被取消任职资格之日起未逾五年的；（二）因违法行为或者违纪行为被吊销执业资格的律师、注册会计师或者资产评估机构、验证机构等机构的专业人员，自被吊销执业资格之日起未逾五年的。

第八十三条　保险公司的董事、监事、高级管理人员执行公司职务时违反法律、行政法规或者公司章程的规定，给公司造成损失的，应当承担赔偿责任。

第八十四条　保险公司有下列情形之一的，应当经保险监督管理机构批准：（一）变更名称；（二）变更注册资本；（三）变更公司或者分支机构的营业场所；（四）撤销分支机构；（五）公司分立或者合并；（六）修改公司章程；（七）变更出资额占有限责任公司资本总额百分之五以上的股东，或者变更持有股份有限公司股份百分之五以上的股东；（八）国务院保险监督管理机构规定的其他情形。

第八十五条　保险公司应当聘用专业人员，建立精算报告制度和合规报

告制度。

第八十六条 保险公司应当按照保险监督管理机构的规定，报送有关报告、报表、文件和资料。保险公司的偿付能力报告、财务会计报告、精算报告、合规报告及其他有关报告、报表、文件和资料必须如实记录保险业务事项，不得有虚假记载、误导性陈述和重大遗漏。

第八十七条 保险公司应当按照国务院保险监督管理机构的规定妥善保管业务经营活动的完整账簿、原始凭证和有关资料。前款规定的账簿、原始凭证和有关资料的保管期限，自保险合同终止之日起计算，保险期间在一年以下的不得少于五年，保险期间超过一年的不得少于十年。

第八十八条 保险公司聘请或者解聘会计师事务所、资产评估机构、资信评级机构等中介服务机构，应当向保险监督管理机构报告；解聘会计师事务所、资产评估机构、资信评级机构等中介服务机构，应当说明理由。

第八十九条 保险公司因分立、合并需要解散，或者股东会、股东大会决议解散，或者公司章程规定的解散事由出现，经国务院保险监督管理机构批准后解散。经营有人寿保险业务的保险公司，除因分立、合并或者被依法撤销外，不得解散。保险公司解散，应当依法成立清算组进行清算。

第九十条 保险公司有《中华人民共和国企业破产法》第二条规定情形的，经国务院保险监督管理机构同意，保险公司或者其债权人可以依法向人民法院申请重整、和解或者破产清算；国务院保险监督管理机构也可以依法向人民法院申请对该保险公司进行重整或者破产清算

第九十一条 破产财产在优先清偿破产费用和共益债务后，按照下列顺序清偿：（一）所欠职工工资和医疗、伤残补助、抚恤费用，所欠应当划入职工个人账户的基本养老保险、基本医疗保险费用，以及法律、行政法规规定应当支付给职工的补偿金；（二）赔偿或者给付保险金；（三）保险公司欠缴的除第（一）项规定以外的社会保险费用和所欠税款；（四）普通破产债权。破产财产不足以清偿同一顺序的清偿要求的，按照比例分配。破产保险公司的董事、监事和高级管理人员的工资，按照该公司职工的平均工资计算。

第九十二条　经营有人寿保险业务的保险公司被依法撤销或者被依法宣告破产的，其持有的人寿保险合同及责任准备金，必须转让给其他经营有人寿保险业务的保险公司；不能同其他保险公司达成转让协议的，由国务院保险监督管理机构指定经营有人寿保险业务的保险公司接受转让。转让或者由国务院保险监督管理机构指定接受转让前款规定的人寿保险合同及责任准备金的，应当维护被保险人、受益人的合法权益。

第九十三条　保险公司依法终止其业务活动，应当注销其经营保险业务许可证。

第九十四条　保险公司，除本法另有规定外，适用《中华人民共和国公司法》的规定。

第四章　保险经营规则

第九十五条　保险公司的业务范围：（一）人身保险业务，包括人寿保险、健康保险、意外伤害保险等保险业务；（二）财产保险业务，包括财产损失保险、责任保险、信用保险、保证保险等保险业务；（三）国务院保险监督管理机构批准的与保险有关的其他业务。保险人不得兼营人身保险业务和财产保险业务。但是，经营财产保险业务的保险公司经国务院保险监督管理机构批准，可以经营短期健康保险业务和意外伤害保险业务。保险公司应当在国务院保险监督管理机构依法批准的业务范围内从事保险经营活动。

第九十六条　经国务院保险监督管理机构批准，保险公司可以经营本法第九十五条规定的保险业务的下列再保险业务：（一）分出保险；（二）分入保险。

第九十七条　保险公司应当按照其注册资本总额的百分之二十提取保证金，存入国务院保险监督管理机构指定的银行，除公司清算时用于清偿债务外，不得动用。

第九十八条　保险公司应当根据保障被保险人利益、保证偿付能力的原则，提取各项责任准备金。保险公司提取和结转责任准备金的具体办法，由国务院保险监督管理机构制定。

第九十九条 保险公司应当依法提取公积金。

第一百条 保险公司应当缴纳保险保障基金。保险保障基金应当集中管理，并在下列情形下统筹使用：（一）在保险公司被撤销或者被宣告破产时，向投保人、被保险人或者受益人提供救济；（二）在保险公司被撤销或者被宣告破产时，向依法接受其人寿保险合同的保险公司提供救济；（三）国务院规定的其他情形。保险保障基金筹集、管理和使用的具体办法，由国务院制定。

第一百零一条 保险公司应当具有与其业务规模和风险程度相适应的最低偿付能力。保险公司的认可资产减去认可负债的差额不得低于国务院保险监督管理机构规定的数额；低于规定数额的，应当按照国务院保险监督管理机构的要求采取相应措施达到规定的数额。

第一百零二条 经营财产保险业务的保险公司当年自留保险费，不得超过其实有资本金加公积金总和的四倍。

第一百零三条 保险公司对每一危险单位，即对一次保险事故可能造成的最大损失范围所承担的责任，不得超过其实有资本金加公积金总和的百分之十；超过的部分应当办理再保险。保险公司对危险单位的划分应当符合国务院保险监督管理机构的规定。

第一百零四条 保险公司对危险单位的划分方法和巨灾风险安排方案，应当报国务院保险监督管理机构备案。

第一百零五条 保险公司应当按照国务院保险监督管理机构的规定办理再保险，并审慎选择再保险接受人。

第一百零六条 保险公司的资金运用必须稳健，遵循安全性原则。保险公司的资金运用限于下列形式：（一）银行存款；（二）买卖债券、股票、证券投资基金份额等有价证券；（三）投资不动产；（四）国务院规定的其他资金运用形式。保险公司资金运用的具体管理办法，由国务院保险监督管理机构依照前两款的规定制定。

第一百零七条 经国务院保险监督管理机构会同国务院证券监督管理机

构批准，保险公司可以设立保险资产管理公司。保险资产管理公司从事证券投资活动，应当遵守《中华人民共和国证券法》等法律、行政法规的规定。保险资产管理公司的管理办法，由国务院保险监督管理机构会同国务院有关部门制定。

第一百零八条 保险公司应当按照国务院保险监督管理机构的规定，建立对关联交易的管理和信息披露制度。

第一百零九条 保险公司的控股股东、实际控制人、董事、监事、高级管理人员不得利用关联交易损害公司的利益。

第一百一十条 保险公司应当按照国务院保险监督管理机构的规定，真实、准确、完整地披露财务会计报告、风险管理状况、保险产品经营情况等重大事项。

第一百一十一条 保险公司从事保险销售的人员应当品行良好，具有保险销售所需的专业能力。保险销售人员的行为规范和管理办法，由国务院保险监督管理机构规定。

第一百一十二条 保险公司应当建立保险代理人登记管理制度，加强对保险代理人的培训和管理，不得唆使、诱导保险代理人进行违背诚信义务的活动。

第一百一十三条 保险公司及其分支机构应当依法使用经营保险业务许可证，不得转让、出租、出借经营保险业务许可证。

第一百一十四条 保险公司应当按照国务院保险监督管理机构的规定，公平、合理拟订保险条款和保险费率，不得损害投保人、被保险人和受益人的合法权益。保险公司应当按照合同约定和本法规定，及时履行赔偿或者给付保险金义务。

第一百一十五条 保险公司开展业务，应当遵循公平竞争的原则，不得从事不正当竞争。

第一百一十六条 保险公司及其工作人员在保险业务活动中不得有下列行为：（一）欺骗投保人、被保险人或者受益人；（二）对投保人隐瞒与保险合同有关的重要情况；（三）阻碍投保人履行本法规定的如实告知义务，或者诱导其不履行本法规定的如实告知义务；（四）给予或者承诺给予投保人、被保险人、受益人保险合同约定以外的保险费回扣或者其他利益；（五）拒不依法履行保险合同约定的赔偿或者给付保险金义务；（六）故意编造未曾发生的保险事故、虚构保险合同或者故意夸大已经发生的保险事故的损失程度进行虚假理赔，骗取保险金或者牟取其他不正当利益；（七）挪用、截留、侵占保险费；（八）委托未取得合法资格的机构从事保险销售活动；（九）利用开展保险业务为其他机构或者个人牟取不正当利益；（十）利用保险代理人、保险经纪人或者保险评估机构，从事以虚构保险中介业务或者编造退保等方式套取费用等违法活动；（十一）以捏造、散布虚假事实等方式损害竞争对手的商业信誉，或者以其他不正当竞争行为扰乱保险市场秩序；（十二）泄露在业务活动中知悉的投保人、被保险人的商业秘密；（十三）违反法律、行政法规和国务院保险监督管理机构规定的其他行为。

第五章　保险代理人和保险经纪人

第一百一十七条　保险代理人是根据保险人的委托，向保险人收取佣金，并在保险人授权的范围内代为办理保险业务的机构或者个人。保险代理机构包括专门从事保险代理业务的保险专业代理机构和兼营保险代理业务的保险兼业代理机构。

第一百一十八条　保险经纪人是基于投保人的利益，为投保人与保险人订立保险合同提供中介服务，并依法收取佣金的机构。

第一百一十九条　保险代理机构、保险经纪人应当具备国务院保险监督管理机构规定的条件，取得保险监督管理机构颁发的经营保险代理业务许可证、保险经纪业务许可证。

第一百二十条　以公司形式设立保险专业代理机构、保险经纪人，其注册资本最低限额适用《中华人民共和国公司法》的规定。国务院保险监督管理机构根据保险专业代理机构、保险经纪人的业务范围和经营规模，可以调整其注册资本的最低限额，但不得低于《中华人民共和国公司法》规定的限额。 保险专业代理机构、保险经纪人的注册资本或者出资额必须为实缴货币资本。

第一百二十一条 保险专业代理机构、保险经纪人的高级管理人员，应当品行良好，熟悉保险法律、行政法规，具有履行职责所需的经营管理能力，并在任职前取得保险监督管理机构核准的任职资格。

第一百二十二条 个人保险代理人、保险代理机构的代理从业人员、保险经纪人的经纪从业人员，应当品行良好，具有从事保险代理业务或者保险经纪业务所需的专业能力。

第一百二十三条 保险代理机构、保险经纪人应当有自己的经营场所，设立专门账簿记载保险代理业务、经纪业务的收支情况。

第一百二十四条 保险代理机构、保险经纪人应当按照国务院保险监督管理机构的规定缴存保证金或者投保职业责任保险。

第一百二十五条 个人保险代理人在代为办理人寿保险业务时，不得同时接受两个以上保险人的委托。

第一百二十六条 保险人委托保险代理人代为办理保险业务，应当与保险代理人签订委托代理协议，依法约定双方的权利和义务。

第一百二十七条 保险代理人根据保险人的授权代为办理保险业务的行为，由保险人承担责任。保险代理人没有代理权、超越代理权或者代理权终止后以保险人名义订立合同，使投保人有理由相信其有代理权的，该代理行为有效。保险人可以依法追究越权的保险代理人的责任。

第一百二十八条 保险经纪人因过错给投保人、被保险人造成损失的，依法承担赔偿责任。

第一百二十九条 保险活动当事人可以委托保险公估机构等依法设立的独立评估机构或者具有相关专业知识的人员，对保险事故进行评估和鉴定。接受委托对保险事故进行评估和鉴定的机构和人员，应当依法、独立、客观、公正地进行评估和鉴定，任何单位和个人不得干涉。前款规定的机构和人员，因故意或者过失给保险人或者被保险人造成损失的，依法承担赔偿责任。

第一百三十条 保险佣金只限于向保险代理人、保险经纪人支付，不得向其他人支付。

第一百三十一条 保险代理人、保险经纪人及其从业人员在办理保险业务活动中不得有下列行为：（一）欺骗保险人、投保人、被保险人或者受益人；（二）隐瞒与保险合同有关的重要情况；（三）阻碍投保人履行本法规定的如实告知义务，或者诱导其不履行本法规定的如实告知义务；（四）给予或者承诺给予投保人、被保险人或者受益人保险合同约定以外的利益；（五）利用行政权力、职务或者职业便利以及其他不正当手段强迫、引诱或者限制投保人订立保险合同；（六）伪造、擅自变更保险合同，或者为保险合同当事人提供虚假证明材料；（七）挪用、截留、侵占保险费或者保险金；（八）利用业务便利为其他机构或者个人牟取不正当利益；（九）串通投保人、被保险人或者受益人，骗取保险金；（十）泄露在业务活动中知悉的保险人、投保人、被保险人的商业秘密。

第一百三十二条 本法第八十六条第一款、第一百一十三条的规定，适用于保险代理机构和保险经纪人。

第六章　保险业监督管理

第一百三十三条 保险监督管理机构依照本法和国务院规定的职责，遵循依法、公开、公正的原则，对保险业实施监督管理，维护保险市场秩序，保护投保人、被保险人和受益人的合法权益。

第一百三十四条 国务院保险监督管理机构依照法律、行政法规制定并发布有关保险业监督管理的规章。

第一百三十五条 关系社会公众利益的保险险种、依法实行强制保险的险种和新开发的人寿保险险种等的保险条款和保险费率，应当报国务院保险监督管理机构批准。国务院保险监督管理机构审批时，应当遵循保护社会公众利益和防止不正当竞争的原则。其他保险险种的保险条款和保险费率，应当报保险监督管理机构备案。保险条款和保险费率审批、备案的具体办法，由国务院保险监督管理机构依照前款规定制定。

第一百三十六条　保险公司使用的保险条款和保险费率违反法律、行政法规或者国务院保险监督管理机构的有关规定的，由保险监督管理机构责令停止使用，限期修改；情节严重的，可以在一定期限内禁止申报新的保险条款和保险费率。

第一百三十七条　国务院保险监督管理机构应当建立健全保险公司偿付能力监管体系，对保险公司的偿付能力实施监控。

第一百三十八条　对偿付能力不足的保险公司，国务院保险监督管理机构应当将其列为重点监管对象，并可以根据具体情况采取下列措施：（一）责令增加资本金、办理再保险；（二）限制业务范围；（三）限制向股东分红；（四）限制固定资产购置或者经营费用规模；（五）限制资金运用的形式、比例；（六）限制增设分支机构；（七）责令拍卖不良资产、转让保险业务；（八）限制董事、监事、高级管理人员的薪酬水平；（九）限制商业性广告；（十）责令停止接受新业务。

第一百三十九条　保险公司未依照本法规定提取或者结转各项责任准备金，或者未依照本法规定办理再保险，或者严重违反本法关于资金运用的规定的，由保险监督管理机构责令限期改正，并可以责令调整负责人及有关管理人员。

第一百四十条　保险监督管理机构依照本法第一百四十条的规定做出限期改正的决定后，保险公司逾期未改正的，国务院保险监督管理机构可以决定选派保险专业人员和指定该保险公司的有关人员组成整顿组，对公司进行整顿。　整顿决定应当载明被整顿公司的名称、整顿理由、整顿组成员和整顿期限，并予以公告。

第一百四十一条　整顿组有权监督被整顿保险公司的日常业务。被整顿公司的负责人及有关管理人员应当在整顿组的监督下行使职权。

第一百四十二条　整顿过程中，被整顿保险公司的原有业务继续进行。但是，国务院保险监督管理机构可以责令被整顿公司停止部分原有业务、停止接受新业务，调整资金运用。

第一百四十三条　被整顿保险公司经整顿已纠正其违反本法规定的行为，

恢复正常经营状况的，由整顿组提出报告，经国务院保险监督管理机构批准，结束整顿，并由国务院保险监督管理机构予以公告。

第一百四十四条 保险公司有下列情形之一的，国务院保险监督管理机构可以对其实行接管：（一）公司的偿付能力严重不足的；（二）违反本法规定，损害社会公共利益，可能严重危及或者已经严重危及公司的偿付能力的。 被接管的保险公司的债权债务关系不因接管而变化。

第一百四十五条 接管组的组成和接管的实施办法，由国务院保险监督管理机构决定，并予以公告。

第一百四十六条 接管期限届满，国务院保险监督管理机构可以决定延长接管期限，但接管期限最长不得超过二年。

第一百四十七条 接管期限届满，被接管的保险公司已恢复正常经营能力的，由国务院保险监督管理机构决定终止接管，并予以公告。

第一百四十八条 被整顿、被接管的保险公司有《中华人民共和国企业破产法》第二条规定情形的，国务院保险监督管理机构可以依法向人民法院申请对该保险公司进行重整或者破产清算。

第一百四十九条 保险公司因违法经营被依法吊销经营保险业务许可证的，或者偿付能力低于国务院保险监督管理机构规定标准，不予撤销将严重危害保险市场秩序、损害公共利益的，由国务院保险监督管理机构予以撤销并公告，依法及时组织清算组进行清算。

第一百五十条 国务院保险监督管理机构有权要求保险公司股东、实际控制人在指定的期限内提供有关信息和资料。

第一百五十一条 保险公司的股东利用关联交易严重损害公司利益，危及公司偿付能力的，由国务院保险监督管理机构责令改正。在按照要求改正前，国务院保险监督管理机构可以限制其股东权利；拒不改正的，可以责令其转让所持的保险公司股权。

第一百五十二条 保险监督管理机构根据履行监督管理职责的需要，可以与保险公司董事、监事和高级管理人员进行监督管理谈话，要求其就公司的业务活动和风险管理的重大事项做出说明。

第一百五十三条 保险公司在整顿、接管、撤销清算期间，或者出现重大风险时，国务院保险监督管理机构可以对该公司直接负责的董事、监事、高级管理人员和其他直接责任人员采取以下措施：（一）通知出境管理机关依法阻止其出境；（二）申请司法机关禁止其转移、转让或者以其他方式处分财产，或者在财产上设定其他权利。

第一百五十四条 保险监督管理机构依法履行职责，可以采取下列措施：（一）对保险公司、保险代理人、保险经纪人、保险资产管理公司、外国保险机构的代表机构进行现场检查；（二）进入涉嫌违法行为发生场所调查取证；（三）询问当事人及与被调查事件有关的单位和个人，要求其对与被调查事件有关的事项做出说明；（四）查阅、复制与被调查事件有关的财产权登记等资料；（五）查阅、复制保险公司、保险代理人、保险经纪人、保险资产管理公司、外国保险机构的代表机构以及与被调查事件有关的单位和个人的财务会计资料及其他相关文件和资料；对可能被转移、隐匿或者毁损的文件和资料予以封存；（六）查询涉嫌违法经营的保险公司、保险代理人、保险经纪人、保险资产管理公司、外国保险机构的代表机构以及与涉嫌违法事项有关的单位和个人的银行账户；（七）对有证据证明已经或者可能转移、隐匿违法资金等涉案财产或者隐匿、伪造、毁损重要证据的，经保险监督管理机构主要负责人批准，申请人民法院予以冻结或者查封。保险监督管理机构采取前款第（一）项、第（二）项、第（五）项措施的，应当经保险监督管理机构负责人批准；采取第（六）项措施的，应当经国务院保险监督管理机构负责人批准。保险监督管理机构依法进行监督检查或者调查，其监督检查、调查的人员不得少于二人，并应当出示合法证件和监督检查、调查通知书；监督检查、调查的人员少于二人或者未出示合法证件和监督检查、调查通知书的，被检查、调查的单位和个人有权拒绝。

第一百五十五条 保险监督管理机构依法履行职责，被检查、调查的单位和个人应当配合。

第一百五十六条 保险监督管理机构工作人员应当忠于职守，依法办事，公正廉洁，不得利用职务便利牟取不正当利益，不得泄露所知悉的有关单位和个人的商业秘密。

第一百五十七条 国务院保险监督管理机构应当与中国人民银行、国务院其他金融监督管理机构建立监督管理信息共享机制。保险监督管理机构依法履行职责，进行监督检查、调查时，有关部门应当予以配合。

第七章　法律责任

第一百五十八条 违反本法规定，擅自设立保险公司、保险资产管理公司或者非法经营商业保险业务的，由保险监督管理机构予以取缔，没收违法所得，并处违法所得一倍以上五倍以下的罚款；没有违法所得或者违法所得不足二十万元的，处二十万元以上一百万元以下的罚款。

第一百五十九条 违反本法规定，擅自设立保险专业代理机构、保险经纪人，或者未取得经营保险代理业务许可证、保险经纪业务许可证从事保险代理业务、保险经纪业务的，由保险监督管理机构予以取缔，没收违法所得，并处违法所得一倍以上五倍以下的罚款；没有违法所得或者违法所得不足五万元的，处五万元以上三十万元以下的罚款。

第一百六十条 保险公司违反本法规定，超出批准的业务范围经营的，由保险监督管理机构责令限期改正，没收违法所得，并处违法所得一倍以上五倍以下的罚款；没有违法所得或者违法所得不足十万元的，处十万元以上五十万元以下的罚款。逾期不改正或者造成严重后果的，责令停业整顿或者吊销业务许可证。

第一百六十一条 保险公司有本法第一百一十六条规定行为之一的，由保险监督管理机构责令改正，处五万元以上三十万元以下的罚款；情节严重的，限制其业务范围、责令停止接受新业务或者吊销业务许可证。

第一百六十二条 保险公司违反本法第八十四条规定的，由保险监督管理机构责令改正，处一万元以上十万元以下的罚款。

第一百六十三条 保险公司违反本法规定，有下列行为之一的，由保险监督管理机构责令改正，处五万元以上三十万元以下的罚款：（一）超额承保，情节严重的；（二）为无民事行为能力人承保以死亡为给付保险金条件的保险的。

第一百六十四条 违反本法规定，有下列行为之一的，由保险监督管理机构责令改正，处五万元以上三十万元以下的罚款；情节严重的，可以限制其业务范围、责令停止接受新业务或者吊销业务许可证：（一）未按照规定提存保证金或者违反规定动用保证金的；（二）未按照规定提取或者结转各项责任准备金的；（三）未按照规定缴纳保险保障基金或者提取公积金的；（四）未按照规定办理再保险的；（五）未按照规定运用保险公司资金的；（六）未经批准设立分支机构；（七）未按照规定申请批准保险条款、保险费率的。

第一百六十五条 保险代理机构、保险经纪人有本法第一百三十一条规定行为之一的，由保险监督管理机构责令改正，处五万元以上三十万元以下的罚款；情节严重的，吊销业务许可证。

第一百六十六条 保险代理机构、保险经纪人违反本法规定，有下列行为之一的，由保险监督管理机构责令改正，处二万元以上十万元以下的罚款；情节严重的，责令停业整顿或者吊销业务许可证：（一）未按照规定缴存保证金或者投保职业责任保险的；（二）未按照规定设立专门账簿记载业务收支情况的。

第一百六十七条 违反本法规定，聘任不具有任职资格的人员的，由保险监督管理机构责令改正，处二万元以上十万元以下的罚款。

第一百六十八条 违反本法规定，转让、出租、出借业务许可证的，由保险监督管理机构处一万元以上十万元以下的罚款；情节严重的，责令停业整顿或者吊销业务许可证。

第一百六十九条 违反本法规定，有下列行为之一的，由保险监督管理机构责令限期改正；逾期不改正的，处一万元以上十万元以下的罚款：（一）未按照规定报送或者保管报告、报表、文件、资料的，或者未按照规定提供有关信息、资料的；（二）未按照规定报送保险条款、保险费率备案的；（三）未按照规定披露信息的。

第一百七十条 违反本法规定，有下列行为之一的，由保险监督管理机构责令改正，处十万元以上五十万元以下的罚款；情节严重的，可以限制其业务范围、责令停止接受新业务或者吊销业务许可证：（一）编制或者提供虚假的报告、报表、文件、资料的；（二）拒绝或者妨碍依法监督检查的；（三）未按照规定使用经批准或者备案的保险条款、保险费率的。

第一百七十一条 保险公司、保险资产管理公司、保险专业代理机构、保险经纪人违反本法规定的，保险监督管理机构除分别依照本法第一百六十条至第一百七十条的规定对该单位给予处罚外，对其直接负责的主管人员和其他直接责任人员给予警告，并处一万元以上十万元以下的罚款；情节严重的，撤销任职资格。

第一百七十二条 个人保险代理人违反本法规定的，由保险监督管理机构给予警告，可以并处二万元以下的罚款；情节严重的，处二万元以上十万元以下的罚款。

第一百七十三条 外国保险机构未经国务院保险监督管理机构批准，擅自在中华人民共和国境内设立代表机构的，由国务院保险监督管理机构予以取缔，处五万元以上三十万元以下的罚款。外国保险机构在中华人民共和国境内设立的代表机构从事保险经营活动的，由保险监督管理机构责令改正，没收违法所得，并处违法所得一倍以上五倍以下的罚款；没有违法所得或者违法所得不足二十万元的，处二十万元以上一百万元以下的罚款；对其首席代表可以责令撤换；情节严重的，撤销其代表机构。

第一百七十四条 投保人、被保险人或者受益人有下列行为之一，进行保险诈骗活动，尚不构成犯罪的，依法给予行政处罚：（一）投保人故意虚构保险标的，骗取保险金的；（二）编造未曾发生的保险事故，或者编造虚假的事故原因或者夸大损失程度，骗取保险金的；（三）故意造成保险事故，骗取保险金的。保险事故的鉴定人、评估人、证明人故意提供虚假的证明文件，为投保人、被保险人或者受益人进行保险诈骗提供条件的，依照前款规定给予处罚。

第一百七十五条 违反本法规定，给他人造成损害的，依法承担民事责任。

第一百七十六条 拒绝、阻碍保险监督管理机构及其工作人员依法行使监督检查、调查职权，未使用暴力、威胁方法的，依法给予治安管理处罚。

第一百七十七条 违反法律、行政法规的规定，情节严重的，国务院保险监督管理机构可以禁止有关责任人员一定期限直至终身进入保险业。

第一百七十八条 保险监督管理机构从事监督管理工作的人员有下列情形之一的，依法给予处分：（一）违反规定批准机构的设立的；（二）违反规定进行保险条款、保险费率审批的；（三）违反规定进行现场检查的；（四）违反规定查询账户或者冻结资金的；（五）泄露其知悉的有关单位和个人的商业秘密的；（六）违反规定实施行政处罚的；（七）滥用职权、玩忽职守的其他行为。

第一百七十九条 违反本法规定，构成犯罪的，依法追究刑事责任。

第八章 附则

第一百八十条 保险公司应当加入保险行业协会。保险代理人、保险经纪人、保险公估机构可以加入保险行业协会。保险行业协会是保险业的自律性组织，是社会团体法人。

第一百八十一条 保险公司以外的其他依法设立的保险组织经营的商业保险业务，适用本法。

第一百八十二条 海上保险适用《中华人民共和国海商法》的有关规定；《中华人民共和国海商法》未规定的，适用本法的有关规定。

第一百八十三条 中外合资保险公司、外资独资保险公司、外国保险公司分公司适用本法规定；法律、行政法规另有规定的，适用其规定。

第一百八十四条 国家支持发展为农业生产服务的保险事业。农业保险由法律、行政法规另行规定。强制保险，法律、行政法规另有规定的，适用其规定。

第一百八十五条 本法自 2009 年 10 月 1 日起施行。

最高人民法院关于适用
《中华人民共和国保险法》若干问题
的解释（一）

《最高人民法院关于适用〈中华人民共和国保险法〉若干问题的解释（一）》已于 2009 年 9 月 14 日由最高人民法院审判委员会第 1473 次会议通过，现予公布，自 2009 年 10 月 1 日起施行。

为正确审理保险合同纠纷案件，切实维护当事人的合法权益，现就人民法院适用 2009 年 2 月 28 日第十一届全国人大常委会第七次会议修订的《中华人民共和国保险法》（以下简称保险法）的有关问题规定如下：

第一条 保险法施行后成立的保险合同发生的纠纷，适用保险法的规定。保险法施行前成立的保险合同发生的纠纷，除本解释另有规定外，适用当时的法律规定，当时的法律没有规定的，参照适用保险法的有关规定。

认定保险合同是否成立，适用合同订立时的法律。

第二条【关于合同效力的规定】 对于保险法施行前成立的保险合同，适用当时的法律认定无效而适用保险法认定有效的，适用保险法的规定。

第三条 保险合同成立于保险法施行前而保险标的转让、保险事故、理赔、代位求偿等行为或事件，发生于保险法施行后的，适用保险法的规定。

第四条【关于因投保人未履行如实告知义务或申报被保险人年龄不

真实为由主张解除合同适用修订后的保险法的规定 】 保险合同成立于保险法施行前，保险法施行后，保险人以投保人未履行如实告知义务或者申报被保险人年龄不真实为由，主张解除合同的，适用保险法的规定。

第五条 保险法施行前成立的保险合同，下列情形下的期间自 2009 年 10 月 1 日起计算：

（一）保险法施行前，保险人收到赔偿或者给付保险金的请求，保险法施行后，适用保险法第二十三条规定的三十日的；

（二）保险法施行前，保险人知道解除事由，保险法施行后，按照保险法第十六条、第三十二条的规定行使解除权，适用保险法第十六条规定的三十日的；

（三）保险法施行后，保险人按照保险法第十六条第二款的规定请求解除合同，适用保险法第十六条规定的二年的；

（四）保险法施行前，保险人收到保险标的转让通知，保险法施行后，以保险标的转让导致危险程度显著增加为由请求按照合同约定增加保险费或者解除合同，适用保险法第四十九条规定的三十日的。

第六条 保险法施行前已经终审的案件，当事人申请再审或者按照审判监督程序提起再审的案件，不适用保险法的规定。

最高人民法院关于适用
《中华人民共和国保险法》若干问题
的解释（二）

　　《最高人民法院关于适用〈中华人民共和国保险法〉若干问题的解释（二）》已于2013年5月6日由最高人民法院审判委员会第1577次会议通过，现予公布，自2013年6月8日起施行。最高人民法院2013年5月31日

　　为正确审理保险合同纠纷案件，切实维护当事人的合法权益，根据《中华人民共和国民法典》《中华人民共和国保险法》《中华人民共和国民事诉讼法》等法律规定，结合审判实践，就保险法中关于保险合同一般规定部分有关法律适用问题解释如下：

　　第一条　财产保险中，不同投保人就同一保险标的分别投保，保险事故发生后，被保险人在其保险利益范围内依据保险合同主张保险赔偿的，人民法院应予支持。

　　第二条　人身保险中，因投保人对被保险人不具有保险利益导致保险合同无效，投保人主张保险人退还扣减相应手续费后的保险费的，人民法院应予支持。

　　第三条　投保人或者投保人的代理人订立保险合同时没有亲自签字或者盖章，而由保险人或者保险人的代理人代为签字或者盖章的,对投保人不生效。

但投保人已经交纳保险费的，视为其对代签字或者盖章行为的追认。

保险人或者保险人的代理人代为填写保险单证后经投保人签字或者盖章确认的，代为填写的内容视为投保人的真实意思表示。但有证据证明保险人或者保险人的代理人存在保险法第一百一十六条、第一百三十一条相关规定情形的除外。

第四条 保险人接受了投保人提交的投保单并收取了保险费，尚未做出是否承保的意思表示，发生保险事故，被保险人或者受益人请求保险人按照保险合同承担赔偿或者给付保险金责任，符合承保条件的，人民法院应予支持；不符合承保条件的，保险人不承担保险责任，但应当退还已经收取的保险费。

保险人主张不符合承保条件的，应承担举证责任。

第五条 保险合同订立时，投保人明知的与保险标的或者被保险人有关的情况，属于保险法第十六条第一款规定的投保人"应当如实告知"的内容。

第六条 投保人的告知义务限于保险人询问的范围和内容。当事人对询问范围及内容有争议的，保险人负举证责任。

保险人以投保人违反了对投保单询问表中所列概括性条款的如实告知义务为由请求解除合同的，人民法院不予支持。但该概括性条款有具体内容的除外。

第七条 保险人在保险合同成立后知道或者应当知道投保人未履行如实告知义务，仍然收取保险费，又依照保险法第十六条第二款的规定主张解除合同的，人民法院不予支持。

第八条 保险人未行使合同解除权，直接以存在保险法第十六条第四款、第五款规定的情形为由拒绝赔偿的，人民法院不予支持。但当事人就拒绝赔偿事宜及保险合同存续另行达成一致的情况除外。

第九条 保险人提供的格式合同文本中的责任免除条款、免赔额、免赔率、比例赔付或者给付等免除或者减轻保险人责任的条款，可以认定为保险法第十七条第二款规定的"免除保险人责任的条款"。

保险人因投保人、被保险人违反法定或者约定义务，享有解除合同权利的条款，不属于保险法第十七条第二款规定的"免除保险人责任的条款"。

第十条　保险人将法律、行政法规中的禁止性规定情形作为保险合同免责条款的免责事由，保险人对该条款做出提示后，投保人、被保险人或者受益人以保险人未履行明确说明义务为由主张该条款不成为合同内容的，人民法院不予支持。

第十一条　保险合同订立时，保险人在投保单或者保险单等其他保险凭证上，对保险合同中免除保险人责任的条款，以足以引起投保人注意的文字、字体、符号或者其他明显标志做出提示的，人民法院应当认定其履行了保险法第十七条第二款规定的提示义务。

保险人对保险合同中有关免除保险人责任条款的概念、内容及其法律后果以书面或者口头形式向投保人做出常人能够理解的解释说明的，人民法院应当认定保险人履行了保险法第十七条第二款规定的明确说明义务。

第十二条　通过网络、电话等方式订立的保险合同，保险人以网页、音频、视频等形式对免除保险人责任条款予以提示和明确说明的，人民法院可以认定其履行了提示和明确说明义务。

第十三条　保险人对其履行了明确说明义务负举证责任。

投保人对保险人履行了符合本解释第十一条第二款要求的明确说明义务在相关文书上签字、盖章或者以其他形式予以确认的，应当认定保险人履行了该项义务。但另有证据证明保险人未履行明确说明义务的除外。

第十四条　保险合同中记载的内容不一致的，按照下列规则认定：

（一）投保单与保险单或者其他保险凭证不一致的，以投保单为准。但不一致的情形系经保险人说明并经投保人同意的，以投保人签收的保险单或者其他保险凭证载明的内容为准；

（二）非格式条款与格式条款不一致的，以非格式条款为准；

（三）保险凭证记载的时间不同的，以形成时间在后的为准；

（四）保险凭证存在手写和打印两种方式的，以双方签字、盖章的手写部分的内容为准。

第十五条　保险法第二十三条规定的三十日核定期间，应自保险人初次收到索赔请求及投保人、被保险人或者受益人提供的有关证明和资料之日起算。

保险人主张扣除投保人、被保险人或者受益人补充提供有关证明和资料期间的，人民法院应予支持。扣除期间自保险人根据保险法第二十二条规定做出的通知到达投保人、被保险人或者受益人之日起，至投保人、被保险人或者受益人按照通知要求补充提供的有关证明和资料到达保险人之日止。

第十六条　保险人应以自己的名义行使保险代位求偿权。

根据保险法第六十条第一款的规定，保险人代位求偿权的诉讼时效期间应自其取得代位求偿权之日起算。

第十七条　保险人在其提供的保险合同格式条款中对非保险术语所做的解释符合专业意义，或者虽不符合专业意义，但有利于投保人、被保险人或者受益人的，人民法院应予认可。

第十八条　行政管理部门依据法律规定制作的交通事故认定书、火灾事故认定书等，人民法院应当依法审查并确认其相应的证明力，但有相反证据能够推翻的除外。

第十九条　保险事故发生后，被保险人或者受益人起诉保险人，保险人以被保险人或者受益人未要求第三者承担责任为由抗辩不承担保险责任的，人民法院不予支持。

财产保险事故发生后，被保险人就其所受损失从第三者取得赔偿后的不足部分提起诉讼，请求保险人赔偿的，人民法院应予依法受理。

第二十条　保险公司依法设立并取得营业执照的分支机构属于《中华人民共和国民事诉讼法》第四十八条规定的其他组织，可以作为保险合同纠纷案件的当事人参加诉讼。

第二十一条　本解释施行后尚未终审的保险合同纠纷案件，适用本解释；本解释施行前已经终审，当事人申请再审或者按照审判监督程序决定再审的案件，不适用本解释。

最高人民法院关于适用
《中华人民共和国保险法》若干问题
的解释（三）

（2015年9月21日最高人民法院审判委员会第1661次会议通过，根据2020年12月23日最高人民法院审判委员会第1823次会议通过的《最高人民法院关于修改〈最高人民法院关于破产企业国有划拨土地使用权应否列入破产财产等问题的批复〉等二十九件商事类司法解释的决定》修正）

为正确审理保险合同纠纷案件，切实维护当事人的合法权益，根据《中华人民共和国民法典》《中华人民共和国保险法》《中华人民共和国民事诉讼法》等法律规定，结合审判实践，就保险法中关于保险合同章人身保险部分有关法律适用问题解释如下：

第一条 当事人订立以死亡为给付保险金条件的合同，根据保险法第三十四条的规定，"被保险人同意并认可保险金额"可以采取书面形式、口头形式或者其他形式；可以在合同订立时做出，也可以在合同订立后追认。

有下列情形之一的，应认定为被保险人同意投保人为其订立保险合同并认可保险金额：

（一）被保险人明知他人代其签名同意而未表示异议的；

（二）被保险人同意投保人指定的受益人的；

（三）有证据足以认定被保险人同意投保人为其投保的其他情形。

第二条 被保险人以书面形式通知保险人和投保人撤销其依据保险法第三十四条第一款规定所做出的同意意思表示的，可认定为保险合同解除。

第三条 人民法院审理人身保险合同纠纷案件时，应主动审查投保人订立保险合同时是否具有保险利益，以及以死亡为给付保险金条件的合同是否经过被保险人同意并认可保险金额。

第四条 保险合同订立后，因投保人丧失对被保险人的保险利益，当事人主张保险合同无效的，人民法院不予支持。

第五条 保险合同订立时，被保险人根据保险人的要求在指定医疗服务机构进行体检，当事人主张投保人如实告知义务免除的，人民法院不予支持。

保险人知道被保险人的体检结果，仍以投保人未就相关情况履行如实告知义务为由要求解除合同的，人民法院不予支持。

第六条 未成年人父母之外的其他履行监护职责的人为未成年人订立以死亡为给付保险金条件的合同，当事人主张参照保险法第三十三条第二款、第三十四条第三款的规定认定该合同有效的，人民法院不予支持，但经未成年人父母同意的除外。

第七条 当事人以被保险人、受益人或者他人已经代为支付保险费为由，主张投保人对应的交费义务已经履行的，人民法院应予支持。

第八条 保险合同效力依照保险法第三十六条规定中止，投保人提出恢复效力申请并同意补交保险费的，除被保险人的危险程度在中止期间显著增加外，保险人拒绝恢复效力的，人民法院不予支持。

保险人在收到恢复效力申请后，三十日内未明确拒绝的，应认定为同意恢复效力。

保险合同自投保人补交保险费之日恢复效力。保险人要求投保人补交相应利息的，人民法院应予支持。

第九条 投保人指定受益人未经被保险人同意的，人民法院应认定指定行为无效。

当事人对保险合同约定的受益人存在争议，除投保人、被保险人在保险合同之外另有约定外，按以下情形分别处理：

（一）受益人约定为"法定"或者"法定继承人"的，以民法典规定的法定继承人为受益人；

（二）受益人仅约定为身份关系的，投保人与被保险人为同一主体时，根据保险事故发生时与被保险人的身份关系确定受益人；投保人与被保险人为不同主体时，根据保险合同成立时与被保险人的身份关系确定受益人；

（三）约定的受益人包括姓名和身份关系，保险事故发生时身份关系发生变化的，认定为未指定受益人。

第十条 投保人或者被保险人变更受益人，当事人主张变更行为自变更意思表示发出时生效的，人民法院应予支持。

投保人或者被保险人变更受益人未通知保险人，保险人主张变更对其不发生效力的，人民法院应予支持。

投保人变更受益人未经被保险人同意的，人民法院应认定变更行为无效。

第十一条 投保人或者被保险人在保险事故发生后变更受益人，变更后的受益人请求保险人给付保险金的，人民法院不予支持。

第十二条 投保人或者被保险人指定数人为受益人，部分受益人在保险事故发生前死亡、放弃受益权或者依法丧失受益权的，该受益人应得的受益份额按照保险合同的约定处理；保险合同没有约定或者约定不明的，该受益人应得的受益份额按照以下情形分别处理：

（一）未约定受益顺序和受益份额的，由其他受益人平均享有；

（二）未约定受益顺序但约定受益份额的，由其他受益人按照相应比例享有；

（三）约定受益顺序但未约定受益份额的，由同顺序的其他受益人平均享有；同一顺序没有其他受益人的，由后一顺序的受益人平均享有；

（四）约定受益顺序和受益份额的，由同顺序的其他受益人按照相应比例享有；同一顺序没有其他受益人的，由后一顺序的受益人按照相应比例享有。

第十三条 保险事故发生后，受益人将与本次保险事故相对应的全部或者部分保险金请求权转让给第三人，当事人主张该转让行为有效的，人民法院应予支持，但根据合同性质、当事人约定或者法律规定不得转让的除外。

第十四条 保险金根据保险法第四十二条规定作为被保险人的遗产，被保险人的继承人要求保险人给付保险金，保险人以其已向持有保险单的被保险人的其他继承人给付保险金为由抗辩的，人民法院应予支持。

第十五条 受益人与被保险人存在继承关系，在同一事件中死亡且不能确定死亡先后顺序的，人民法院应根据保险法第四十二条第二款的规定推定受益人死亡在先，并按照保险法及本解释的相关规定确定保险金归属。

第十六条 保险合同解除时，投保人与被保险人、受益人为不同主体，被保险人或者受益人要求退还保险单的现金价值的，人民法院不予支持，但保险合同另有约定的除外。

投保人故意造成被保险人死亡、伤残或者疾病，保险人依照保险法第四十三条规定退还保险单的现金价值的，其他权利人按照被保险人、被保险人继承人的顺序确定。

第十七条 投保人解除保险合同，当事人以其解除合同未经被保险人或者受益人同意为由主张解除行为无效的，人民法院不予支持，但被保险人或者受益人已向投保人支付相当于保险单现金价值的款项并通知保险人的除外。

第十八条 保险人给付费用补偿型的医疗费用保险金时，主张扣减被保险人从公费医疗或者社会医疗保险取得的赔偿金额的，应当证明该保险产品在厘定医疗费用保险费率时已经将公费医疗或者社会医疗保险部分相应扣除，并按照扣减后的标准收取保险费。

第十九条 保险合同约定按照基本医疗保险的标准核定医疗费用，保险人以被保险人的医疗支出超出基本医疗保险范围为由拒绝给付保险金的，人民法院不予支持；保险人有证据证明被保险人支出的费用超过基本医疗保险同类医疗费用标准，要求对超出部分拒绝给付保险金的，人民法院应予支持。

第二十条 保险人以被保险人未在保险合同约定的医疗服务机构接受治疗为由拒绝给付保险金的，人民法院应予支持，但被保险人因情况紧急必须立即就医的除外。

第二十一条 保险人以被保险人自杀为由拒绝给付保险金的，由保险人承 担举证责任。

受益人或者被保险人的继承人以被保险人自杀时无民事行为能力为由抗辩的，由其承担举证责任。

第二十二条 保险法第四十五条规定的"被保险人故意犯罪"的认定，应当以刑事侦查机关、检察机关和审判机关的生效法律文书或者其他结论性意见为依据。

第二十三条 保险人主张根据保险法第四十五条的规定不承担给付保险金责任的，应当证明被保险人的死亡、伤残结果与其实施的故意犯罪或者抗拒依法采取的刑事强制措施的行为之间存在因果关系。

被保险人在羁押、服刑期间因意外或者疾病造成伤残或者死亡，保险人主张根据保险法第四十五条的规定不承担给付保险金责任的，人民法院不予支持。

第二十四条 投保人为被保险人订立以死亡为给付保险金条件的保险合同，被保险人被宣告死亡后，当事人要求保险人按照保险合同约定给付保险金的，人民法院应予支持。

被保险人被宣告死亡之日在保险责任期间之外，但有证据证明下落不明之日在保险责任期间之内，当事人要求保险人按照保险合同约定给付保险金的，人民法院应予支持。

第二十五条 被保险人的损失系由承保事故或者非承保事故、免责事由造成难以确定，当事人请求保险人给付保险金的，人民法院可以按照相应比例予以支持。

第二十六条 本解释自 2015 年 12 月 1 日起施行。本解释施行后尚未终审的保险合同纠纷案件，适用本解释；本解释施行前已经终审，当事人申请再审或者按照审判监督程序决定再审的案件，不适用本解释。

最高人民法院关于适用
《中华人民共和国保险法》若干问题
的解释（四）

(2018 年 5 月 14 日最高人民法院审判委员会第 1738 次会议通过，根据 2020 年 12 月 23 日最高人民法院审判委员会第 1823 次会议通过的《最高人民法院关于修改〈最高人民法院关于破产企业国有划拨土地使用权应否列入破产财产等问题的批复〉等二十九件商事类司法解释的决定》修正)

为正确审理保险合同纠纷案件，切实维护当事人的合法权益，根据《中华人民共和国民法典》《中华人民共和国保险法》《中华人民共和国民事诉讼法》等法律规定，结合审判实践，就保险法中财产保险合同部分有关法律适用问题解释如下：

第一条 保险标的已交付受让人，但尚未依法办理所有权变更登记，承担保险标的毁损灭失风险的受让人，依照保险法第四十八条、第四十九条的规定主张行使被保险人权利的，人民法院应予支持。

第二条 保险人已向投保人履行了保险法规定的提示和明确说明义务，保险标的受让人以保险标的转让后保险人未向其提示或者明确说明为由，主张免除保险人责任的条款不成为合同内容的，人民法院不予支持。

第三条 被保险人死亡，继承保险标的的当事人主张承继被保险人的权利和义务的，人民法院应予支持。

第四条　人民法院认定保险标的是否构成保险法第四十九条、第五十二条规定的"危险程度显著增加"时，应当综合考虑以下因素：

（一）保险标的用途的改变；

（二）保险标的使用范围的改变；

（三）保险标的所处环境的变化；

（四）保险标的因改装等原因引起的变化；

（五）保险标的使用人或者管理人的改变；

（六）危险程度增加持续的时间；

（七）其他可能导致危险程度显著增加的因素。

保险标的危险程度虽然增加，但增加的危险属于保险合同订立时保险人预见或者应当预见的保险合同承保范围的，不构成危险程度显著增加。

第五条　被保险人、受让人依法及时向保险人发出保险标的转让通知后，保险人做出答复前，发生保险事故，被保险人或者受让人主张保险人按照保险合同承担赔偿保险金的责任的，人民法院应予支持。

第六条　保险事故发生后，被保险人依照保险法第五十七条的规定，请求保险人承担为防止或者减少保险标的的损失所支付的必要、合理费用，保险人以被保险人采取的措施未产生实际效果为由抗辩的，人民法院不予支持。

第七条　保险人依照保险法第六十条的规定，主张代位行使被保险人因第三者侵权或者违约等享有的请求赔偿的权利的，人民法院应予支持。

第八条　投保人和被保险人为不同主体，因投保人对保险标的的损害而造成保险事故，保险人依法主张代位行使被保险人对投保人请求赔偿的权利的，人民法院应予支持，但法律另有规定或者保险合同另有约定的除外。

第九条　在保险人以第三者为被告提起的代位求偿权之诉中，第三者以被保险人在保险合同订立前已放弃对其请求赔偿的权利为由进行抗辩，人民法院认定上述放弃行为合法有效，保险人就相应部分主张行使代位求偿权的，人民法院不予支持。

保险合同订立时，保险人就是否存在上述放弃情形提出询问，投保人未如实告知，导致保险人不能代位行使请求赔偿的权利，保险人请求返还相应保险金的，人民法院应予支持，但保险人知道或者应当知道上述情形仍同意承保的除外。

第十条 因第三者对保险标的的损害而造成保险事故，保险人获得代位请求赔偿的权利的情况未通知第三者或者通知到达第三者前，第三者在被保险人已经从保险人处获赔的范围内又向被保险人做出赔偿，保险人主张代位行使被保险人对第三者请求赔偿的权利的，人民法院不予支持。保险人就相应保险金主张被保险人返还的，人民法院应予支持。

保险人获得代位请求赔偿的权利的情况已经通知到第三者，第三者又向被保险人做出赔偿，保险人主张代位行使请求赔偿的权利，第三者以其已经向被保险人赔偿为由抗辩的，人民法院不予支持。

第十一条 被保险人因故意或者重大过失未履行保险法第六十三条规定的义务，致使保险人未能行使或者未能全部行使代位请求赔偿的权利，保险人主张在其损失范围内扣减或者返还相应保险金的，人民法院应予支持。

第十二条 保险人以造成保险事故的第三者为被告提起代位求偿权之诉的，以被保险人与第三者之间的法律关系确定管辖法院。

第十三条 保险人提起代位求偿权之诉时，被保险人已经向第三者提起诉讼的，人民法院可以依法合并审理。

保险人行使代位求偿权时，被保险人已经向第三者提起诉讼，保险人向受理该案的人民法院申请变更当事人，代位行使被保险人对第三者请求赔偿的权利，被保险人同意的，人民法院应予准许；被保险人不同意的，保险人可以作为共同原告参加诉讼。

第十四条 具有下列情形之一的，被保险人可以依照保险法第六十五条第二款的规定请求保险人直接向第三者赔偿保险金：

（一）被保险人对第三者所负的赔偿责任经人民法院生效裁判、仲裁裁决确认；

（二）被保险人对第三者所负的赔偿责任经被保险人与第三者协商一致；

（三）被保险人对第三者应负的赔偿责任能够确定的其他情形。

前款规定的情形下，保险人主张按照保险合同确定保险赔偿责任的，人民法院应予支持。

第十五条 被保险人对第三者应负的赔偿责任确定后，被保险人不履行赔偿责任，且第三者以保险人为被告或者以保险人与被保险人为共同被告提起诉讼时，被保险人尚未向保险人提出直接向第三者赔偿保险金的请求的，可以认定为属于保险法第六十五条第二款规定的"被保险人怠于请求"的情形。

第十六条 责任保险的被保险人因共同侵权依法承担连带责任，保险人以该连带责任超出被保险人应承担的责任份额为由，拒绝赔付保险金的，人民法院不予支持。保险人承担保险责任后，主张就超出被保险人责任份额的部分向其他连带责任人追偿的，人民法院应予支持。

第十七条 责任保险的被保险人对第三者所负的赔偿责任已经生效判决确认并已进入执行程序，但未获得清偿或者未获得全部清偿，第三者依法请求保险人赔偿保险金，保险人以前述生效判决已进入执行程序为由抗辩的，人民法院不予支持。

第十八条 商业责任险的被保险人向保险人请求赔偿保险金的诉讼时效期间，自被保险人对第三者应负的赔偿责任确定之日起计算。

第十九条 责任保险的被保险人与第三者就被保险人的赔偿责任达成和解协议且经保险人认可，被保险人主张保险人在保险合同范围内依据和解协议承担保险责任的，人民法院应予支持。

被保险人与第三者就被保险人的赔偿责任达成和解协议，未经保险人认可，保险人主张对保险责任范围以及赔偿数额重新予以核定的，人民法院应予支持。

第二十条 责任保险的保险人在被保险人向第三者赔偿之前向被保险人赔偿保险金，第三者依照保险法第六十五条第二款的规定行使保险金请求权时，保险人以其已向被保险人赔偿为由拒绝赔偿保险金的，人民法院不予支持。保险人向第三者赔偿后，请求被保险人返还相应保险金的，人民法院应予支持。

第二十一条 本解释自 2018 年 9 月 1 日起施行。

本解释施行后人民法院正在审理的一审、二审案件，适用本解释；本解释施行前已经终审，当事人申请再审或者按照审判监督程序决定再审的案件，不适用本解释。

后记

本人从事律师行业 20 年，2005 年成功办理了一起汽车自燃保险公司拒赔的案件，感觉保险合同纠纷案件更能体现律师的专业素养，因此，自 2007 年以来一致专注于保险合同纠纷案件。2011 年我与王立强、武叔红等律师合伙成立了河北凌众律师事务所。我们团队的律师们积极研究保险合同纠纷案例，学习相关法律知识，跨行业掌握部分公估、鉴定等和保险事故相关的专业知识。我们每年办理数百件保险合同案件，涉及保险种类繁多，包括企财险、建筑工程一切险、工程机械责任险、雇主责任险等。我们逐步确立了按照险种分工合作的内部协作机制，我们的律师在相关保险行业不仅是法律专家，也是保险业务专家，能解答保险合同条款的全部内容。

在网络发达的当下，书本已经逐渐被人们抛弃，以书面形式出版本书到底有无现实意义？纠结之际，得到河北农业大学王卫国教授的鼓励。王教授是专门研究保险法的学者，同时也是一名执业律师，既有理论功底，又有实践经验，在办理保险合同纠纷案件时，我曾多次得到王教授无私的帮助，在此向王教授表示感谢。

特别感谢张志平律师，张志平律师是王卫国教授的得意弟子，也专注于保险合同纠纷案件的办理。张志平律师多次帮助我们分析案件，在微信群中无私分享自己的办案心得，是不可多得的良师益友。

　　本书中的案例基本都是我们自己承办的案件。

　　在本书成书之际，对律所同仁表示感谢。书中有成功案例也有失败案例，每一个案例背后都有一个故事，无论失败还是成功，我们在每一个案件中都付出了自己全部的努力。书中"法理分析"部分是律师办案的心得，理论论述比较少，这和律师专注实务操作有关。书中观点仅代表律师个人观点，不足之处请大家批评指正。

李同建